D1718325

Business Engineering

Herausgegeben von U. Baumöl, H. Österle, R. Winter

Springer
Berlin
Heidelberg
New York
Hongkong
London
Mailand
Paris
Tokio

Business Engineering

V. Bach, H. Österle (Hrsg.)
**Customer Relationship Management
in der Praxis**
2000. ISBN 3-540-67309-1

H. Österle, R. Winter (Hrsg.)
Business Engineering, 2. Auflage
2003. ISBN 3-540-00049-6

R. Jung, R. Winter (Hrsg.)
Data-Warehousing-Strategie
2000. ISBN 3-540-67308-3

E. Fleisch
Das Netzwerkunternehmen
2001. ISBN 3-540-41154-2

H. Österle, E. Fleisch, R. Alt
Business Networking in der Praxis
2002. ISBN 3-540-41370-7

S. Leist, R. Winter (Hrsg.)
Retail Banking im Informationszeitalter
2002. ISBN 3-540-42776-7

C. Reichmayr
Collaboration und WebServices
2003. ISBN 3-540-44291-X

O. Christ
Content-Management in der Praxis
2003. ISBN 3-540-00103-4

E. von Maur, R. Winter (Hrsg.)
Data Warehouse Management
2003. ISBN 3-540-00585-4

Lutz M. Kolbe
Hubert Österle · Walter Brenner
Herausgeber

Customer Knowledge Management

Kundenwissen erfolgreich einsetzen

Mit 116 Abbildungen

Springer

Dr. Lutz M. Kolbe
Prof. Dr. Hubert Österle
Prof. Dr. Walter Brenner
Universität St. Gallen
Institut für Wirtschaftsinformatik
Müller-Friedberg-Strasse 8
CH-9000 St. Gallen
www.iwi.unisg.ch

ISSN 1616-0002
ISBN 3-540-00541-2 Springer-Verlag Berlin Heidelberg New York

Bibliografische Information Der Deutschen Bibliothek
Die Deutsche Bibliothek verzeichnet diese Publikation in der Deutschen Nationalbibliografie; detaillierte bibliografische Daten sind im Internet über <http://dnb.ddb.de> abrufbar.

Springer-Verlag Berlin Heidelberg New York
ein Unternehmen der BertelsmannSpringer Science+Business Media GmbH

http://www.springer.de

© Springer-Verlag Berlin Heidelberg 2003
Printed in Germany

SPIN 10914052   42/3130/DK – 5 4 3 2 1 0 – Gedruckt auf säurefreiem Papier

Vorwort

Gerade in schwierigen Zeiten besinnt man sich auf altbewährte Konzepte. Hierzu gehört auch die Neubesinnung auf den Kunden als Grundlage betriebswirtschaftlichen Erfolges. Statt nahezu problemlosem Marktwachstum in der Boomphase fokussiert man auf Konzepte der maximalen Nutzung der bestehenden und potenzieller Kundenbeziehung. Der Gestaltung des Wissens im Umgang mit den Kunden kommt in der Informationsgesellschaft eine zentrale Rolle zu. Der Begriff und die Theorie des Wissensmanagements hat in der Praxis zwar mit mangelnder Erfolgswirksamkeit zu kämpfen, ist aber in seiner *konkreten* Anwendung in Prozessen und Informationssystemen unverzichtbar, solange es einen Beitrag zur ‚bottom line' erbringt.

Die Herausforderung der Wissensbereitstellung in kundennahen Unternehmensbereichen kennt jeder, der seine Erfahrungen mit einem Call Center gemacht hat. Wie kann man nun die Instrumente des Wissensmanagements in Kundenprozessen einsetzen, um das Wissen für, über und vom Kunden effektiv und effizient einzusetzen? Das ist die zentrale Frage des Customer Knowledge Management und wurde zwei Jahre lang mit namhaften Unternehmen bearbeitet.

Das vorliegende Werk stellt die Ergebnisse des Kompetenzzentrums Customer Knowledge Management (CC CKM) des Instituts für Wirtschaftsinformatik der Universität St. Gallen aus den Jahren 2000-2002 zusammen. Es verbindet das Spektrum eines Herausgeberbandes mit den verbindenden und vertiefenden Elementen einer Monographie.

Die Sammlung der auf Case Study bzw. Action Research sowie auf einer einheitlichen Struktur basierenden Fallstudien, wird dabei durch eine theoretische Modellbildung ergänzt. Jede Fallstudie wird dabei in das theoretische Modell eingeordnet und Besonderheiten und Grenzen erläutert. Dabei wird das wissenschaftliche Modell im Lichte der Praxis verifiziert und daraus Empfehlungen für die Praxis abgeleitet.

Die Herausgeber danken in erster Linie den Partnerunternehmen des CC CKM, ohne deren Förderung und intensive Mitarbeit die Ergebnisse nicht erzielt worden wären. Weiterhin beruht der Erfolg der Arbeit auf dem hohen Einsatz aller Mitarbeiter im Kompetenzzentrum CC CKM, das auch aufgrund der guten Kooperation zwischen den Lehrstühlen Österle (IWI 2) und Brenner (IWI 4) seine Arbeit durchführen konnte. Die erarbeiteten Ergebnisse werden nun in 2003 bis 2004 im Kompetenzzentrum *Customer Knowledge Performance* (CC CKP) eingesetzt. Die Herausgeber freuen sich auf intensives Feedback von Wissenschaftlern und Praktikern.

St. Gallen, im April 2003

Lutz M. Kolbe (lutz.kolbe@unisg.ch)
Hubert Österle (hubert.oesterle@unisg.ch)
Walter Brenner (walter.brenner@unisg.ch)

Inhaltsübersicht

Inhaltsverzeichnis

Teil I

Theoretische Grundlagen des Customer Knowledge Management

1 Grundlagen des Customer Knowledge Management

Lutz M. Kolbe, Hubert Österle, Walter Brenner, Malte Geib

1.1 Wissen in kundenorientierten Prozessen

Customer Relationship Management (CRM) und Wissensmanagement (engl. Knowledge Management) sind heutzutage in aller Munde, sowohl in der Praxis als auch in akademischen Kreisen. Beide Ansätze zielen darauf ab, die knappen Ressourcen von Unternehmen gezielter einzusetzen, um damit gegenüber der Konkurrenz Vorteile zu erzielen.

Ziel des CRM ist die Ausgestaltung und Entwicklung der Kundenbeziehung zum beiderseitigen Vorteil von Unternehmen und Kunden. Beispiele für erfolgreiches CRM findet man heute vor allem in der Finanzdienstleistungsbranche, wo Banken und Versicherungen erfolgreich Multi-Kanal-Strategien entwerfen und ihre Informationssysteme dazu nutzen, den Wert ihrer Kunden zu bestimmen und darauf aufbauend Segmentierungsstrategien verfolgen. Investitionen in CRM sind jedoch nicht ohne Risiko. Häufige Ursachen für das Scheitern von CRM-Initiativen sind:

- ungenügende Berücksichtigung der Anforderungen bestehender Geschäftsprozesse (z.B. Servicemanagement),

- ungenügende Berücksichtigung des Kundenprozesses,

- mangelndes Wissen über Kunden.

Wissensmanagement dagegen zielt darauf ab, vorhandenes Wissen im Unternehmen effektiver zu nutzen und in Zukunft benötigtes Wissen aufzubauen. Die Hoffnung ist dabei, dass durch die bessere Versorgung des Unternehmens mit Wissen die gesetzten Ziele schneller, günstiger und mit höherer Qualität erreicht werden können. Aber auch das Scheitern vieler Wissensmanagement-Initiativen offenbart gravierende Mängel in der Umsetzung:

- Strategische Wissensmanagement-Projekte mit geplanten Auswirkungen auf das gesamte Unternehmen haben häufig nicht die erwünschten Effekte, da die Anstrengungen ohne konkrete geschäftsbezogene Zieldefinitionen verpuffen.

- Wissensmanagement-Projekte versuchen häufig, die interne Leistungserstellung zu verbessern. Projekte mit Fokus auf die Kunden zur Verbesserung kundenorientierter Prozesse versprechen aber oftmals eine bessere Wirtschaftlichkeit.

Der Ansatz des Customer Knowledge Management (Kapitel 1.1.3) versucht, Synergien der integrierten Anwendung von Wissensmanagement und Customer Relationship Management dazu zu nutzen, die Risiken und Mängel beider Ansätze zu vermindern. Dies geschieht auf der Grundlage bewährter Konzepte der Universität St. Gallen, unter anderem des *Business Engineering* (Kapitel 1.1.1) und des *Geschäftsmodells des Informationszeitalters* (Kapitel 1.1.2).

1.1.1 Grundlagen des Business Engineering

Zielsetzung des Business Engineering ist die Transformation von Unternehmen aus dem Industrie- in das Informationszeitalter. Durch die Transformation soll neuen Kundenanforderungen und geänderten Marktverhältnissen Rechnung getragen werden und die Wettbewerbsfähigkeit gesteigert werden. Die Notwendigkeit sowie Möglichkeiten dieser Transformation ergeben sich hauptsächlich durch IT-Innovationen, die neue Geschäftslösungen ermöglichen. Business Engineering setzt für die Transformation Vorgehensmodelle, Methoden und Werkzeuge ein. Entsprechend zeichnet sich das Vorgehen durch Arbeitsteilung, Transparenz und Genauigkeit aus. [Österle/Winter 2000] bezeichnen Business Engineering daher als „methoden- und modellbasierte Konstruktionslehre für Unternehmen des Informationszeitalters".

Zur Beherrschung der Komplexität des Business Engineerings wird häufig eine Unterteilung in Ebenen vorgeschlagen [s. Ferstl/Sinz 1996,Scheer 1998]. Österle nennt drei Ebenen des Business Engineerings, die mit Geschäftsstrategie, Prozess und Informationssystem bezeichnet werden. Die drei Ebenen bearbeiten unterschiedliche Fragestellungen [s. Österle et al. 1995]:

- Auf Ebene der *Strategie* werden Entscheidungen getroffen, welche die langfristige Unternehmensentwicklung betreffen und sicherstellen. Hierzu zählen beispielsweise Vereinbarungen über Allianzen, die Unternehmensstruktur, Marktleistungen, angesprochenen Kundensegmente oder Vertriebskanäle der Geschäftsfelder.

- Innerhalb von *Prozessen* erfolgt die Umsetzung der Unternehmensstrategie. Ein Prozess erbringt die eigentliche Unternehmensleistung durch die Ausführung einer Abfolge von Aufgaben. Fragestellungen beim Prozessentwurf sind die Festlegung der Prozessleistungen, die optimale Abfolge der Abläufe sowie Aspekte der Prozessführung.

- Die Abwicklung der Prozesse erfolgt durch Einsatz von Systemen. Basis von Informationssystemen (IS), die in Form von Software verfügbar sind, ist die Informationstechnologie (IT). Bestandteile der Informationstechnologie sind Hardware, Netzwerke und Systemsoftware.

Business Engineering trifft Entscheidungen auf allen Ebenen der Gestaltung eines Unternehmens. Der Entwurf bezieht sich auf Ressourcen und Aktivitäten der Wertschöpfungskette (s. Abb. 1-1).

Business Engineering bildet die Forschungsgrundlage für das Customer Knowledge Management. In diesem Buch werden insbesondere die drei Ebenen Strategie, Prozess und System dazu verwendet, die Komplexität zu reduzieren, indem das theoretische Rahmenwerk und die Praxisfälle anhand dieser Ebenen beschrieben werden.

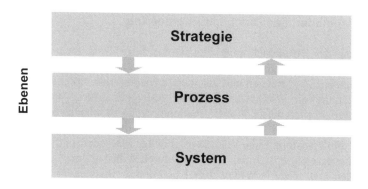

Abb. 1-1: Ebenen des Business Engineerings

1.1.2 Geschäftsarchitektur des Informationszeitalters

Die *Geschäftsarchitektur des Informationszeitalters* (s. Abb. 1-2) ist der wissenschaftliche Rahmen des *Business Engineering* am Institut für Wirtschaftsinformatik der Universität St. Gallen (IWI-HSG).

Gemäss Österle sind die Unternehmen des Informationszeitalters nicht mehr produkt- sondern kundenorientiert. Ziel ist es, ein Kundenproblem ganzheitlich zu erfassen und dem Kunden so viele zusammenhängende Teilprobleme wie möglich abzunehmen. In der Geschäftsarchitektur des Informationszeitalters füllt jedes Unternehmen bestimmte Rollen aus, die im vorangegangenen Industriezeitalter nicht oder nur in Ansätzen bestanden. Für eine Betrachtung mit spezifischem Fokus auf das Customer Knowledge Management sind insbesondere die Kernelemente *Kundenprozess*, *Kunden(prozess-)portal* und die *Kooperationsprozesse* zwischen Unternehmen und seinen Kunden zu betrachten, die im Folgenden näher beschrieben werden [s. ausführlich Österle/Winter 2000].

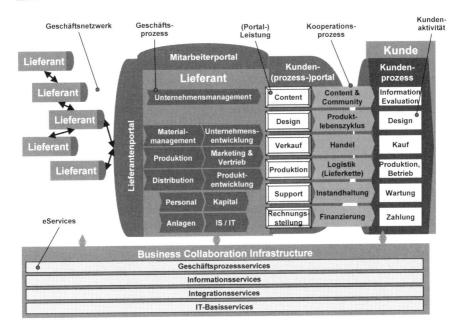

Abb. 1-2: Geschäftsarchitektur des Informationszeitalters

Kundenprozess

Ausgangspunkt der Kundenorientierung ist der Kundenprozess (s. Abb. 1-2, rechts). Er umfasst die Abfolge von Aufgaben, die der Kunde bei seiner Problemlösung ausführt und bestimmt damit den Bedarf an Produkten und Dienstleistungen, die der Lieferant anbieten kann oder muss. Ein Anbieter im Informationszeitalter strebt an, einen aus Sicht des Kunden abgeschlossenen Teilprozess möglichst komplett aus einer Hand zu bedienen. Beispielsweise umfasst der Besitz eines Autos (Kundenprozess) vielfältige Tätigkeiten mit unterschiedlichsten Lieferantenbeziehungen.

Ein solcher Anbieter wird zum *Leistungsintegrator* (Aggregator). Er entwickelt neue Formen der Zusammenarbeit mit dem Kunden (Kooperationsprozesse). Das Ergebnis werden Geschäftsnetzwerke (Wertschöpfungsnetze, Supply Networks, Supply Chains) mit anderen Unternehmen bzw. Lieferanten sein, die so effizient zusammenarbeiten wie die Prozesse innerhalb eines einzelnen Unternehmens. Der Kundennutzen einer solchen Leistungsintegration besteht darin, dass

- der Kunde nur *eine* Geschäftsbeziehung unterhalten muss.

- der Leistungsintegrator das Wissen über den Kunden und seine Aktivitäten bündelt und zielgerichtet an die Partner im Geschäftsnetzwerk verteilt. Die Leistungen können somit möglichst genau auf die individuellen Bedürfnisse des Kunden angepasst werden.

- der Leistungsintegrator dem Kunden durch seine Spezialisierung auf einen oder wenige Kundenprozesse ein tieferes Prozess-Verständnis anbieten kann.

Auch im Informationszeitalter wird ein Kunde die Produkte und Leistungen nachfragen, die ihm den höchsten Kundennutzen stiften. Ein wesentlicher Erfolgsfaktor für die Wettbewerbsfähigkeit eines Unternehmens ist daher ein umfassendes Verständnis des jeweiligen Kundenprozesses, insbesondere wenn Aspekte wie bspw. die Ortsgebundenheit der Leistungserbringung durch die Unterstützung durch Informationssysteme in ihrer Bedeutung abnehmen.

Kundenportal

Das Kundenportal (s. Abb. 1-2, mitte) bildet die Schnittstelle zwischen Kunden und Anbieter. Es fasst für einen Kundenprozess möglichst viele Leistungen zusammen, die der Anbieter über elektronische Medien zur Verfügung stellt. Das unternehmerische Potenzial von Portalen liegt vor allem in den gegen Null gehenden Grenzkosten elektronischer Services [s. Österle/Fleisch/Alt 2000]. Somit können nicht nur traditionelle Leistungen elektronisch abgebildet werden, sondern neuartige Dienstleistungen und Produkte (z.B. SMS-Nachricht bei signifikanter Kursänderung einer Aktie) individualisiert angeboten werden.

Kooperationsprozesse

Die integrierte Unterstützung von Kundenprozessen erfordert intensive Beziehungen zu Lieferanten in einem Geschäftsnetzwerk mit gegenseitigem Austausch von Teilleistungen (s. Abb. 1-2, links). Durch die Verbindung von Einzelprozessen der Beteiligten entstehen Kooperationsprozesse. Die zwischenbetriebliche Prozessoptimierung kann dabei nicht nur die Durchlaufzeiten verkürzen, sondern auch die Transaktionskosten der beteiligten Unternehmen reduzieren, indem eine fortlaufende, zeitnahe Abstimmung des erwarteten Leistungsumfangs stattfindet [s. Picot/Franck 1995]. Die Optimierung von Geschäftsprozessen über die gesamte Wertschöpfungskette hinweg birgt damit für die Zukunft grosses Optimierungspotenzial.

Das Geschäftsmodell des Informationszeitalters bildet das wissenschaftliche Rahmenwerk für das Customer Knowledge Management.

1.1.3 Customer Knowledge Management

Customer Knowledge Management (CKM) verbindet die Konzepte des Wissensmanagement und Customer Relationship Management, indem es die Erfolg versprechenden Bestandteile integriert. Dadurch sollen die Defizite beider Konzepte gemindert und Synergiepotenziale ausgeschöpft werden.

Die Synthese beider Konzepte findet dabei auf der Business Engineering Ebene *Prozess* statt: Kundenorientierte Geschäftsprozesse sollen durch Instrumente des Wissensmanagement unterstützt werden [s. Gebert et al. 2002]. Beim Einsatz dieser Instrumente werden bewährte Methoden des Business Engineering angewendet. Die Vorteile dieses Ansatzes sind:

- Wissensmanagement soll konkrete kundenorientierte Geschäftsprozesse unterstützen. Ziele und Messgrössen für den Erfolg sind so viel einfacher festzulegen. Ein sichtbarer Erfolg ist schneller und einfacher zu erzielen als bei strategischen Wissensmanagement-Projekten oder Initiativen, die auf die Verbesserung interner Prozesse zielen.

- Geschäftsprozessorientierung und die Orientierung am Kundenprozess legen die Grundlage für ein effektives CRM.

- Wissensdefizite im CRM können durch den Einsatz von Instrumenten des Wissensmanagement gemindert werden.

Dieses Buch führt zunächst in die theoretischen Grundlagen des Customer Knowledge Management ein und erläutert dann anhand ausführlicher praktischer Fälle, wie durch CKM Verbesserungen in Geschäftsprozessen erzielt werden können.

1.2 Forschungsansatz

1.2.1 Ziele und Adressaten

Ziel dieses Buches ist die Beschreibung von Erfolgsfaktoren und Erfolgsmustern, die dazu führen, dass ein CKM-Projekt erfolgreich durchgeführt werden kann. Grundlage dafür ist eine theoretische Auseinandersetzung mit dem Thema CKM, um begriffliche Vorraussetzungen zu schaffen und eine Abgrenzung zu anderen Forschungsrichtungen zu ermöglichen. Den Schwerpunkt bildet jedoch die Darstellung von realen Fällen, in denen Konzepte des CKM dazu eingesetzt wurden, erfolgreich Geschäftsprozesse zu verbessern. Aus diesen Fällen werden Muster und Erfolgsfaktoren abgeleitet, die es dem Leser ermöglichen sollen, Fehler zu vermeiden und bewährte Ansätze wieder zu verwenden.

Adressaten dieses Buches sind Praktiker und Wissenschaftler gleichermassen. Für Praktiker, die vor ähnlichen Herausforderungen stehen wie die Unternehmen, deren Fälle beschrieben werden, soll dieses Buch als Quelle für Erfahrungen und Ideen dienen. Das Buch richtet sich jedoch auch an Wissenschaftler, die sich mit den Themen CRM, Wissensmanagement und CKM beschäftigen. Insbesondere der theoretische Teil soll dazu beitragen, die wissenschaftliche Diskussion um CKM voranzutreiben. Weiterhin können die Fälle, da sie in ihrer Struktur relativ eigenständig sind, als Eingangsmaterial für wissenschaftliche Arbeiten verwendet werden.

1.2.2 Anwendungsbezug und Abgrenzung

Der gewählte Forschungsansatz des Customer Knowledge Management basiert auf einer engen Kooperation von Forschung und Praxis. Folgende Charakteristika unterscheiden die präsentierten Forschungsarbeiten von anderen Arbeiten zu den Themen Customer Relationship Management und Wissensmanagement:

- *Praxisrelevanz:* Im Mittelpunkt stehen theoretisch fundierte und in der betrieblichen Praxis anwendbare Erkenntnisse, Konzepte und Methoden.

- *Technische Perspektive:* Customer Knowledge Management setzt mittels IT strategische Konzepte und Prozesse um. Dazu wendet das Customer Knowledge Management die technisch-ingenieurwissenschaftlichen Prinzipien des Business Engineering und des Methoden Engineering an.

- *Prozessorientierung*: Ziel des Customer Knowledge Management ist die Verbesserung kundenorientierter Geschäftsprozesse in Marketing, Verkauf und Service durch die Anwendung von Instrumenten des Wissensmanagement.

- *Integration:* Customer Knowledge Management integriert Aspekte des Customer Relationship Management und des Wissensmanagement, um die vorhandenen Synergiepotenziale auszuschöpfen. Gleichzeitig werden kundenorientierte Prozesse und Instrumente des Wissensmanagement integriert betrachtet.

1.2.3 Kompetenzzentren

Die Forschungsergebnisse in diesem Buch gehen auf die Projektarbeit in drei Kompetenzzentren des IWI-HSG zurück. Dabei handelt es sich um Projekte mit einer Laufzeit von jeweils zwei Jahren, an denen verschiedene Unternehmen als sog. Partnerunternehmen teilnehmen. Forschung findet mit und in diesen Unternehmen statt. Als primäre Forschungsmethode verwenden die Kompetenzzentren die Aktionsforschung. Eine detaillierte Beschreibung dazu findet sich bei [Fleisch 2001] nach [Checkland/Holwell 1998].

Das Kompetenzzentrum CRM (10/1999 bis 12/2001) [vgl. Schulze 2000,Schmid 2001] entwickelte Konzepte und Methoden für das Customer Relationship Management in der Finanzdienstleistungsbranche. Ergebnisse sind Methoden für das Customer Profiling und Multi Channel Management sowie Kundenprozessmodelle und ein CRM Geschäftsprozessmodell.

Das Kompetenzzentrum BKM (1/1999 bis 12/2000) [vgl. Thiesse 2001] entwickelte eine Methode zur Einführung von Wissensmanagement. Es analysierte die Basistechnologien wie Dokumentenmanagement-Systeme und neue Werkzeuge wie Enterprise Information Portals. Ausserdem wurde an Methoden für die Einführung konkreter Wissensmanagement-Instrumente wie Wissensnetzwerke und Kompetenzmanagement gearbeitet.

Im Laufe der Arbeit dieser beiden Kompetenzzentren wurde erkannt, dass Customer Relationship Management und Wissensmanagement hohe Synergiepotenziale haben. Das Kompetenzzentrum CKM (1/2001 bis 12/2002) führte die Konzepte und Methoden der beiden Vorgänger-Kompetenzzentren zusammen. Es erarbeitete in Zusammenarbeit mit renommierten Partnerunternehmen fundierte und praxiserprobte Konzepte, Methoden und Lösungen im Bereich des kundenorientierten Wissensmanagements. Ausgehend vom Wissensaustausch in kundenzentrierten Prozessen wurde gemeinsam an Fragestellungen des Multi Channel Management, der Anwendung von Wissensmanagement-Instrumenten in kundenorientierten Geschäftsprozessen und der organisatorischen und technischen Umsetzung von Wissensmanagement in verteilten Organisationen gearbeitet. In Workshops und Praxisprojekten wurden Grundlagen, Fallstudien, methodische Vorgehensweisen, Best Practice-Studien und praktische Lösungen erarbeitet.

Abb. 1-3 zeigt die beteiligten Partnerunternehmen mit Beiräten und den an gemeinsamen Projekten und Workshops beteiligten Mitarbeitern.

Weitere Informationen zum Kompetenzzentrum CKM oder anderen Kompetenzzentren des IWI-HSG finden Sie auf der Homepage des Institutes http://www.iwi.unisg.ch.

KOMPETENZZENTRUM CUSTOMER KNOWLEDGE MANAGEMENT (CC CKM)		
PARTNER-UNTERNEHMEN	**MITGLIEDER DES BEIRATES**	**WORKSHOP-TEILNEHMER**
AGI Kooperation Swisscom IT Services	Jürg Isler Edwin Kölliker	Jakob Stricker Michael Metzler Pascal Monnat Enzo Salis Zsuzsana Szalay
BASF AG	Dr. Heinz-Gerd Kneip	Dr. Reinhard Aldag Jürgen Geschwill Dr. Carola Hedtmann-Rein Dr. Peter Kallas Dr. Thomas Lorenz Dr. Gerhard Nilz Dr. Marion Zander-El-Metwally
Credit Suisse	Hans-Rudolf Häni Dr. Lukas Rüst	Marcel Banchik Dr. Marc Bider Kuno Bürge Dr. Lucas Godelmann
Deutsche Telekom AG	Martin Rothaut Dr. Winfried Kohne	Michael Heidt Liesel Pusacker Gerd Kemnitz
Deutsche Krankenver-sicherung (DKV)	Dr. Elmar Terhorst	Helmut Hiller Michael Jung Stefan Krausz Dr. Wolfgang Reuter
Helsana Versicherungen	Felix Obrist Markus Gygax	Pia Jaggi Erik Krumdieck Fredi Kuster Urs Schiltknecht
Landesbank Baden-Württemberg (LBBW)	Armin Decker	Till Armbruster Bernd Schäfer Tatjana Matko Michaela Ackermann
Union Investment	Giovanni Gay	Thomas Pitz Martin Werner Andrea Zenkert Sabine Oligschlaeger Sabine Vincze Gunna Corthum Ulrich Vogt Thomas Karl
Winterthur Life & Pensions	Andreas Meier	Walter Dyttrich Tomasz Bugajski Marianne Siegrist Thomas Hugentobler

Abb. 1-3: Partnerunternehmen des CC CKM

1.3 Aufbau des Buches

Das Buch ist in drei Teile gegliedert. Teil 1 beschäftigt sich mit den Grundlagen des Customer Knowledge Management. Insbesondere bietet Kapitel 2 eine theoretisch fundierte Einführung in das Thema und schliesst mit der Entwicklung einer Rahmenarchitektur für das CKM ab.

Teil 2 bildet den Hauptteil des Buches. Hier werden 11 reale Fälle aus Unternehmen strukturiert beschrieben, die sich Umfeld des CKM bewegen. Um die Vergleichbarkeit und Objektivität zu erhöhen, wurde für die Fälle eine einheitliche Struktur gewählt (s. Kap. 1.5). Zudem werden alle Fälle in die Rahmenarchitektur aus dem Grundlagenteil des Buches eingeordnet. Dieses Vorgehen soll dem Leser helfen, Gemeinsamkeiten und Unterschiede zu erkennen und die Fälle in den Gesamtkontext des CKM einzuordnen.

Teil 3 schliesst mit Handlungsempfehlungen und Trends im Rahmen des CKM ab. Die wichtigsten Erfahrungen und Erfolgsfaktoren aus den dargestellten Fällen werden übersichtlich zusammengefasst. Aus diesen werden Handlungsempfehlungen abgeleitet, die Praktikern helfen sollen, ähnliche Projekte erfolgreich durchzuführen. Zum Abschluss des Buches werden bestehende Trends und mögliche Entwicklungsrichtungen und Visionen im Rahmen des Customer Knowledge Management aufgezeigt.

1.4 Unternehmen und Fallstudien

Die dargestellten Fallstudien wurden in Unternehmen erhoben, die im Bereich des Wissensmanagement in kundenorientierten Prozessen führend sind. Die Mehrzahl der Fälle entstand im Rahmen der Zusammenarbeit im CC CKM. Bei diesen Projekten war jeweils mindestens ein Mitarbeiter des IWI-HSG direkt involviert. Die Aufgaben der involvierten Mitarbeiter lagen vor allem in der Unterstützung des Projektes durch konzeptionelle Arbeit. Dabei wurde die Forschungsmethode der Aktionsforschung angewendet.

Drei der beschriebenen Fälle wurden durch Mitarbeiter des CC CKM ausserhalb der Kompetenzzentrumsarbeit erhoben (ALD, Heraeus Kulzer, Deutsche Post World Net). Dabei kam die Forschungsmethode der Fallstudienforschung (vgl. [Yin 1994], [Stake 1995], [Hamel/Dufour 1993]) zum Einsatz. Bei diesen Fällen handelt es sich um eine Auswahl von durch Mitarbeiter des CC CKM erhobenen Fällen, die aufgrund ihres Fokus auf CKM in dieses Buch aufgenommen wurden.

In allen Fällen ist das zentrale Thema die Verbesserung von kundenorientierten Prozessen durch die Einführung von Instrumenten des wissensorientierten Customer Relationship Management oder von Instrumenten des Wissensmanagement. Jeder Fall berührt mindestens ein Element der CKM Rahmenarchitektur, wobei die Elemente von Fall zu Fall variieren. Der Fall der St. Galler Kantonalbank beschäftigt sich beispielsweise mit der Koordination unterschiedlicher Kommunikationskanäle zu Kunden, wohingegen der Fall der ALD den Prozess des Angebots-managements betrachtet. Bei der Deutschen Telekom geht es schliesslich um die prozessübergreifende Einführung von integrierten Wissensmanagement-Instru-menten.

Um dem Leser die Einordnung in den Kontext zu erleichtern, findet zu Beginn je-des Falles eine grafische Einordnung der berührten Elemente der CKMRahmenar-chitektur statt. Abb. 1-4 gibt einen Überblick über die in diesem Buch enthaltenen Fälle. Im Folgenden werden zusätzlich für jeden Fall Ziele des Projektes, Durch-führung und Ergebnisse kurz beschrieben. Dies soll dem Leser das selektive Lesen besonders interessanter Fälle erleichtern.

1.4.1 St. Galler Kantonalbank: Strategieentwicklung für das Multi-Channel-Management

Die St. Galler Kantonalbank (SGKB) gehört dem Verbund der Kantonalbanken an und ist gemessen an ihrer Bilanzsumme die neuntgrösste Bank der Schweiz. Ziel des beschriebenen Projektes war die Entwicklung einer neuen Strategie für das Multi-Channel-Management der Bank. Die SGKB entwarf zunächst ein allgemei-nen Vorgehensmodell zur Strategieentwicklung und erarbeitete dann eine konkrete Multi-Channel-Strategie. Diese diente im Anschluss an das Projekt der zukünfti-gen Gestaltung des Absatzes und zur Planung des Kanalausbaus.

1.4.2 Helsana Versicherungen: Wissensorientierung im Customer Relationship Management

Die Helsana Versicherungen AG ist die grösste Krankenversicherung der Schweiz. Um die Qualität der Akquisitions- und Serviceprozesse weiter zu verbessern, strebt die Helsana eine unternehmensweit einheitliche Sicht auf die Kunden an. So lässt sich eine konsistente Kundenansprache über alle Abteilungen hinweg erreichen. Zur Umsetzung dieses Ziels musste zunächst der Funktionsum-fang des bestehenden CRM-Systems ausgebaut werden. Im Rahmen eines Projek-tes zum Systemausbau hat die Helsana Wissensmanagement eingesetzt. Durch die Erfassung und Modellierung von Wissensflüssen konnten Schwachstellen des be-stehenden CRM-Systems identifiziert und die Anforderungen an das CRM-System definiert werden. Es zeigte sich, dass die Ineffizienzen durch einen Ausbau des Systems nicht behoben werden könnten, sondern dass ein neues CRM-System ausgewählt werden muss.

Unternehmen	St. Galler Kantonabank	Helsana Versicherungen (CRM)	Credit Suisse	ALD	Heraeus Kulzer
Branche	Finanzdienstleistungen	Krankenversicherung	Finanzdienstleistungen	Finanzdienstleistungen	Dentalindustrie
Mitarbeiter	1'000	2'335	80'437	508	1'598
Umsatz	CHF 349,7 Mio. (2001)	CHF 3'824 Mio. (2002)	CHF 1'022 Mrd. (Bilanzsumme 2001)	EUR 836 Mio. (2001)	EUR 409 Mio. (2001)
Unternehmensbereich		Marketing/Vertrieb	IT		
Problembereich/Herausforderungen	Entwicklung einer Multi-Channel-Strategie	Unternehmensweite Sicht auf die Kunden	CRM für den konsolidierten IT-Bereich	Vermittlung von Autofinanzierungen über den Händler	Multi-Kanal-Management
Schwerpunkt in den Business Engineering Ebenen	Strategie	Prozess	Strategie, Prozess	Prozess	Prozess, System
Dargestellte CRM-Prozesse	Interaktionsmanagement, Kanalmanagement	Angebotsmanagement, Vertragsmanagement, Beschwerdemanagement, Servicemanagement	Opportunity Management, Lead Management, Angebotsmanagement, Vertragsmanagement, Beschwerdemanagement, Servicemanagement, Interaktionsmanagement	Angebotsmanagement	Kanalmanagement, Kampagnenmanagement, Opportunity Management, Angebotsmanagement, Beschwerdemanagement, Servicemanagement
Dargestellte KM-Instrumente		Struktur, Inhalt	Zusammenarbeit	Zusammenarbeit	Inhalt, Zusammenarbeit

Abb. 1-4: Überblick der dargestellten Fälle

Unternehmen	Deutsche Post World Net	Winterthur Life & Pensions	Deutsche Telekom AG	Helsana Versicherungen (Kompetenz)	Union Investment
Branche	Logistik & Finanzdienstleistungen	Lebens- und Altersvorsorgeversicherungen	TIMES (Telekommunikation, Informationstechnologie, Multimedia, Entertainment, Sicherheitsdienstleistungen)	Krankenversicherung, Unfallversicherung	Finanzdienstleister, Kapitalanlagegesellschaft
Mitarbeiter	11'254	7'400 weltweit	256'000	2'335	1'900
Umsatz	Keine Angabe	CHF 8,713 Mrd. (2002)	EUR 39,2 Mrd. (bis 3. Quartal 2002)	CHF 3'824 Mio. (2002)	EUR 100 Mrd. (Fondsvermögen 2002)
Unternehmensbereich	Finanz Dienstleistungen	Interne Beratung	Konzern-Informationsmanagement, Corporate Knowledge Management	Human Resource Management	Customer Communication Center, Informationsmanagement
Problembereich/ Herausforderungen	Content Management für die Mitarbeiter in den Filialen	Aufbau eines Projektportals für internationalen Wissensaustausch	Standardisierung der Intranet-Architektur und Einführung von Wissensnetzwerken	Aufbau eines unternehmensweiten Kompetenz-Managements	Einführung eines Content Management Systems und Neustrukturierung von Fachinformationen für das Customer Communication Center
Schwerpunkt der BE-Ebene	Prozess, System	Prozess, System	Prozess, System	Prozess, System	System
Dargestellte CRM-Prozesse	Angebotsmanagement, Servicemanagement			Servicemanagement	Servicemanagement
Dargestellte KM-Instrumente	Inhalt, Struktur	Inhalt, Struktur	Struktur, Inhalt, Zusammenarbeit	Kompetenz, Struktur	Inhalt, Struktur

Abb. 1-4: Fortsetzung

1.4.3 Credit Suisse: CRM als Verbesserung interner Dienstleistungen

Die Credit Suisse Group ist ein globales Finanzdienstleistungsunternehmen. Weltweit bieten mehr als 80'000 Mitarbeiter des Unternehmens ein umfassendes Angebot an Bank- und Versicherungsprodukten. Im Rahmen von Restrukturierungen der für Europa zuständigen Geschäftseinheit Credit Suisse Financial Services (CSFS) wurde die bisher divisionsbezogene, dezentrale Informationstechnik (IT) sukzessive in eine zentrale Organisationseinheit Technology & Operation (TOP) zusammengefasst. Um grossflächige und teure Störungen der IT aufgrund dieser Konsolidierung auszuräumen, wurde innerhalb von TOP die IT-CRM-Einheit „KFK" geschaffen, die als Mediator und operativer Problemlöser zwischen TOP und den Divisionen wirkt. Neben Kostenreduktionen im operativen IT-Betrieb sowie einer besseren Transparenz über die Zufriedenheit und Anforderungen der Kundendivisionen bildet die IT-CRM-Einheit einen wichtigen Baustein in der neuen IT-Strategie: Der zunehmenden Öffnung des TOP-Dienstleistungsportfolios gegenüber externen Interessenten.

1.4.4 ALD: Angebotsmanagement

Die ALD AutoLeasing D GmbH offeriert ihren Kunden ein umfassendes herstellerunabhängiges Leistungsangebot in den Bereichen Leasing und Finanzierung von Kraftfahrzeugen sowie Fuhrparkmanagement. Durch die Lösung ‚ALD direkt' richtete das Unternehmen einen kooperativen Kreditvergabeprozess ein, der dem Kunden eine Fahrzeugfinanzierung beim Kraftfahrzeugkauf ermöglicht. Der Händler erfasst die Kunden- und Fahrzeugdaten im System und konfiguriert mit dem Kunden das Finanzierungsangebot. Dieser Schritt wird durch Informationen von Drittanbietern unterstützt (z.B. Restwerttabellen). Die Kreditanfrage wird durch WebServices (z.B. Schufa-Anfrage) bewertet, so dass die Mitarbeiter der ALD zeitnah über die Kreditvergabe entscheiden können. Der Prozess schafft Kundennutzen durch Geschwindigkeit und reduziert gleichzeitig die Prozesskosten durch die weitgehende Automatisierung von Aufgaben.

1.4.5 Heraeus Kulzer: Multi-Kanal-Management

Heraeus Kulzer entwickelt, fertigt und vermarktet Dentalwerkstoffe sowie die Geräte und Verarbeitungsverfahren als Komplettsysteme für die Zahngesundheit. Ziel des neuen Verkaufsprozesses war es, Zahnärzten und Dentallabors ein umfassendes Produkt- und Serviceangebot aus einer Hand (One Face to the Customer) und individuell auf den Kunden zugeschnitten zu bieten. Dazu reorganisierte Heraeus Kulzer die bis anhin produktgruppenorientierten Verkaufsteams, richtete ein Customer Service Center ein, führte die Verkaufskanäle zusammen, entwickelte in einem Data Warehouse detaillierte Kundenprofile und band den Kunden in den Verkaufsprozess ein. Das Ergebnis sind eine intensivere Kundenbindung und ein verbesserter Kundenservice sowie reduzierte Prozesskosten.

1.4.6 Deutsche Post World Net: Content Management zur Beratungs- und Verkaufsunterstützung

Der Konzern Deutsche Post World Net bietet Brief-, Express-, Logistik- und Finanzdienstleistungen an. Über ein bundesweites Netz von Filialen vertreibt der Unternehmensbereich ‚Finanzdienstleistungen' u. a. Produkte der Marken Deutsche Post, DHL und Postbank. Ziel des Content Management für die Filialen ist die zielgruppenorientierte Bereitstellung aktueller Informationen für eine qualifizierte Beratung und den Vertrieb. Dazu entwickelte und implementierte die Deutsche Post zusammen mit PwC Consulting ein individuelles Content Management. Anhand dieses Systems erstellt und verteilt die Deutsche Post Informationen für ca. 40'000 Mitarbeitende unterschiedlicher Zielgruppen. Diese Informationen können sowohl über die Schaltersysteme für die Mitarbeiter in den Filiale als auch über weiteren Anwendungen, wie z. B. Call Center-Lösungen und das Intranet abgerufen werden.. In der Fallstudie wird neben dem Projektverlauf die neue Lösung mit ihren spezifischen Funktionalitäten und Besonderheiten erläutert. Dazu zählen beispielsweise Aspekte der Anwendungsintegration, der Navigationsstruktur, dem Review-Workflow und der Offline-Fähigkeit.

1.4.7 Winterthur Life & Pensions: Einführung eines Projektportals

Die Winterthur Life & Pensions bietet weltweit im Einzellebensbereich Versicherungen zum Schutz von Angehörigen im Todesfall und zur Sicherung der Altersversorgung von Privatpersonen an. Als ‚Closed Blocks' werden in der Versicherungsbranche Altverträge bezeichnet, die nicht mehr aktuell angeboten werden, jedoch weiterhin im Versicherungsportfolio verbleiben. Die Kosten zur Pflege der damit verbundenen Altprozesse und Altsysteme sind erheblich. Die Fallstudie beschreibt das Konzept und den Aufbau eines Portals, das die verteilt agierenden Mitarbeiter des Projekts ‚Management of Closed Blocks' (McB) bei der internationalen Konsolidierung dieser Prozesse und Systeme unterstützt. Durch die prozessorientierte Navigation und Suche im Portal sind die Mitarbeiter heute in der Lage, prozessspezifische Arbeitsunterlagen und Vorlagen zu finden und ihre eigenen Arbeitsdokumente einzustellen. Die Erfahrungen aus erfolgreich durchgeführten Projekten sind bereits mehrfach in sogenannte ‚Blueprints' eingeflossen, welche die Navigations-, Arbeits- und Ablagestrukturen innerhalb des Portals bestimmen. Durch die Blueprints können neue Projekte auf der Basis von bewährten Strukturen innerhalb von Minuten im Portal aufgesetzt werden.

1.4.8 Deutsche Telekom: Standardisierung der Intranet-Architektur und Einführung von Wissensnetzwerken

Die Deutsche Telekom AG ist Marktführer im Bereich Telekommunikations-dienstleistungen in Deutschland. Ziele des Projektes Telekom Knowledge Engineering & Management (T-KEM) sind die einheitliche und thematische Struktu-rierung des Konzern-Intranets, die Standardisierung und Definition einer Rahmen-architektur mit Intranet-Plattform und Services sowie die Einführung und Unter-stützung von neuen Formen der Zusammenarbeit (Wissensnetzwerke). Dazu wur-den drei Teilprojekte unter Leitung verschiedener Zentralbereiche und unter Betei-ligung der Divisionen eingerichtet. In der Fallstudie werden insbesondere die Er-gebnisse aus dem Teilprojekt zur Einführung neuer Formen der Zusammenarbeit beschrieben. Es wurde ein Rollen- und Prozessmodell sowie ein Vorgehensmodell zur Einführung von Wissensnetzwerken entwickelt sowie ein Konzept zur Wirt-schaftlichkeitsbetrachtung erstellt.

1.4.9 Helsana Versicherungen: Skill Management

Die Helsana Versicherungen AG ist mit einem Prämienertrag von CHF 3,5 Mrd. und über 1,4 Mio. Versicherten in Bezug auf die Gesamtversichertenzahl (Stand 2001) der führende Krankenversicherer in der Schweiz. Im Rahmen der Neuges-taltung der IT-Unterstützung für das Human Resource Management entschied sich die HR-Führung für den Aufbau eines unternehmensweiten Kompetenz-Management. Neben der Transparenz über Kompetenzen zur direkten Unterstüt-zung operativer Prozesse, sind die Kompetenzprofile im Rahmen bestehender HR-Prozesse, beispielsweise bei der Projekt- und der Stellenbesetzung sowie zur Kon-trolle von Ausbildungsmassnahmen, einsetzbar. Das resultierende webbasierte Kompetenz-Management-System ermöglicht die schnelle Identifikation von Ex-perten, die unternehmensweite, kompetenzbasierte Suche nach Kandidaten, und die grafische Auswertung der Kompetenzprofile. Die aktuelle und direkt verfügba-re Transparenz über die Kompetenzen der Mitarbeitenden erhöht die Flexibilität und Leistungsfähigkeit operativer Prozesse durch bessere Allokation der Aufga-benträger zu Aufgaben. Gleichzeitig ermöglichen die bestehenden Kompetenzpro-file von Personen und Organisationseinheiten dem Human Resource Management in Zusammenarbeit mit den Mitarbeitenden eine individuelle und gleichzeitig an den Zielen des Unternehmens ausgerichtete Personalentwicklung.

1.4.10   Union Investment: Wissensmanagement im Service-Bereich

Die Union Investment ist eine deutsche Kapitalanlagegesellschaft, die exklusiv für die Partner im FinanzVerbund (Volks- und Raiffeisenbanken) Fondsprodukte und Dienstleistungen zur Verfügung stellt. Die Fallstudie beschreibt die Einführung eines Content Management Systems (CMS) zur Unterstützung der Mitarbeiter des Customer Communication Centers (CCC), welche für das Servicemanagement der

Union Investment über die Medien Telefon, Fax, E-Mail und Brief zuständig sind. Aufbauend auf einer Analyse der Anwender- und Redaktionsprozesse wurde eine detaillierte Anforderungsbeschreibung erstellt, welche die Grundlage für die Strukturierung der Fachinformationen und die Auswahl der Standardsoftware bildete. Auf Basis dieses Konzeptes konnte erfolgreich ein Content Management System eingeführt werden, welches für die Mitarbeiter im CCC einen beschleunigten Zugriff auf kritische Inhalte ermöglicht und gleichzeitig eine zeitnahe und kosteneffiziente Publikation von Fachinformation zulässt.

1.5 Struktur der Fallstudien

Abb. 1-5 zeigt die einheitliche Struktur der Fallstudien. Die Struktur folgt einer für die Untersuchung von Projekten abgeleiteten Fallstudienmethodik [s. Senger/Österle 2002].

1. Unternehmen und Problemstellung
• Unternehmen • Problemstellung
2. Ausgangssituation
• Strategie • Prozesse • Systeme • Leidensdruck
3. Projekt
• Ziele • Durchführung • Kritische Erfolgsfaktoren
4. Neue Lösung
• Strategie • Prozesse • Systeme • Wirtschaftlichkeitsbetrachtung • Geplante Weiterentwicklungen
5. Einordnung in den Kontext
• Erkenntnisse • Besonderheiten

Abb. 1-5: Strukturierungsrahmen der Fälle

Der erste Abschnitt jeder Fallstudie, *Unternehmen und Problemstellung*, führt in den Kontext des Falles ein, indem er Eckdaten des betrachteten Unternehmens beschreibt. Ausserdem werden unternehmens-, branchen- und/oder markttypische Herausforderungen darstellt, deren Kenntnisse für das Verständnis des Falles erforderlich sind.

Die *Ausgangssituation* beschreibt auf den Ebenen *Strategie*, *Prozess* und *System*, wie das Geschäft im Bereich des betrachteten Falles vor dem Projekt gestaltet war. Die damit verbundenen Ineffizienzen werden unter dem Begriff Leidensdruck zusammenfassend dargestellt.

Das *Projekt* beschreibt den Ablauf des Projektes, indem es Initiatoren und Ziele herausarbeitet, Aspekte der Projektdurchführung beleuchtet und kritische Erfolgsfaktoren für vergleichbare Projekte zusammenfasst.

Die Darstellung der *neuen Lösung* auf den Ebenen Strategie, Prozess, System erfolgt analog der Darstellung der Ausgangssituation. Es schliessen sich eine Diskussion der mit der neuen Lösung realisierten Potenziale sowie eine Darstellung derzeit geplanter Weiterentwicklungen an.

Abschliessend findet eine *Einordnung* des Falles *in den Kontext* des Buches statt. Dazu wird die Zielsetzung des Projektes kurz zusammengefasst und das Projekt in die CKM-Rahmenarchitektur eingeordnet. Erkenntnisse aus dem Fall werden zusammengefasst, und es werden Besonderheiten genannt, die für die Ableitung von Empfehlungen an ähnliche Projekte von Bedeutung sind.

2 Von den Grundlagen zu einer Architektur für Customer Knowledge Management

Gerold Riempp

2.1 Einleitung

Im Zuge der fortschreitenden Globalisierung wichtiger Märkte und der gleich-zeitigen Spezialisierung der Marktteilnehmer nimmt der Bedarf an Vernetzung zu. Parallel dazu machen immer kurzlebigere, anspruchsvollere und individuali-siertere Produkte und Dienstleistungen beschleunigte und qualitativ verbesserte Entwicklungs-, Herstellungs- und Vermarktungsprozesse erforderlich.

Für das Funktionieren einer Wirtschaft unter solchen Rahmenbedingungen sind Menschen von zentraler Bedeutung. Sie bringen ihr Wissen in Form der notwen-digen Kreativität, Flexibilität, Verstehens- und Kommunikationsfähigkeit, Fertig-keit, Urteilsfähigkeit uvm. – kurz ihren Kompetenzen – ein.

Knowledge Management hat die Aufgabe, für die optimale Nutzung dieses Wis-sens in den Geschäftsprozessen in und zwischen Unternehmen zu sorgen.

Dieser Beitrag beschreibt Grundlagen für die Gestaltung von Knowledge Mana-gement in kundenorientierten Bereichen von Unternehmen. Dazu werden zunächst kurz die Begriffe des Customer Relationship Management (CRM) und des Know-ledge Management (KM) erläutert. Anschliessend wird ein Modell für Wissens-austausch als zentrale Tätigkeit von KM eingeführt und daraus Handlungsfelder abgeleitet. Diese werden zur Gestaltung einer Architektur für KM genutzt und an-schliessend auf das CRM angewandt. So entsteht eine Architektur für Customer Knowledge Management, die abschliessend in ihren Ebenen und ihrer Anwendung diskutiert wird. Sie bildet den Ordnungsrahmen für die im zweiten Teil des Bu-ches vorgestellten Berichte aus der Praxis des Customer Knowledge Manage-ments.

Der Autor hat die hier vorgestellten Ergebnisse in seiner Funktion als Leiter der Kompetenzzentren Customer Relationship Management (CRM) und Business Knowledge Management (BKM) sowie ihres Nachfolgers, des CC Customer Knowledge Management (CKM), in der Zeit von Oktober 2000 bis einschliesslich Juni 2002 gemeinsam mit den Vertretern der Partnerunternehmen und den wissen-schaftlichen Mitarbeitern erarbeitet.

2.2 Wissen von, für und über Kunden

2.2.1 Customer Relationship Management (CRM)

In der Geschäftsarchitektur des Informationszeitalters nehmen Kundenprozess und Kundenbeziehung eine zentrale Rolle ein (vgl. Kapitel 1). Customer Relationship Management (CRM) fokussiert diesen Bereich speziell. Der Begriff und das zugehörige Konzept sind entstanden durch das Zusammenwachsen verschiedener anderer Konzepte wie Beziehungsmarketing (Relationship Marketing), Marketingautomatisierung (Enterprise Marketing Automation), Verkaufsautomatisierung (Sales Force Automation) und Serviceautomatisierung [Mogicato 1999, 11].

CRM bezeichnet ein kundenorientiertes, technologiegestütztes Managementkonzept mit dem Ziel, ein Gleichgewicht zwischen der Befriedigung von Kundenbedürfnissen und den dafür beim Anbieter notwendigen Investitionen in Kundenbeziehungen zu erreichen, um so die Rentabilität des Anbieters zu maximieren [Schmid 2001, 12].

Wesentliche Aufgaben und Herausforderungen von Customer Relationship Management sind:

- Gewinnung und laufende Aktualisierung von Wissen *über* Kunden (Bedürfnisse, Motivation und Verhalten), *von* Kunden (Anforderungen, Feedback, Erfahrungen, ...) und *für* Kunden (Produkte, Märkte, Konkurrenten, ...).

- Laufende Anwendung dieses Wissens in allen Unternehmensprozessen mit dem Ziel, für jede individuelle Kundenbeziehung das oben beschriebene Gleichgewicht zu finden.

- Etablierung und zielgerichteter Einsatz verschiedener Vertriebskanäle und Sicherstellung der Konsistenz zwischen den einzelnen Kanälen.

- Laufende Anpassung der CRM-Aktivitäten an sich ändernde Kundenbedürfnisse.

- Messung der Aufwendungen für alle Aktivitäten einschliesslich der Marketing-, Verkaufs- und Service-Kosten und der Erträge in Form von Kundenumsatz, Kundengewinn und Kundenwert.

- Einsatz von Informationssystemen zur Unterstützung aller genannten Aufgaben von CRM, insbesondere der Wissensgewinnung und der Wissensnutzung sowie der Integration der notwendigen Daten und der Messung der Effektivität von Customer Relationship Management.

Die in der Einleitung erwähnten, steigenden Anforderungen an Entwicklungs-, Herstellungs- und Vermarktungsprozesse durch immer kurzlebigere, anspruchsvollere und individualisiertere Produkte und Dienstleistungen werden durch dynamische Veränderungen der Kundenprozesse ausgelöst. Dabei ist es von zentraler Bedeutung, dass ein Unternehmen diese Veränderungen so früh wie möglich wahrnimmt, um sich entsprechend anpassen zu können. Hierbei ist in der Interaktion mit den Kunden über die Abwicklung der eigentlichen geschäftlichen Transaktionen hinaus der Austausch von Wissen von hoher Wichtigkeit.

Abb. 2-1 verdeutlicht die Bedeutung dieses Wissensaustausches für die Realisierung eines wertstiftenden Customer Relationship Management (CRM).

Abb. 2-1: Wirkungsweise von Wissensaustausch im CRM
(Quelle: [Gronover 2003])

Zentrale Gestaltungselemente des CRM sind dabei Prozesse, in denen die genannten wissensintensiven Aufgaben bewältigt werden. Diese CRM-Prozesse sind funktional in den Bereichen Marketing, Verkauf und Service angesiedelt und haben als gemeinsames Merkmal einen direkten Kontakt von Prozessbeteiligten mit Kunden.

In der Literatur verbreitet ist die Gliederung von CRM in die drei Prozesse analog zur Aufbauorganisation: Marketing, Verkauf und Service (u.a. [Vara 1995], [Stender/Schulze-Klein 1998], [Herrmann/Füllgraf 2001]). Diese Einteilung ist auf Basis der Erfahrung aus dem CC CKM (s. Vorwort) für eine konkrete Umsetzung von CRM-Massnahmen zu grob.

Häufiger werden CRM-Initiativen auch ausgehend von einer systemtechnischen Gliederung beschrieben. Deren integrierte Betrachtungsperspektive baut auf einem Regelkreis mit drei Aktionsbereichen auf [Schwede/Spies 2001, 23]. *Analytisches CRM* umfasst die Datengewinnung, -haltung und -auswertung, *operatives CRM* die Prozessverbesserung und Effizienzsteigerung der zu unterstützenden kundenorientierten Prozesse und *kollaboratives CRM* die Integration und Synchronisation der unterschiedlichen Vertriebskanäle. Diese Gliederung ist für das Verständnis von CRM hilfreich, bietet aber keine ausreichenden Anhaltspunkte für die Ableitung konkreter CRM-Prozesse.

Daher wurden in Zusammenarbeit mit den Partnerunternehmen des CC CKM sechs CRM-Kernprozesse identifiziert: *Kampagnen-, Lead-, Angebots-, Beschwerde-, Vertrags-* und *Servicemanagement.* Hinzu kommen noch zwei Aktivitäten, *Interaktionsmanagement* und *Kanalmanagement,* die keine Prozesse im ablauforganisatorischen Sinn darstellen, sondern die der Ausgestaltung der Kundeninteraktion dienen sowie den zielgerichteten Einsatz verschiedener Kanäle zu den Kunden (z. B. Filialen, Kundenprozessportal, Call Center) steuern. Abb. 2-2 stellt die CRM-Prozesse und -Aktivitäten als Ausschnitt der Geschäftsarchitektur des Informationszeitalters dar und ordnet sie den funktionalen Bereichen des Marketing, Verkauf und Service zu.

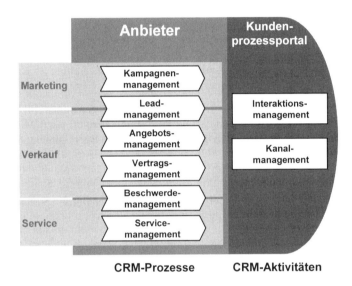

Abb. 2-2: CRM-Kernprozesse und -Aktivitäten

Kampagnenmanagement hat die Steuerung von Marketingkampagnen unter Integration aller zur Verfügung stehenden Werbe- und Vertriebskanäle zu einem einheitlichen Erscheinungsbild gegenüber den Kunden zum Ziel. Aus Kampagnen oder anderen Massnahmen entstehen Kontakte zu Kunden, die Anbieter im Rahmen des *Leadmanagements* speichern, qualifizieren und weiterbearbeiten, um einem geschäftlichen Abschluss näher zu kommen. Zum Teil schon in der Phase des Marketing, verstärkt aber in der Verkaufsphase erstellen und übermitteln Anbieter auf Basis von Kontakten kundenspezifische Offerten, die sie im Rahmen des *Angebotsmanagements* steuern und verfolgen. Dies bezieht die Erstellung eines Angebots mit individuellen Vertragsbestandteilen, die Terminierung und Pendenzverwaltung im Angebotsprozess und die Archivierung der Angebote mit ein. Insbesondere in Vertriebsorganisationen mit mehreren Vertriebskanälen spielt das Angebotsmanagement eine wichtige Rolle.

Das *Vertragsmanagement* umfasst die Erstellung und Abstimmung von Vertrags-Rahmenwerken (Musterverträge, allgemeine Geschäftsbedingungen etc.) sowie die Vorbereitung, Ausfertigung und das Abschliessen von Verträgen für bestimmte Geschäftsbeziehungen inklusive der nachfolgenden Vertragserfüllung und dem Vertrags-Controlling.

Beschwerdemanagement bezeichnet die Planung, Steuerung und Durchführung von Massnahmen im Zusammenhang mit der Artikulation von Unzufriedenheit. Ziel eines Kunden ist es hierbei, ein Unternehmen auf ein als schädigend empfundenes Verhalten aufmerksam zu machen und wieder einen Zustand der Zufriedenheit zu erreichen. Anbieter müssen neben den Beschwerdedaten, wie Name des Beschwerenden oder Beschwerdegrund, auch Wissensflüsse wie eine Informationsversorgung von Mitarbeitern in Produktentwicklung und Kundenbetreuung regeln, um zeitnah und adäquat reagieren zu können.

Unter dem Begriff des *Servicemanagements* werden alle Prozesse zusammengefasst, die sich mit der Planung, Steuerung und Bewertung von After-Sales-, Garantie- und Serviceleistungen befassen. Ziel ist es, den Kunden auch in der Nachkaufphase, optimal zu betreuen und Potenziale für Cross-Selling zu identifizieren und zu nutzen sowie die Kundenbeziehung zu festigen [Riempp/Gronover 2002].

Für die Partnerunternehmen des CC CKM stellen die genannten CRM-Prozesse und -Aktivitäten den Anwendungs- und Gestaltungsbereich für KM dar. Daher finden sich diese Prozesse auch in den in den in diesem Buch vorgestellten Praxisfällen wieder, u.a. bei:

- St. Galler Kantonalbank: Interaktions- und Kanalmanagement (Teil 2, Kap. 3)

- Helsana Versicherungen: Angebots-, Vertrags-, Beschwerde-, Service- und Interaktionsmanagement (Teil 2, Kap. 4 und 11)

- Credit Suisse: Lead-, Angebots-, Vertrags-, Beschwerde- und Servicemanagement (Teil 2, Kap. 5)

- Deutsche Post World Net: Angebots- und Servicemanagement (Teil 2, Kap. 8)

- Union Investment: Servicemanagement (Teil 2, Kap. 12)

Im Sinne des Drei-Ebenen-Modells des Business Engineering bilden die CRM-Prozesse die Prozess-Ebene für die Gestaltung der im weiteren vorgestellten Architektur für Customer Knowledge Management

2.2.2 Knowledge Management (KM)

Wenn Knowledge Management das Wissen einer optimalen Nutzung zuführen soll, dann stellt sich zunächst die Frage, was *Wissen* überhaupt ausmacht. Daher werden aus der zugehörigen Forschungsrichtung, der Epistemologie (Lehre vom Wissen), ausgewählte Eigenschaften von Wissen kurz vorgestellt (s. hierzu u.a. [Maturana/Varela 1987], [Jaspers 1988], [Nonaka/Takeuchi 1995], [Dienes/Perner 1999], [Reinhardt 2002]):

- *Sensorische Erfahrung und begrenztes Verstehen:* Menschen können mit Hilfe ihrer Sinne Aspekte der Wirklichkeit erfahren. Sie können daraus Schlüsse über Gesetzmässigkeiten ziehen und so Wissen über die Zusammenhänge in der Wirklichkeit aufbauen. Die Fähigkeit des Schauens und Verstehens ist aber individuell und kollektiv begrenzt (z.b. [Popper 1972]).

- *Mentale Modelle:* Menschen bilden im Laufe ihrer Entwicklungen individuell unterschiedliche mentale Modelle zur Ordnung ihrer sensorischen Erfahrung und als Abbild ihrer Verstehens- und Gestaltungsanstrengungen [Piaget 1981]. Neben der individuell unterschiedlichen Grundlage und Fähigkeit zur intellektuellen Verarbeitung unterliegt der Erfahrungs- und Verstehensprozess auch sozialen und emotionalen Einflüssen. Die mentalen Modelle gehen über eine reine Abbildung von Sinneseindrücken hinaus, da Menschen beispielsweise durch Intuition und Kreativität in ihnen Konstrukte schaffen, die originär neu sind und Wirklichkeit gestalten (z. B. im Bereich von Malerei, Musik oder Erfindungen).
  Die bewussten Teile der mentalen Modelle sind explizites, die unbewussten implizites Wissen.

- *Gemeinsame Modelle:* Es gibt unter Menschen die Fähigkeit und die Neigung zur Bildung eines sozialen Konsensus über ‚gültige' mentale Modelle. Ihnen liegen Abstimmungsprozesse und Vereinbarung über Sichten und Vorstellungen bezüglich der Wirklichkeit zugrunde, die zu gemeinsamen Teilmengen der mentalen Modelle der beteiligten Individuen führen. Gemeinsame mentale Modelle bilden die Grundlage gemeinschaftlichen und koordinierten Handelns.

- *Handlungs- und Problemlösungsfähigkeit:* Für Wissensmanagement im betrieblichen Kontext steht nicht die objektive Richtigkeit von Wissen, sondern der Beitrag von Wissen zu wirkungsvollem Handeln bei der Bewältigung von Herausforderungen im Vordergrund (*Pragmatismus*). In diesem Sinne ist Wissen nicht nur die Kenntnis eines Sachverhaltes („know-what"), sondern die darauf aufbauende Fähigkeit zu effektivem Handeln (Kennen + Können). Handlungsfähigkeit („know-how") bildet sich durch individuelle oder kollektive Erfahrungen. Umfangreiche Erfahrung führt zu Urteils- und Entscheidungsfähigkeit („know-why") über angemessenes Handeln. Die individuelle Ausprägung dieser drei Stufen (Kennen, Können und angemessenes Entscheiden) wird im weiteren auch als persönliche *Kompetenz* bezeichnet.

- *Bindung an Menschen:* Die mentalen Modelle inklusive der Handlungs- und Entscheidungsfähigkeit sind an Personen gebunden. Ausserhalb von Menschen existieren nur individuelle Versuche der Abbildung von Ausschnitten der mentalen Modelle. Für die Abbildungsversuche nutzen Menschen kontextuell geordnete Daten, die man als Informationen im Sinne von Objekten bezeichnen kann. Zur Bildung von Kontext haben Menschen über Daten hinaus zahlreiche Möglichkeiten, z. B. Abbildungen, Gestik, Mimik, Intonation oder vorführende Handlungen.

Die Bindung an Menschen bedeutet auch, dass es kein expliziertes Wissen gibt, da die Abbildungsversuche nicht handlungsfähig sind. Aus dem selben Grund gibt es kein organisationales oder soziales Wissen ausserhalb von Menschen, z. B. in technischen Systemen, sondern immer nur beschränkte Abbildungen.

Auf der Basis dieses Verständnisses von Wissen kann Knowledge Management nicht das Wissen selbst „managen", sondern bietet lediglich Unterstützungsfunktionen für Menschen, damit diese sich und ihre erstellten Abbildungsversuche besser finden und austauschen können. Durch diese verbesserte Auffindbarkeit und Vernetzung trägt KM in einem zweiten Schritt dazu bei, die Schaffung neuen Wissens zu katalysieren und es schliesslich effektiver und effizienter zu nutzen.

Ein so verstandenes Knowledge Management muss unterschieden werden von der Disziplin der Wissensverarbeitung, die Kennen, Können und angemessenes Entscheiden mit Hilfe von Verfahren der Künstlichen Intelligenz (KI) nachbilden und somit die Fähigkeiten menschlicher Akteure zumindest teilweise auf Computersysteme übertragen will. Solche maschinellen Akteure können dann wieder mittels KM mit menschlichen Akteuren vernetzt werden.

Als Ergebnis des CC CKM sowie unter Berücksichtigung der zahlreichen Definitionen zu Knowledge Management bzw. Wissensmanagement (s. u.a. [Probst et al. 1999, 52], [Allweyer 1998, 38], [Willke 1998, 39] sowie die Übersicht bei [Schindler 2000, 36]) fassen wir folgende *Charakteristika von KM* zusammen:

- Knowledge Management ist ein systematisches Vorgehen zur Erreichung organisationaler Ziele wie Ertragssteigerung, Kostensenkung oder Ausweitung von Marktanteilen durch die Optimierung der Nutzung von Wissen.

- Die zugehörigen Massnahmen planen Organisationen ausdrücklich oder implizit in Form einer KM-Strategie, die sie durch KM-Prozesse und KM-Systeme umsetzen.

- Eine KM-Strategie konkretisiert die übergeordnete Geschäftsstrategie bezüglich der Bewirtschaftung von Wissen durch das Setzen von KM-Zielen, deren Erreichung durch Führungsgrössen messbar gemacht wird.

- Die elementaren KM-Prozesse sind:

  - *Lokalisieren* und *Erfassen* von bestehendem Wissen, das in Form von impliziten und explizitem Wissen von Menschen (*Kompetenz*) vorliegt oder von dem es Abbildungsversuche in der Gestalt von Informationsobjekten mit *Inhalt & Kontext* gibt.

  - *Austausch* von Wissen sowie *Verteilung* von Informationsobjekten oder Hinweisen auf Kompetenzträger.

  - *Entwickeln* von aktuell oder künftig benötigtem Wissen, beispielsweise durch Entdecken, Lernen und Zusammenarbeit.

  - *Nutzung* von Wissen als zentralem Zweck von Knowledge Management, z. B. in Geschäftsprozessen der Produktentwicklung oder des CRM.

- KM-Systeme dienen der technischen Unterstützung von Individuen bei der Durchführung der KM-Prozesse.

Nachdem nun Knowledge Management kurz umrissen ist, stellt sich die Frage, wie es wirkungsvoll gestaltet werden kann. Dazu sind zunächst die Handlungsfelder (‚Stellschrauben') für eine solche Gestaltung abzustecken. Zu diesem Zweck untersuchen wir eine elementare Tätigkeit des KM näher: das Austauschen von Wissen zwischen Menschen. Durch die genauere Analyse dieses Vorgangs erkennt man die Stellschrauben, mit deren Hilfe ein wirkungsvolles KM erreicht werden kann.

2.3 Handlungsfelder für Knowledge Management – eine Herleitung

Um umfangreiche Aufgaben, die über die Leistungsfähigkeit eines einzelnen Menschen hinausgehen, bewältigen zu können, bilden Menschen Organisationen wie beispielsweise Unternehmen, Hochschulen, Verbände oder Gemeinschaften. Die Ziele solcher Organisationen sind nur durch das konstruktive Zusammenwirken der beteiligten Menschen erreichbar, wofür sie gemeinsames Wissen benötigen. Jeder der Menschen in einer Organisation speichert sein Wissen aber in individuellen mentalen Modellen, die von aussen nicht direkt erkennbar sind. Damit das Wissen der beteiligten Individuen als gemeinsames Wissen der organisationalen Zielerreichung dienen kann, müssen diese ihr Wissen untereinander austauschen, d.h. einen ausreichenden Grad an Übereinstimmung der mentalen Modelle erreichen.

In der Literatur finden sich grundlegende Betrachtung zum Austausch von Individuen durch Kommunikation wie die fünf Axiome nach [Watzlawik et al. 1967] oder das Vier-Ohren-Modell nach [Schulz von Thun 1981]. Sie erläutern die verschiedenen Ebenen (emotionale Ebene, Sachebene etc.), auf denen sich Menschen beim Austausch Botschaften übermitteln. Spezifischer auf den Vorgang des Transfers von Wissen eingehende Modelle finden sich in der Wissensmanagement-Literatur u.a. bei [Richter/Vettel 1995], [von Krogh/Köhne 1998, 239], [North 1999, 217], [Klosa 2001, 17], [Maier 2002, 61], [Reinhardt 2002, 105].

Das hier vorgestellte Modell basiert auf diesen Erklärungsansätzen, ergänzt um Beobachtungen in den Praxisprojekten des CC CKM (vgl. Teil 2 dieses Buches).

Die mentalen Modelle von Individuen sind sehr umfangreich. Damit Teile davon für Andere nachvollziehbar werden, versuchen Menschen die ihnen bewussten Elemente durch verschiedene Explizierungsverfahren wie beispielsweise Sprache, Texte, Abbildungen, bildhafte Vergleiche oder vorführende Handlungen abzubilden. Jedes einzelne dieser Explizierungsverfahren hat nur eine begrenzte Abbildungsmächtigkeit, so ist Text sequentiell geordnet und damit nur bedingt zur Repräsentation vernetzter Strukturen geeignet. Abbildungen machen durch Reduktion auf Wesentliches aufmerksam, sind dadurch aber gleichzeitig limitiert, etc.

Die verschiedenen Explizierungsverfahren lassen jeweils nur eine teilweise Abbildung des gewählten, bewussten Ausschnitts eines mentalen Modells zu. Zur Bildung von *Kontext* kombinieren Menschen verschiedene Explizierungsverfahren und reichern sie zusätzlich mit Wertungen, Gefühlen oder Betonungen an, die sie bspw. mittels Gestik, Mimik oder Intonation ausdrücken. Gemeinsam mit Handlungen drücken sie damit auch unbewusste Teile ihrer mentalen Modelle unbewusst aus.

Durch die Reflexion und anschliessende Explikation von Ausschnitten ihres Wissens schaffen Menschen flüchtige oder permanente *Informationsobjekte* und Kontext, die sie an andere Menschen übertragen (s. Abb. 2-3). Durch geschickte Kombination der verschiedenen Explizierungsverfahren gelingt eine im Vergleich zu jedem isoliert eingesetzten Verfahren deutlich umfänglichere Abbildung von mentalen Modellen, wenngleich eine vollständige Abbildung im Maximalfall nur für den betrachteten Teil und keineswegs für das mentale Modell als Ganzes erreicht wird.

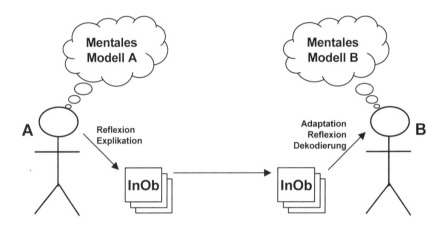

Abb. 2-3:   Grundschema des Austausches von Wissen
durch Informationsobjekte

Person A wählt bei der Reflexion und Explikation bewusst oder unbewusst Grenzen in ihrem mentalen Modell, um den Umfang der Informationsobjekte für Person B einzuschränken und handhabbar zu machen. Des weiteren betont A gewisse Aspekte des gewählten Ausschnitts, die sie in der jeweiligen Situation für besonders relevant hält, und lässt irrelevant erscheinende aus.

Bei der Reflexion und anschliessenden Explikation des mentalen Modells von Person A treten daher folgende Verluste auf:

• A kann nur die bewussten Teile ihres mentalen Modells gezielt nutzen. Der Ausdruck der unbewussten Teile geschieht unkontrolliert und damit ggf. unvollständig.

- Durch Bewertung nach Relevanz betont sie bestimmte Elemente des gewählten Ausschnitts und lässt andere weg.

- Durch Ausschnittbildung expliziert A weniger Assoziationen, als im mentalen Modell vorhanden sind.

- Durch Wahl des Explizierungsverfahrens (z. B. Sprache, Texte, Abbildungen, vorführende Handlungen) und deren jeweils limitierte Abbildungsmächtigkeit in Informationsobjekten kann A die verbleibenden Elemente nicht oder nur verlustbehaftet abbilden. Diese Verluste kann sie durch Kombination von Explizierungsverfahren und direkte Interaktion minimieren.

Person B als Empfängerin von Informationsobjekten muss diese zunächst erkennen und dekodieren. Darauf aufbauend reflektiert sie die Inhalte der Informationsobjekte und adaptiert anschliessend die verstandenen Elemente ihr mentales Modell.

Bei der Aufnahme der Informationsobjekte durch Person B können folgende Veränderungen und Verluste auftreten:

- Die in den Informationsobjekten enthaltenen Abbildungsversuche des mentalen Modells von A können von B nur unvollständig dekodiert werden.

- Aufgrund ihres existierenden mentalen Modells kann B ggf. die Abbildungsversuche von A nur teilweise und/oder anders verstehen und folglich nur den verstandenen Teil in ihr mentales Modell integrieren.

Im Ergebnis gelingt der Transfer von Wissen, d.h. von Ausschnitten des mentalen Modells, von A zu B nur in Teilen. Es können sowohl Elemente verloren gehen als auch in ihrem Bedeutungsgehalt und ihrer assoziativen Vernetzung verändert im mentalen Modell von B ankommen.

Im weiteren Sinne kann auch die Schaffung von physischen Gegenständen wie Modellen, Prototypen, Maschinen, Gebäuden, Produktionsanlagen etc., Arbeitsabläufen und Prozessen ebenso wie digitaler Erzeugnisse wie Software, Websites usw. der Übertragung von mentalen Modellen dienen. Dies ist teils von den erschaffenden Person intendiert, z. B. in einem Lehrer-Schüler-Verhältnis. Teils werden physische und digitale Arbeitsergebnisse ursprünglich ohne Transfer-Absicht erstellt, dienen aber einem Interessierten später zum Studium der darin manifestierten mentalen Modelle. Der Begriff des Informationsobjektes ist in diesem Sinne weiter gefasst.

In dem bis hierher geschilderten Modell des Wissensaustausches wird davon ausgegangen, dass die beteiligten Individuen sich austauschen können und wollen. Dies ist in der Realität keineswegs immer gegeben. Das folgende erweiterte Modell bezieht folglich weitere, vom Autor beobachtete Faktoren, mit ein (s. Abb. 2-4).

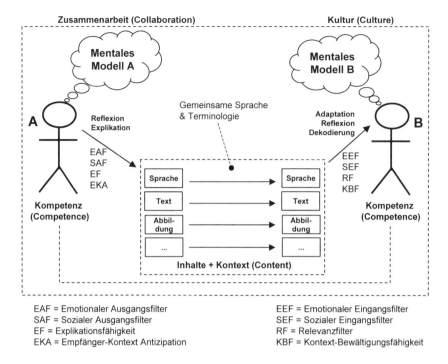

Abb. 2-4:   Erweitertes Modell des Austausches von Wissen durch Informationsobjekte

Die sendende Person A setzt bewusst oder unbewusst eine Reihe von Filtern und Fähigkeiten bei Reflexion und Explikation ein.

Der *emotionale Ausgangsfilter (EAF)* beschreibt dabei die Eigenschaft von Menschen, beim Austausch mit anderen Menschen neben der Sach- auch eine Beziehungsebene aufzubauen [Watzlawik et al. 1967, 53]. So expliziert Person A freudiger, freizügiger und offener im Falle von positiven Emotionen zu B wie Sympathie, Achtung oder Freundschaft. Im Falle von negativen Emotionen wie Antipathie, Angst oder Misstrauen expliziert A weniger oder gar nicht.

Der *soziale Ausgangsfilter (SAF)* wird beeinflusst durch eine auf Art und Umfang der Explikation anreizend oder dämpfend wirkende soziale Umgebung von A. Anreizend auf A wirkt beispielsweise eine Kultur der sie umgebenden Organisation, die freies und offenes Teilen von Wissen anerkennt und fördert (siehe hierzu bspw. das Konzept des „enabling context" in [von Krogh et al. 2000]). Dagegen wirkt eine Umgebung dämpfend, in der A befürchten muss, dass die Preisgabe ihres Wissens bspw. Verluste von Macht oder Anerkennung für sie bedeutet oder von anderen Mitgliedern der Organisation zur Erlangung von unlauteren Vorteilen gegenüber A benutzt wird.

Die *Explikationsfähigkeit (EF)* umschreibt die Summe der erlernten Kenntnisse und Fertigkeiten, die A bei der Abbildung von Teilen ihren mentalen Modells einsetzt. Die EF ist bei verschiedenen Individuen sehr unterschiedlich ausgeprägt.

Schliesslich meint *Empfänger-Kontext-Antizipation (EKA)* den Versuch von A, die Art, den Umfang und die Struktur der explizierten Informationsobjekte durch Vermutung über die Verstehensfähigkeit von B so anzupassen, dass B sie dekodieren, verstehen und adaptieren kann.

Die empfangende Person B setzt wiederum Filter und Fähigkeiten bei der Dekodierung, Reflexion und Adaptation der eingehenden Informationsobjekte ein.

Der *emotionale Eingangsfilter (EEF)* von B ist das Spiegelbild von EAF auf Seiten von A. Bei Sympathie oder Achtung ist B offener und bereiter, die von A gemachten Abbildungsversuche verstehen und aufnehmen zu wollen als bei Antipathie, Geringschätzung oder Misstrauen.

Wiederum reflektiert der *soziale Eingangsfilter (SEF)* die Reaktion von B auf eine den Austausch ermutigende oder dämpfende Kultur. Weiss Person B beispielsweise, das selbstentworfene Konzepte mehr Anerkennung finden als übernommene, so wird sie die von A kommenden Informationsobjekte skeptisch betrachten oder zurückweisen. Werden Team-Ergebnisse gefördert und anerkannt, ist B offener und bereiter zur Adaptation.

Der *Relevanzfilter (RF)* beschreibt die initiale Analyse von Person B, ob eingehende Informationsobjekte überhaupt bedeutungsvoll für sie sind. Nur wenn B Interesse an den Abbildungsversuchen von A findet, wird sie die Anstrengung der Reflexion und Adaptation unternehmen.

Kontext-Bewältigungsfähigkeit (KBF) meint die Befähigung von B, die ankommenden Informationsobjekte inklusive Kontext mit Hilfe ihres mentalen Modells erklären und anschliessend reflektieren zu können.

Damit dieser komplexe Prozess des Transfers von A zu B gelingen kann, müssen weitere Voraussetzungen erfüllt sein:

- A und B müssen eine oder mehrere *gemeinsame Sprachen* haben, d.h. sie müssen gleiche Alphabete, gesprochene Sprachen, Abbildungskonventionen, Ausdrucksformen für Gestik und Mimik etc. kennen.

- Innerhalb ihres gemeinsamen Sprachraumes müssen sie eine übereinstimmende *Terminologie* besitzen, d.h. die bei der Abbildung verwendeten Zeichen, (Fach-)Worte und Ausdrucksformen kennen und ihnen den selben Bedeutungsgehalt zuordnen.

- A und B müssen sich in einem gemeinsamen physischen oder virtuellen „Raum" befinden, in dem sie Informationsobjekte austauschen können.

Ein Beispiel: Leser mit betriebswirtschaftlichem oder wirtschaftsinformatischen Hintergrund mögen sich das Studium eines wissenschaftlichen Fachtextes zu Neurophysiologie, Elementarteilchenphysik oder traditioneller chinesischer Medizin vorstellen. Obwohl solche Texte i.d.R. vom Sender A aufgrund hoher Explikationsfähigkeit mit reichem Kontext ausgestattet sind, dürfte die Erschliessung des Bedeutungsgehaltes nur unvollkommen gelingen, selbst wenn die Texte in deutscher Sprache abgefasst sind. Auf Seiten des Empfängers B mangelt es an der Kenntnis der Fachsprache und Terminologie. Ebenso ist die Kontext-Bewältigungsfähigkeit (KBF) aufgrund zu geringer Ausbildung des mentalen Modells nicht ausreichend. Meist legt B solche Texte nach kurzem Lesen zur Seite. Trotzdem kann der Relevanzfilter (RF) von B durchlässig sein, d.h. B ist interessiert. Der Grund für den nicht gelungenen Wissensaustausch ist die zu grosse Distanz von A und B, d.h. das Fehlen eines wirkungsvollen gemeinsamen Raumes.

Ein solcher gemeinsamer Raum würde beispielsweise einem Neurophysiologen als Sender A erlauben, vergleichsweise schnell seine Empfänger-Kontext-Antizipation (EKF) so anzupassen, dass die von ihm explizierten Informationsobjekte zum Thema „mentale Modelle aus Sicht der Medizin" der KBF des Empfängers B entsprechen. Durch wechselseitigen Austausch von Informationsobjekten (z. B. Anmerkungen, Fragen) kann die Anpassung gegenseitig gelingen, wenn die mentalen Modelle von A und B eine notwendige Mindest-Übereinstimmung haben (z. B. Denken in abstrakten Modellen, Erlernen von Fachtermini etc.).

Ausgehend von einer störungsarmen oder -freien emotionalen Ebene zwischen A und B sowie einer den Austausch tolerierenden oder fördernden Kultur (d.h. EAF, SAF, EEF und SEF sind durchlässig) erlaubt ein bidirektionaler Austausch von Informationsobjekten in gemeinsamen Räumen kurzfristig die gegenseitige Anpassung von EKF und KBF. Bei gemeinsamem Interesse am behandelten Themengebiet (RF durchlässig) kann sich so ein reger und befruchtender Wissensaustausch entwickeln, insbesondere wenn EF bei den Beteiligten ähnlich ist. So ist erklärbar, warum der Wissensaustausch in eingespielten Teams oft schnell und fruchtbar verläuft (siehe z. B. das Konzept des gemeinsamen Raumes „Ba" in [Nonaka/Konno 1998]).

Je geringer die räumliche und zeitliche Distanz zwischen den Austauschenden in gemeinsamen Räumen ist, desto eher können sie sich gegenseitig bei Explikation und Handlung beobachten (Idealfall: gleicher Ort, gleiche Zeit). Im Zuge der Beobachtung macht der Empfänger auch Vermutungen über die unbewussten Teile des mentalen Modells des Senders, womit der Kontext angereichert und somit die Adaptation erleichtert werden kann. Diese Vermutungen können allerdings auch ganz oder teilweise falsch sein, was zu Un- oder Missverstehen beitragen kann.

Wissensaustausch unterliegt allen gemeinschaftlich ausgeführten KM-Prozessen, beispielsweise der Wissensgenerierung durch Forschen, der Wissensverteilung sowie der gemeinsamen Anwendung von Wissen. Das bis hier vorgestellte Modell ermöglicht daher die Identifikation der *Handlungsfelder* für die Verbesserung von Wissensaustausch und damit des Knowledge Managements als Ganzem. Da ihre englische Bezeichnung jeweils mit „C" beginnt, bezeichnen wir die Handlungsfelder auch kurz als die ‚vier Cs' des Knowledge Management (s. auch Abb. 2-4):

- *Kompetenz (Competence)*: Menschen als Träger von indivuellem und kollektivem Wissen bilden den Ausgangs- und Zielpunkt aller Anstrengungen des Knowledge Management. Ihre Kompetenzen, d.h. ihre Kenntnisse, Handlungs-

und Entscheidungsfähigkeiten, sind Voraussetzung für die Erreichung organisationaler Ziele. KM kann einerseits zur Förderung von Kompetenz durch Unterstützung von Lernvorgängen beitragen und andererseits Kompetenzen besser sichtbar machen, damit die geeigneten Partner für einen Wissensaustausch sich überhaupt oder schneller finden können. Kompetenzförderung und –transparenzierung tragen zu einer Verbesserung von EF, EKA, RF und KBF bei.

- *Inhalte & Kontext (Content)*: Als Transportmittel kommt den Inhalten (= Abbildungsversuchen) in Informationsobjekten beim Wissensaustausch eine zentrale Bedeutung zu. Eine reiche Abbildungsfähigkeit durch Kombination von Explizierungsverfahren bildet die Basis für die Schaffung von Kontext. Dieser ist wesentliche Voraussetzung für das Verstehen der Inhalte beim Empfänger und hilft, EKA und KBF zu synchronisieren. KM kann die Explikation und Kontextbildung durch Bereitstellung komfortabler multi-medialer Werkzeuge unterstützen. Mit überall und komfortabel zugänglichen Speichersystemen auf Basis einer einheitlichen Terminologie dient es der Bewahrung, dem Transport und der Verfügbarmachung von Informationsobjekten. Leistungsfähige Navigations-, Such- und Darstellungsfähigkeiten erleichtern den Empfängern die Identifikation, Kontext-Erkennung und Dekodierung.

- *Zusammenarbeit (Collaboration)*: Gemeinsame Räume für Zusammenarbeit sind die Grundlage für Wissensaustausch. Durch eine möglichst förderliche Ausstattung von physischen und virtuellen Räumen mit Hilfen zur Identifikation und zum Kennenlernen von Personen sowie mit Austauschkanälen und -werkzeugen katalysiert KM die Übertragung von Wissen. Je grösser und verteilter Organisationen sind, desto höher ist dabei die Bedeutung virtueller Räume. Die Unterstützung eines möglichst natürlichen Austausches in solchen Räumen erleichtert die Synchronisation von EKA und KBF.

- *Kultur (Culture)*: Eine sozial und emotional förderlich gestaltete Kultur von Toleranz, Offenheit, Fairness und Vertrauen ermutigt Menschen zum Wissensaustausch und lässt sie diesen als befruchtend und bereichernd erleben. Fehlt jedoch eine solche Umgebung, werden die beteiligten Menschen den zur Erreichung von organisationalen Zielen notwendigen Transfer abschwächen, behindern oder vollständig unterlassen. KM kann im Rahmen von KM-Zielen, Anreizsystemen, Mitarbeiterentwicklung und Training sowie durch KM-Rollenträger zu einer förderlichen Kultur beitragen. Dadurch können EAF, SAF, EEF und SEF durchlässig gemacht werden.

Die förderliche Gestaltung der genannten Handlungsfelder, der 4 Cs, ermöglicht die Erreichung des eigentlichen Ziels des KM, der bestmöglichen Nutzung von Wissen zur Realisierung der organisationalen Ziele. Dabei sind die Handlungsfelder vernetzt und können nicht losgelöst von einander optimiert werden. Bei mangelnder Kompetenz entstehen wenig brauchbare Informationsobjekte, eine Austausch-feindliche Kultur stört nachhaltig die Zusammenarbeit, durch gestörte Zusammenarbeit werden Kompetenzen zu wenig gefördert usw. – in der Summe behindert dies die Erreichung gemeinsamer Ziele.

Im Gegensatz hierzu tauschen sich kompetente Mitarbeiter mit Hilfe adäquat explizierter Informationsobjekte in einer KM-förderlichen Kultur gerne aus. Sie zeigen freizügig ihre Kompetenzen und nehme gut gestaltete Räume für Zusammenarbeit als hilfreiches Werkzeug rege an. Der lebhafte Austausch fördert wiederum ihre Kompetenzen und zeitigt eine Vielzahl tatsächlich anwendbarer Informationsobjekte – ein selbstverstärkender Regelkreis.

2.4   Architektur für Customer Knowledge Management (CKM)

Nachdem nun CRM, KM sowie die Handlungsfelder für die Gestaltung von KM eingeführt sind, kann eine Architektur für Customer Knowledge Management (CKM) entwickelt werden.

Eine Architektur für betriebliche Anwendungsbereiche hat eine vergleichbare Funktion wie Baupläne für Gebäude oder Konstruktionszeichnungen für Maschinen: Sie beschreibt die Gestaltungsobjekte und ihre Beziehungen untereinander in einem Metamodell (sozusagen der Plan der möglichen Bausteine, Träger, Leitungen etc.), auf dessen Basis dann der eigentliche Plan für die Anwendung nach bestimmten Darstellungsregeln erstellt wird. Über den Plan hinaus gehören häufig auch Empfehlungen für seine Umsetzung zu einer praxisorientierten Architektur.

Der im folgenden vorgestellte, allgemeine Plan für CKM ist durch die Zusammenarbeit von Wissenschaftlern und Praktikern im CC CKM entstanden. Er hilft bei der Beantwortung von Fragen wie „Welche Elemente gehören zu einem kundenorientierten Knowledge Management?", „Wie hängen diese Elemente zusammen?", „Wie kann ich aus Strategie und Prozessen ableiten, wie mein KM-System für Marketing und Vertrieb zu gestalten ist?" oder „Wie sorge ich dafür, das alle Mitarbeiter im Call Center und im Aussendienst ihre gegenseitigen Fähigkeiten kennen und sich besser austauschen, damit unsere Kunden zufriedener sind?".

Auf dem Weg zu Antworten auf solche Fragen entsteht aus der allgemeinen Architektur für CKM eine organisationsspezifische Architektur für einen bestimmten Anwendungsbereich. Beispiele hierfür aus dem CC CKM finden sich im zweiten Teil des Buches.

In der im weiteren vorgestellten Architektur für CKM sind alle Handlungsfelder aus dem im vorigen Abschnitt eingeführte Modell für Wissensaustausch abgebildet. Die Gestaltung folgt zudem der 3-Ebenen-Gliederung des Business Engineering mit *Strategie*, *Prozess* und *System*, und orientiert sich gemäss dem Geschäftsmodell für das Informationszeitalter an Kundenprozessen als Auslöser für betriebliche Leistungen (s. Kapitel 1).

2.4.1 Meta-Modell und Rahmen-Architektur

Das Meta-Modell als „Plan der Bausteine" zeigt dem Architekten, was er zur Gestaltung eines Anwendungsbereiches überhaupt einsetzen kann und auf welche Abhängigkeiten er dabei Rücksicht nehmen muss.

Abb. 2-5 zeigt das Meta-Modell für CKM im Überblick in der Notation der semantischen Netze (vgl. [Österle/Gutzwiller 1992, 44]). Die Elemente des Meta-Modells sind im Anhang näher erläutert, zur Gestaltung siehe [Riempp 2003].

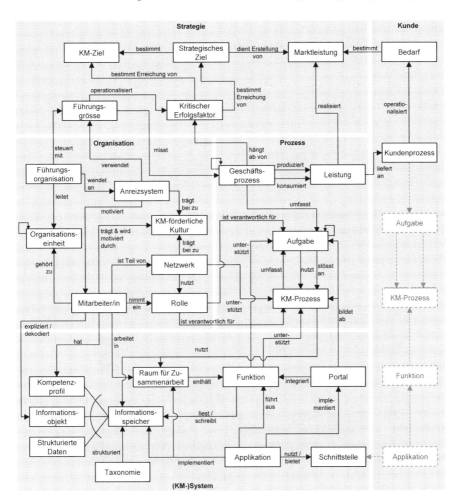

Abb. 2-5: Meta-Modell für Customer Knowledge Management

Die grau hinterlegten Bereiche bezeichnen die verschiedenen Ebenen und Bereiche, wobei *Kunde* ganz rechts nur ausschnitthaft dargestellt ist. Handelt es sich bei dem Kunden ebenfalls um ein Unternehmen, so enthält es tatsächlich alle in den linken Bereichen dargestellten Meta-Objekte und Beziehungen spiegelbildlich.

Aus Gründen der Übersichtlichkeit sind aber nur wenige, für die Darstellung notwendige Meta-Objekte grau-liniert enthalten.

Die Gestaltungsobjekte für kundenorientiertes Knowledge Management in einem Unternehmen sind vielfältig verkettet (Abb. 2-5). Ausgangspunkt für eine *Marktleistung* ist ein *Bedarf* von Kunden, zu dessen Befriedigung diese jeweils einen *Kundenprozess* durchlaufen. Das Unternehmen implementiert auf Basis *strategischer Ziele* ein oder mehrere *Geschäftsprozesse*, durch deren *Leistungen* an die *Kundenprozesse* sie insgesamt die *Marktleistung* erbringt. Die *Geschäftsprozesse* bestehen aus *Aufgaben*, die von *Mitarbeitern* mit bestimmten *Rollen* erledigt werden. In den *Aufgaben* wird Wissen genutzt, ausgetauscht, erzeugt etc. – kurz die *KM-Prozesse* durchlaufen (vgl. Abschnitt 2.2.2), die selbst wieder aus *Aufgaben* bestehen. Gesteuert werden *Geschäfts-* und *KM-Prozesse* durch die *Führungsorganisation* mit Hilfe von *Führungsgrössen*, die aus den *Strategischen Zielen* und *KM-Zielen* abgeleitet sind. *Anreizsysteme* und *Netzwerke* tragen zu einer *KM-förderlichen Kultur* bei und motivieren und befähigen so die *Mitarbeiter* dazu, ihre *Aufgaben* bestmöglich zu erfüllen. Unterstützt werden sie dabei durch *Funktionen* von *(KM-)Systemen*, mit denen sie *Informationsspeicher* und *Räume für Zusammenarbeit* nutzen können. *Informationsspeicher* enthalten *Informationsobjekte* (z.B. Dokumente, CAD-Pläne, Video-Sequenzen), *Kompetenzprofile* zur Beschreibung der Fähigkeiten der Mitarbeiter sowie *strukturierte Daten*. Eine *Taxonomie* dient als begriffliches Ordnungssystem für *Informationsspeicher*.

Auf dieser Basis kann nun zunächst eine anwendungsneutrale Rahmen-Architektur für die Gestaltung und Einordnung von KM vorgestellt werden (Abb. 2-6).

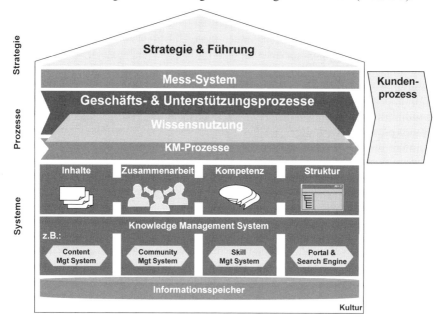

Abb. 2-6: Rahmen-Architektur für Knowledge Management

Die Strategie-Ebene enthält die Geschäftsstrategie und die ihr untergeordnete KM-Strategie mit den jeweils zugehörigen Zielen, der Führungsorganisation sowie das Mess-System mit den Führungsgrössen. Letztere dienen zur Erhebung von Indikatoren über die Entwicklung der identifizierten kritischen Erfolgsfaktoren und erlauben so Aussagen über die Erreichung der jeweiligen Ziele.

Auf der Prozess-Ebene liegen die *Geschäftsprozesse* (bspw. aus den Bereichen Entwicklung, Produktion oder CRM) sowie die *Unterstützungsprozesse* (u.a. aus den Bereichen IT, HR oder Finanzen). Aus der Gruppe der Unterstützungsprozesse besonders hervorgehoben sind die *KM-Prozesse*. Sie bestehen aus den elementaren KM-Prozessen (vgl. Abschnitt 2.2.2) in ihrer jeweiligen Ausprägung für die Handhabung von Informationsobjekten, Kompetenzprofilen, Lernvorgängen oder der Unterstützung von Zusammenarbeit.

Diese Geschäfts- und Unterstützungsprozesse sind mit den Lieferanten und Kunden entlang der jeweiligen Wertschöpfungsketten verbunden, in die das Unternehmen eingebunden ist. Ausgangspunkt für die Gestaltung der Geschäfts- und Unterstützungsprozesse – und damit auch der KM-Prozesse – sind die *Kundenprozesse* der jeweiligen Kunden, die selbst wieder KM-Prozesse hervorbringen und benötigen.

Das Knowledge Management System ist in vier wesentliche Bereiche (oder Säulen) gegliedert, von denen drei den Handlungsfeldern des KM entsprechen und die vierte (Struktur) eine Hilfsfunktion wahrnimmt.

Die Säule *Inhalte* umfasst alle Funktionen zum Management digitaler Informationsobjekte und des sie beschreibenden Kontextes (z.B. Erstellen, Freigeben, Publizieren, Überarbeiten, Archivieren) sowie die Inhalte selbst im Sinne von individuellen Abbildungsversuchen mentaler Modelle (auch als ‚*Content*' bezeichnet; vgl. auch Abb. 2-4).

In der Säule *Kompetenz* (*Competence*) sind Funktionen zum Abbilden und Handhaben von Kompetenzprofilen als digitale Zeiger auf die Kompetenzen von Individuen einerseits sowie Funktionen zur Förderung dieser Kompetenzen durch Lernen (z.B. durch „eLearning") andererseits gebündelt.

Die Individuen mit ihren Kompetenzen benutzen Inhalte und Kompetenzprofile, um in virtuellen und/oder physischen Räumen ihr gegenseitiges Wissen bei der Vorbereitung, Erledigung und Auswertung von Aufgaben zu erkennen, auszutauschen, weiterzuentwickeln und anzuwenden. Die zugehörigen Funktionen und Räume sind in der verbindenden Säule *Zusammenarbeit* (*Collaboration*) angesiedelt.

Schliesslich beinhaltet die Säule *Struktur* diejenigen Funktionen, die in allen anderen Säulen gleichermassen benötigt werden, wie Suche, Navigation und Administration (z.B. Pflege der Benutzer-Profile und –Berechtigungen, Authentisierung, Zugriffsschutz).

Im Falle von vielen Mitarbeitern, umfänglichen Inhalten und zahlreichen Räumen für Zusammenarbeit ist ein Ordnungssystem nötig, um Übersichtlichkeit und Benutzungskomfort erhalten zu können. Daher unterliegt den Inhalten, Räumen,

Kompetenzprofilen etc. ein Ordnungsrahmen, der idealerweise eine einheitliche Taxonomie verwendet. Damit wird das gleiche begriffliche Ordnungssystem zur Klassifizierung von Informationsobjekten und Kompetenzprofilen, zur Gruppierung und Gestaltung von Räumen, zum Aufbau von Navigationsstrukturen oder zur Begriffsdifferenzierung in Suchfunktionen eingesetzt.

Verschiedene *Applikationen* stellen die Funktionen der vier Säulen bereit. In Abb. 2-6 sind beispielhaft typische Anwendungen eingezeichnet, wobei marktgängige Software-Systeme häufig neben einem bestimmten Schwerpunkt auch Funktionen aus anderen Säulen anbieten (z.B. Content Management-Systeme mit Indizier- und Suchfunktionen). Die von den Applikationen getragenen Funktionen werden den Anwendern in einem Portal zur Nutzung angeboten.

Ein integrierter *Informationsspeicher* beinhaltet einerseits alle Anwendungsdaten, Nutzerverzeichnisse, Berechtigungsdaten, Suchindices etc. und andererseits die eigentlichen KM-Daten wie Informationsobjekte, Kompetenzprofile und Lerninhalte.

Schliesslich bestimmt die *Kultur* einer Organisation als viertes Handlungsfeld die Ausprägung aller Elemente der Architektur und umrahmt sie deshalb. Steht in einer Organisation bspw. der direkte Wissensaustausch im Vordergrund, so wird die Säule „Zusammenarbeit" im KM besonders betont und durch entsprechend leistungsfähige Community-Management-Systeme getragen.

Die Architektur in Abb. 2-6 zeigt verschiedene Dimensionen der Gestaltung und Integration auf. Eine erste und zentrale Dimension ist die Kultur eines Unternehmens, die sich u.a. in den Führungsgrundsätzen, den Anreizsystemen oder dem Umgang der Mitarbeiter untereinander sowie deren Ausbildungen und Arbeitsgewohnheiten ausdrückt. Beispielsweise in der Forschung der BASF sind in der Regel hochqualifizierte Mitarbeiter tätig, die bei ihrer Arbeit mit Hilfe einer stark standardisierten und mächtigen Fachsprache (inkl. chemischen Strukturformeln) umfangreiche Dokumente über Forschungsvorhaben und -ergebnisse erstellen. Diese Dokumente sind zunächst vertraulich und nur einem kleinen Personenkreis zugänglich und werden schrittweise geprüft und weiteren Kreisen zugänglich gemacht bis hin zur allgemeinen Veröffentlichung als Patentschrift. Erfolgreiche Patentschriften, die zu Produkten und Wettbewerbsvorteilen führen, haben hohe Anerkennung für ihre Autoren zur Folge. In einer solchen Kultur muss ein Knowledge Management Architektur die traditionell sehr verbreitete Explikation mittels umfangreicher Informationsobjekte durch leistungsfähige Content-Management-Funktionen mit Wahrung der teilweise erforderlichen Vertraulichkeit und der Integration umfänglicher externer Quellen, der Möglichkeit zur schrittweisen Öffnung von Räumen zur Zusammenarbeit, dem schnellen Auffinden von fachlich versierten Kollegen sowie performanten Suchfunktion auf Basis der sehr komplexen Fach-Taxonomie ermöglichen.

Eine zweite Dimension der Gestaltung und Integration ergibt sich in vertikaler Richtung der Architektur. So müssen Top-Down die Geschäftsprozesse an der Geschäftsstrategie und die KM-Prozesse an der KM-Strategie ausgerichtet sein. Als Kontroll-Instrument hierfür dient das Mess-System. Die Ebenen der Strategie und Prozesse bestimmt die Ausgestaltung des KM-Systems, beispielsweise durch An-

forderungen an Funktionsumfang, Reaktionsgeschwindigkeit, räumliche Verfügbarkeit (stationär und/oder mobil) sowie Grad und Art der Integration von Transaktionen und KM-Funktionen. Wiederum liefert das Mess-System die notwendigen Rückmeldungen als Basis für Steuerung und weitere Gestaltung.

Die horizontale Richtung bildet die dritte Dimension für Gestaltung und Integration, zum Einen durch eine einheitliche Taxonomie für alle Säulen, die Integration
der Applikationen auf Daten-Ebene oder die rollenbasierte Zusammenführung von
Funktionen im Portal zu einer komfortablen Arbeitsumgebung für bestimmte An-
wendergruppen. Zum Anderen können auf der Prozess-Ebene die KM-Strukturen
und Systeme verschiedener Unternehmen synchronisiert werden, beispielsweise
im Rahmen einer gemeinsamen Produktentwicklung gestützt auf übergreifende
Räume für Zusammenarbeit und gegenseitige Bereitstellung von Teilen der jeweiligen Informationsspeicher.

2.4.2 Prozess-Sicht

Die Prozess-Ebene der Rahmenarchitektur in Abb. 2-6 ist zunächst neutral dargestellt. Für den Schritt von KM zu CKM wird sie nun für die Gestaltung von CRM
ausdifferenziert. Ziel ist es dabei, die Koppelung von CRM-Prozessen mit den
Möglichkeiten des KM so zu erreichen, dass einerseits das Wissen *für* die Kunden
„nach vorne" zu den Mitarbeitern mit Kundenkontakt und schliesslich zu den
Kunden selbst fliessen kann, um diese optimal zu bedienen. Andererseits soll Wissen *von* den Kunden und *über* die Kunden mit Hilfe der jeweiligen Mitarbeiter in
Marketing, Vertrieb und Service „nach hinten" fliessen, damit auf Neuigkeiten
oder Veränderungen in den Kundenprozessen schnell und angemessen reagiert
werden kann, bspw. in der Produktentwicklung, der Produktion oder der Preisgestaltung.

Der beschriebene Fluss des Wissens in Richtung der Kunden und von ihnen zu-
rück findet im Rahmen der KM-Prozesse statt, die jede der Aufgaben in den
CRM-Prozessen begleiten und diese übergreifend verbinden. Die Gestaltung der
KM-Prozesse findet in den Handlungsfeldern des KM, repräsentiert durch die
„Säulen" aus Abb. 2-6 sowie der alles umrahmenden Kultur, statt.

Ausgehend von bereits eingeführten CRM-Prozessen und -Aktivitäten (vgl. Abb.
2-2) verdeutlicht Abb. 2-7 diese Integration der CRM-Prozesse mit den Handlungsfeldern des KM. Aus Gründen der Übersichtlichkeit sind die Strategie- sowie
die System-Ebene aus Abb. 2-6 in Abb. 2-7 ausgeblendet

In vertikaler Richtung werden die CRM-Prozesse von oben nach unten, also von
Kampagne über Vertrag bis zum Service, durchlaufen. In horizontaler Richtung
verlaufen die Aufgaben jedes einzelnen CRM-Prozesses von links nach rechts, zusammen mit den vorwärts gerichteten Wissensflüssen, bis hin zu den Kunden.
Von dort kehren Rückmeldungen aus den Kundenprozessen zusammen mit den
rückwärts gerichteten Wissensflüssen zurück in die jeweils zuständigen Bereiche
Marketing, Verkauf und Service des Unternehmens.

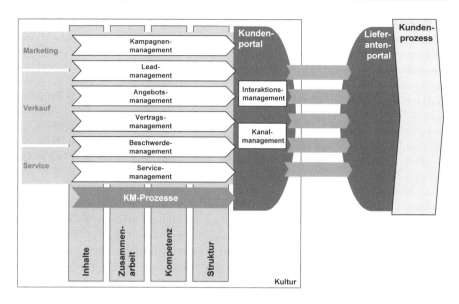

*Abb. 2-7: Prozess-Sicht der Architektur für
Customer Knowledge Management*

Jeder der CRM-Prozesse in Abb. 2-7 kann mit Hilfe der Handlungsfelder des KM optimiert werden. So kann beispielsweise eine verbesserte Sichtbarkeit der *Kompetenzen* von Kundenbetreuern, z.B. in Form ihrer detaillierten Kenntnis der Kundenprozesse, Präferenzen und Ansprechpartner bestimmter Kunden, von den Gestaltern eines neuen Vertragsrahmens für eine intensive *Zusammenarbeit* mit diesen Spezialisten genutzt werden. Somit kann das neue Vertragswerk schnell und zielsicher erstellt werden. Die für das Ausrollen notwendigen *Inhalte* (Vertragsrahmen, Erläuterungen, Broschüren etc.) werden den Ausführenden im Aussendienst und Call Center elektronisch im Portal und damit zeitnah zur Verfügung gestellt. Bei Online-Vertrieb fliessen sie auch über verschiedene Kanäle bis zu den Kunden, um von dort ggf. angereichert wieder zurück zu fliessen. In vergleichbarer Form gilt dies auch für die anderen CRM-Prozesse.

Eine besondere Rolle bei der Verbindung der Prozesse von Unternehmen mit denen ihren Kunden stellen die spiegelbildlichen Portale dar. Sie bilden bei moderner, computerunterstützter Interaktion die Bindeglieder zwischen Organisationen entlang der Wertschöpfungskette bis hin zum Endkunden. Dazu bündeln Portale computergestützte Funktionen und Dienste für die integrierte Erledigung der verschiedenen Aufgaben in den jeweiligen Prozessen unter einer einheitlichen Benutzeroberfläche. Zur Sicherstellung von Komfort, Übersichtlichkeit und Zugriffsschutz können die für bestimmte Rollen (z.B. Einkäufer, Controller, Verkäufer von Lieferanten, Einkäufer von Kunden etc.) typischen Funktionen zu Sets (oder „Sichten") zusammengestellt und die anderen Funktionen ausgeblendet werden. Zusammen mit der Möglichkeit der Anwender zur individuellen Anpassung dieser vorkonfigurierten Sets entsprechend ihrer Benutzerrechte spricht man von einer rollenbasierten Personalisierung, die massgeblich zur Komplexitätsreduktion und

Benutzerfreundlichkeit beiträgt. Als stationäre oder mobile Endgeräte für die Bereitstellung der Portal-Funktionen dienen PCs, Notebooks, WAP-fähige Mobiltelefone, PDAs, Smartphones etc.

Ein Beispiel soll die Wirkungsweise der Architektur für Customer Knowledge Management verdeutlichen:

Eine grosse Bank bietet ihre Produkte und Dienstleistungen für den Kundenprozess „Immobilienfinanzierung" über Filialen, Vermittler, Call Center und ein Web-Portal an. Regelmässig werden neue Angebote in diesem Produktbereich lanciert. Dazu ist einerseits eine Analyse der Bedarfe und Präferenzen von bestehenden und zu gewinnenden Kunden aus den vorhandenen *Inhalten* (Kundendaten, Marktanalysen, Gesetzesänderungen etc.) notwendig, andererseits eine intensive *Zusammenarbeit* der Produktentwickler und Kampagnenplaner mit ausgewählten Mitarbeitern in den Filialen und Call Centern sowie bei den Vermittlern zur Deutung der Erkenntnisse und Bewertung der geplanten Massnahmen erforderlich. Ist die Kampagne geplant, müssen Angebotsrahmen und Verträge vorbereitet und alle beteiligten Bereiche mit den entsprechenden *Inhalten* (Broschüren, Formulare, Schulungsunterlagen etc.) versorgt werden. Meist ist auch ein Aufbau notwendiger *Kompetenzen* durch Trainingsmassnahmen (z.B. eLearning oder Blended Learning) notwendig, wofür ein Überblick über die vorhandenen Kompetenzlücken einerseits sowie über Kompetenzträger als potentielle Trainer sehr hilfreich ist. Nachdem das neue Produkt über eine Kampagne lanciert ist, müssen quantitative (z.B. Statistiken) und qualitative *Inhalte* (z.B. Erfahrungsberichte, Verbesserungsvorschläge) aus Filialen, Call Center und Web-Portal sowie von der Vermittlern schnellstmöglich zu den Planern zurückfliessen, damit diese nötigenfalls steuernd eingreifen können. In der operativen Abwicklung auftretende Probleme müssen durch *Zusammenarbeit* schnell gelöst und die daraus entstehenden *Inhalte* (geänderte Ausführungsanweisungen, Verkaufstips, Konkurrenzvergleiche, Argumentationshilfen) wieder an die Mitarbeiter an der Kundenschnittstelle geleitet werden.

KM trägt zum Gelingen dieser Abläufe in der Säule *Inhalte* durch Content-Management-Prozesse (z.B. zum Erstellen, Freigeben, Publizieren, Überarbeiten und Archivieren der notwendigen Dokumente, Videos, Webpages etc.) und zugehörige Rollenträger (z.B. Content Manager, Web Master) sowie durch Bereitstellung leistungsfähiger Content Management Systeme bei. In der Säule *Kompetenz* fördern Mitarbeiterentwicklung durch Coaching und Training den notwendigen Kompetenzaufbau und Skill Management Systeme stellen Funktionen zur Erhebung, Aktualisierung, Suche und Auswertung von Kompetenzprofilen der Mitarbeiter bereit. Durch die allseitige Verfügbarkeit von Inhalten und Kompetenzprofilen wird die Anbahnung und Durchführung von Wissensaustausch in der Säule *Zusammenarbeit* durch Rollenträger (z.B. Netzwerk-Manager, Knowledge Broker) und Community Management Systeme mit komfortablen virtuellen Räumen (z.B. mit Awareness-, Chat-, Application-Sharing- und White-Boarding-Funktionen) katalysiert. In grossen Unternehmen mit vielen Mitarbeitern, Inhalten und Räumen für Zusammenarbeit bringen die Funktionen der Säule *Struktur*, wie eine einheitliche Portal-Oberfläche mit Navigation, Suche und Personalisierung, die notwendige Übersichtlichkeit und Benutzerfreundlichkeit für die Anwender.

Getragen werden alle Prozesse und Systeme von einer förderlichen *Kultur*, die durch Mitarbeiterführung und Anreizsysteme eine Klima von Offenheit, Vertrauen und Fairness schafft und so den notwendigen Austausch und die Zusammenarbeit massgeblich fördert.

2.4.3 Umsetzung

Die Architektur für Customer Knowledge Management in Abb. 2-6 und Abb. 2-7 stellt als Bauplan das Zielbild für Wissensmanagement an der Kundenschnittstelle dar. In diesem Abschnitt wird auf den Weg von einem augenblicklichen Ist-Zustand hin zu diesem Zielbild eingegangen.

Die sogenannte *Knowledge Management Pyramide* in Abb. 2-8 zeigt dabei ein ge-nerelles, vier-stufiges Vorgehen mit je einem zentralen Ziel pro Stufe (vgl. auch [Geib/Riempp 2002]).

Abb. 2-8: KM-Pyramide als generelles Vorgehensmodell für die Umsetzung von Customer Knowledge Management

Drei der Handlungsfelder (oder Säulen) sind an der Fussseite der Pyramide aufge-tragen, da jede der Stufen Massnahmen in diesen Bereichen notwendig macht. Die zugehörigen technischen Funktionen des Content-, Skill und Community-

Management befinden sich an den jeweiligen Seiten des Dreieckes. Das vierte Handlungsfeld *Kultur* umrahmt wieder alle Aktivitäten.

Da die Stufen aufeinander aufbauen, werden sie zunächst in einem Durchlauf von unten nach oben diskutiert, wobei in der betrieblichen Praxis eine kombinierte Top-Down-/Bottom-Up-Vorgehensweise empfehlenswert ist:

- Als Grundvoraussetzung für Knowledge Management muss in einer ersten Stufe im Sinne einer Bestandsaufnahme zunächst *Transparenz* über das bereits im Unternehmen vorhandene Wissen, die Prozesse zu seiner Bewirtschaftung und die zugehörigen Informationssysteme geschaffen werden. In der Säule *Inhalte* bedeutet dies die Erfassung aller in den Geschäftsprozessen genutzten internen und externen Quellen (z.B. Projektergebnis-Sammlungen, Bibliotheken, Gesetzesquellen, Handbücher, Produktbeschreibungen, Broschüren, Online-Dienste, Umläufe) sowie der sie führenden Systeme wie bspw. Dokumenten-Datenbanken, File-Server, Intranet-Systeme, Internetdienste mit den zugehörigen Ordnungssystemen. Für die Säule *Kompetenz* sind die Strukturen zur Mitarbeiter-Rekrutierung und -Entwicklung sowie solche zur Sichtbarmachung von Kompetenzen mit den zugehörigen eLearning-, HR- und Skill-Management-Systemen zu kartografieren. In der Säule *Zusammenarbeit* müssen die dominierenden Austauschformen der Mitarbeiter (z.B. informelle Treffen, Meetings, Inhouse-Messen, Fachvorträge) sowie allenfalls vorhandene Videokonferenz-, Instant Messaging- oder Groupware- Systeme erhoben werden. Schliesslich dient ein *Kultur*-Assessment der Analyse hemmender und fördernder Führungs- und Anreizsysteme, Umgangsformen und Regeln. Als Methoden für die Transparenzierung in den vier Handlungsfeldern dienen Workshops und Interviews mit Fach- und Führungskräften, Fragebogen-Erhebungen sowie Analysen von vorhandenen Inhalten und technischen Systemen. Alleine die Erfassung des Ist-Standes in den vier Handlungsfeldern zeigt in der Regel vielfältige Optimierungsmöglichkeiten, z.B. durch Beseitigung von Doppelspurigkeiten, Schliessung von Lücken, Integration von Systemen oder bessere Erschliessung von Vorhandenem. Da die erste Stufe sich mit bestehendem Wissen befasst, erlaubt sie einen Blick in die *Vergangenheit*, in der dieses Wissen und die zugehörigen Strukturen und Systeme entstanden sind.

- Auf Basis des nun erfassten Ist-Standes zielt die zweite Stufe auf die Förderung des *Wissensaustausches*, um die Nutzung von Inhalten und Kompetenzen in den aktuellen Geschäftsprozessen zu gewährleisten. In der Säule *Inhalte* müssen dazu oft die Erfassungs-, Freigabe- und Suchprozesse vereinfacht und beschleunigt werden, damit entstehende Informationsobjekte baldmöglichst für alle Interessierten verfügbar und auffindbar sind. Für die Säule *Kompetenz* kommt hier der permanenten Aktualisierung und komfortablen Durchsuchbarkeit von Kompetenzprofilen eine zentrale Bedeutung. Mit Hilfe dieser „Zeiger" auf Kompetenzen sowie aktueller Informationsobjekte können Mitarbeiter schnell und zielsicher einen notwendigen Wissensaustausch einleiten, durchführen und ggf. dokumentieren. Dafür sind in der Säule *Zusammenarbeit* physische und virtuelle Räume als einladende und komfortable „Begegnungsstätten und Werkbänke" für Wissensaustausch zu schaffen und zu verbreiten. Technische Unterstützung hierfür bieten Community Management Systeme mit „Who is online"-Funktionen, Chat, Application Sharing etc. Eine zentrale Bedeutung kommt hierbei der Integration der drei bislang genannten Säulen durch Navigation, Suche und Verbindung der Funktionen zu. Beispielsweise können Such-Ergebnisse sowohl passende Informationsobjekte als auch Kompetenzprofile anzeigen und zu beidem den Online-Status der Autoren bzw. Kompetenzträger. Von dort kann dann in wenigen Sekunden ein Raum für Zusammenarbeit eröffnet werden, der neben direktem Austausch auch die Bearbeitung von Informationsobjekten ermöglicht etc. Als weitere Möglichkeit zur Förderung des Wissensaustauschs können themenspezifische Informationsobjekte aktiv an Mitarbeiter aufgrund ihrer in den Kompetenzprofilen gespeicherten Interessensgebiete geleitet werden („Push-Dienste"). Schliesslich unterstützen Wissensnetzwerke (Communities), in denen sich Mitarbeiter regelmässig zu bestimmten Themengebieten austauschen, den problemorientierten Austausch von Erfahrungen und Einsichten. Kultur-fördernde Massnahmen auf dieser Stufe sind beispielsweise die Anerkennung von aktivem Wissensaustausch bei der Mitarbeiter-Beurteilung, das aktive Vorleben durch Führungskräfte und die Bereitstellung komfortabler KM-Systeme zur Unterstreichung der Bedeutung, die die Unternehmensleitung dem Austausch beimisst. Insgesamt adressiert die zweite Stufe einen verbesserten Fluss des in der *Gegenwart* entstehenden und benötigten Wissens.

- Durch die Aufdeckung und den Austausch des vorhandenen und gerade entstehenden Wissens ist noch nicht per se sichergestellt, dass das notwendige Wissen zur Sicherung eines Wettbewerbsvorteils auch in der *Zukunft* zur Verfügung steht. In der dritten Stufe wird daher die *Wissensentwicklung* aktiv gesteuert, um zielgerichtet neues Wissen zur optimalen Unterstützung der Geschäftsprozesse aufzubauen. Durch den Vergleich von notwendigem und vorhandenem Wissen werden zunächst Wissenslücken aufgedeckt. In der Folge kommen Instrumente wie Forschung oder Mitarbeiterakquisition, aber auch gezielte Schulungen und Weiterbildungen der Mitarbeiter (Säule *Kompetenz*) zur Schliessung der Lücken zum Einsatz. Wissensnetzwerke sind ein geeignetes Instrument, um neuartige Themenstellungen zu bearbeiten (Säule *Zusammenarbeit*). Die Dokumentation und Bereitstellung der Ergebnisse für die entsprechenden Zielgruppen, wie Mitarbeiter oder Kunden, fällt in die Säule *Inhalte*. Kulturstiftend können hier Zielvereinbarungen und ausdrückliche Anerkennung von Wissensentwicklung durch Innovationspreise etc. eingesetzt werden. Neben der optimalen Unterstützung bestehender Geschäftsprozesse dient die langfristige Weiterentwicklung des organisationalen Wissens auch als Grundlage für neue Marktleistungen und Geschäftsfelder.

- Auf der Stufe der *Wissenseffizienz* wird ein betriebswirtschaftlich optimales Verhältnis zwischen Aufwendungen für KM und seinen Nutzen durch verbesserte Nutzung von Wissen zur Erreichung der organisationalen Ziele angestrebt. Dazu sind zunächst auf Basis der Geschäftsstrategie im Rahmen einer

KM-Strategie spezifische Ziele für KM sowie zugehörige Führungsgrössen zu definieren. Daraus leitet sich ein Massnahmenkatalog für die drei Stufen darunter ab. Ein Mess-System zur Erhebung der realen Werte zu den Führungsgrössen zeigt Differenzen und damit Bedarfe für steuernde Eingriffe auf. Beispielsweise kann der „Wert" von bestimmten Informationsobjekten und Kompetenzen sowie ihrer rechtzeitigen Bereitstellung für das Unternehmen anhand des Beitrages für die Durchführung der Geschäftsprozesse identifiziert werden. Ziel ist es, nur für den Geschäftserfolg relevantes Wissen vorzuhalten. Diesem Wert wird der Aufwand zur Bereitstellung des Wissens gegenübergestellt und somit der Beitrag von KM für das Unternehmen gemessen. Zur Erhebung des „Wertes" sollten Qualitätsverbesserungen, Zeitersparnis und Kosten gleichermassen betrachtet, da eine rein monetäre Betrachtung meist unzureichende Aussagen zeitigt. Wichtig sind auch KM-Ziele für die Schaffung einer förderlichen Kultur als leitender Rahmen für alle KM-Massnahmen.

Anhand dieses Durchlaufes durch die vier Stufen wird u.a. klar, dass beispielsweise eine Transparenzierung von nicht mehr benötigtem Wissen sinnlos ist. Daher ist es angebracht, in einem ersten Top-Down-Vorgehen von einer ersten Version der KM-Ziele und Führungsgrössen zu einer Schliessung offensichtlicher Wissenslücken durch Wissensentwicklung zu schreiten und erst danach mit der Förderung von Austausch und der Herstellung von Wissenstransparenz zu beginnen. Im folgenden Bottom-Up-Durchlauf werden die Massnahmen der Stufen 2 bis 4 auf Basis eines erhobenen Ist-Standes des vorhandenen Wissens deutlich verfeinert werden können, um dann wieder Top-Down steuernd einzugreifen etc. Nur so kann die in der Architektur für Customer Knowledge Management geforderte Integration zwischen Strategie, Prozessen und Informationssystemen umgesetzt werden.

Die Breite der Pyramide steht für den Aufwand zur Umsetzung der Massnahmen jeder Stufe. So stellt die Transparenzierung des vorhandenen Wissens die umfangreichste Aufgabe dar, während Förderung von Austausch, Wissensentwicklung sowie Effizienzsicherung jeweils abnehmend aufwändig, wenn auch nicht weniger wichtig sind.

Bei den Partnerunternehmen des CC CKM kann beobachtet werden, dass zunächst je nach Unternehmenskultur mehr eine linksseitige Betonung der Pyramide (Explikations-Orientierung), ein rechtsseitiger Schwerpunkt (Betonung individueller Kompetenzen) oder eine Fokussierung auf Zusammenarbeit gewählt wird. Hier können die Architektur für CKM und die KM-Pyramide dazu beitragen, den Verantwortlichen die jeweilige Betonung zu verdeutlichen und auf eine gleichmässigere Nutzung der Handlungsfelder hinzuarbeiten, um das Potenzial von CKM ausreizen zu können.

2.5 Anwendung

Die vorgestellte Architektur für Customer Knowledge Management inklusive der Empfehlungen für ihre Umsetzung hat zwei Wurzeln. Zum einen ist sie aus dem Modell für Wissensaustausch und den darin abgeleiteten Handlungsfeldern abgeleitet. Zum anderen haben die Diskussionen in Workshops mit den Vertretern der Partnerunternehmen des CC CKM sowie die Anwendung in den Praxisprojekten dieser Unternehmen wesentliche Impulse zur Gestaltung der Architektur gegeben.

In diesem Abschnitt sollen anhand ausgewählter Praxisprojekte die möglichen Beiträge einer solchen Architektur für die Umsetzung von CKM in Unternehmen verdeutlicht werden:

Helsana Versicherungen hat in zwei Projekten unterschiedliche Bereiche von CKM in Angriff genommen: eine wissensorientierte Ausrichtung von CRM als Ganzem, die sich in überarbeiteten CRM-Strategie und -Prozessen ausdrückt (Kap. 4), sowie eine Verbesserung des Kompetenz-Managements für kundenorientierte Mitarbeiter durch eine gezielte Planung des Kompetenzaufbaus und Kompetenz-Transparenzierung mit Hilfe veränderter KM-Prozesse und eines Skill-Management-Systems (Kap. 11).

Das erstgenannte Projekt zeigt besonders die intensive Verknüpfung von Geschäftsprozessen (hier CRM-Prozesse) und den Wissensflüssen in den KM-Prozessen. Bemerkenswert ist die hier entwickelte Methode zur Erhebung der Wissensflüsse und die daraus abgeleitete Integration von CRM-Aufgaben und KM-Funktionen in der Benutzerschnittstelle der täglichen Arbeitsumgebung der Mitarbeiter an der Kundenschnittstelle.

Im zweiten Projekt erhält der Leser wertvolle Anregungen zur Strukturierung von Kompetenzprofilen mittels eines Skill-Trees, zur Zuordnung und Bewertung von Kompetenzen sowie zur organisatorischen und technischen Umsetzung eines leistungsfähigen Skill-Management-Systems. Die Pflege-Prozesse illustrieren die spezifische Ausprägung der KM-Prozesse in der Säule *Kompetenz*.

Zu Beginn beider Projekte sahen die Verantwortlichen keine wesentlichen Zusammenhänge zwischen CRM, KM und HR-Management. Durch die Arbeit an und mit der Architektur für CKM wurden die Verbindungen dieser Bereiche deutlich und konnten im Rahmen beider Projekte in der Praxis bestätigt und umgesetzt werden. Die durch Erstmassnahmen erzielte, verbesserte Verfügbarkeit von Wissen in den CRM-Prozessen zeitigt bereits nachhaltige Verbesserungen bei Servicequalität und Reaktionsgeschwindigkeit.

Union Investment bearbeitet in seinem Customer Communication Center (CCC) viele tausend Interaktionen mit Kunden pro Tag, in denen Informationen ausgetauscht und Transaktionen auf Depot-Konten durchgeführt werden (Kap. 12). Ein kritischer Erfolgsfaktor für die Qualität der hier erbrachten Servicemanagement-Prozesse ist die schnelle und komfortable Verfügbarkeit umfangreicher und aktueller Inhalte für die Mitarbeiter des CCC.

Im Rahmen des Projektes wurden KM-Prozesse für die Säule *Inhalte* konkretisiert, ein Mess-System zur Erfolgsmessung dieser Prozesse entwickelt und ein neues Content Management System konzipiert und eingeführt. Dadurch konnten Kosten gesenkt, Prozesse beschleunigt und die Service-Qualität verbessert werden.

Die Architektur für CKM hat auch hier den Verantwortlichen die Zusammenhänge zwischen CRM-Prozessen und den Handlungsfeldern des KM verdeutlicht. Sie zeigt gleichzeitig den weiteren Entwicklungspfad für den Ausbau von KM in den Säulen *Kompetenz* und *Zusammenarbeit* auf.

Auch bei den anderen Praxisfällen im Teil 2 dieses Buches findet sich einleitend eine Einordnung des jeweiligen Projektes in die Rahmenarchitektur für CKM sowie zahlreiche weitere Bezüge zu diesem „Bauplan" im Zuge der Projektberichte.

2.6   Anhang: Modellelemente des Meta-Modells für Customer Knowledge Management

Im folgenden werden die Meta-Objekte des Meta-Modells nach Gestaltungs-bereichen gegliedert, jeweils in alphabetischer Ordnung, kurz erläutert und dabei auf wesentliche Beziehung zwischen ihnen eingegangen (Quelle: [Riempp 2003]):

Kunde

Ein *Bedarf* drückt die Notwendigkeit eines Unternehmens oder eines Privatkunden zur Anforderung einer meist entgeltlichen Leistung (z.B. Produkt, Dienstleistung) bei einem Dritten, dem Lieferanten, aus. Die angeforderte Leistung wird konsumiert oder weiterverarbeitet.

Ein *Kundenprozess* ist die Zusammenfassung aller Aufgaben, die ein Kunde durchläuft, um einen bestimmten Bedarf zu befriedigen und zu deren Unterstützung er von Unternehmen Leistungen bezieht. Damit bestimmt der Kundenprozess die Produkte und Dienstleistungen, die ein Lieferant diesem Kunden anbieten kann.

Strategie

Eine *Führungsgrösse* ist ein operationalisiertes und messbares Merkmal eines kritischen Erfolgsfaktors inklusive eines zu erreichenden Vorgabewertes für eine bestimmte Periode. Sie dient der u.a. Beurteilung und Steuerung von Prozessen und der Führung von Mitarbeitern. Es werden operative (d.h. prozessbezogene) und strategische (d.h. prozessübergreifende) Führungsgrössen unterschieden.

Kritische Erfolgsfaktoren (KEF) sind die wenigen für die Erreichung eines Zieles entscheidenden Eigenschaften, Sachverhalte, Ressourcen oder Tätigkeiten. Sie bestimmen den Erfolg der Handlungen zur Umsetzung der Ziele, also u.a. der Prozesse. Ihre Identifikation dient der Konzentration auf das Wesentliche und leitet von den Zielen zu den Führungsgrössen.

Eine *Marktleistung* ist ein Produkt oder eine Dienstleistung, die ein Unternehmen am Markt anbietet. Sie orientiert sich an den Bedarfen der Kunden.

Ziele sind die Beschreibung eines gewünschten, künftigen Zustandes. Es wird unterschieden zwischen:

- *Strategischen Zielen,* die mittelbar oder unmittelbar auf die (verbesserte) Erbringung der Marktleistungen gerichtet sind und die Geschäftsstrategie eines Unternehmens konkretisieren;

- *Knowledge Management-(KM-)Zielen,* die die Wissensmanagement-Strategie als eine der Geschäftsstrategie untergeordnete Teil-Strategie konkretisieren. Sie sind auf die Leistungen des Wissensmanagements und die Ausprägung des Wissensmanagement-Prozesse, -Rollen und -Systeme gerichtet.

Prozess

Eine *Aufgabe* ist eine betriebliche Tätigkeit mit einem definierten Ergebnis. Sie ist Teil eines Prozesses und wird von Mitarbeiter/innen mit der zugehörigen Rolle und/oder Maschinen ausgeführt. Aufgaben können operativ oder dispositiv sein.

Leistungen sind die Ergebnisse (der „Output") eines Prozesses, die an interne oder externe Kunden gehen. Diese können sowohl materiell als auch immateriell sein. Empfänger einer Leistung ist ein anderer Prozess innerhalb oder ausserhalb des Unternehmens. Ihr Wert für den Prozesskunden (Bedürfnis, Qualität, ...) bestimmt den Preis der Gegenleistung.

Ein *Prozess* ist eine Anordnung von Aufgaben in Raum und Zeit mit definiertem Anfang und Ende und klar bestimmten In- bzw. Outputs. Er erzeugt Leistungen für seine Prozesskunden, d.h. für andere Prozesse innerhalb oder ausserhalb des Unternehmens. Ein Prozess besitzt eine eigene Führung, die ihn im Sinne der Geschäftsstrategie anhand der daraus abgeleiteten Führungsgrössen lenkt und gestaltet. Es wird unterschieden zwischen

- *Geschäftsprozessen,* deren Zweck die Erstellung und Vermarktung der Produkte und Dienstleistungen eines Unternehmens vom Erkennen eines Kundenbedarfes bis zu seiner Befriedigung ist,

- *Unterstützungsprozessen,* die die kontinuierliche Ausführung der Geschäftsprozesse, insbesondere durch die Ausbildung und Führung der Mitarbeiter/innen, Bereitstellung von Ressourcen, die Bereitstellung und Pflege der Infrastruktur und die (Weiter-)Entwicklung der Produkte und Dienstleistungen gewährleisten.

Knowledge Management-(KM-)Prozesse sind Unterstützungsprozesse und haben das Lokalisieren & Erfassen, das Austauschen & Verteilen, das Entwickeln und das Nutzen von Wissen zum Inhalt. Sie unterstützen damit die Erledigung von Aufgaben der Geschäftsprozesse und bestehen selbst wiederum aus Aufgaben, die von Mitarbeiter/innen mit spezifischen KM-Rollen ausgeführt werden. KM-Prozesse nutzen Räume für Zusammenarbeit und Informationsspeicher. Sie werden durch Funktionen unterstützt.

Organisation

Mit einem *Anreizsystem* regt die Führungsorganisation die Mitarbeiter/innen zur Wahrnehmung ihrer Aufgaben in einer gewünschten Art und Weise an und wendet dazu Führungsgrössen an.

Mit *Führungsorganisation* wird die Summe aller dispositiven Tätigkeiten und die sie ausübenden Personen bezeichnet.

Ein/e *Mitarbeiter/in* ist eine natürliche, in einem Unternehmen tätige Person und Inhaber/in einer Stelle, d.h. des kleinsten, unteilbaren Elements einer Organisationseinheit im Unternehmen.

Ein *Netzwerk* ist eine neben den Organisationseinheiten bestehende, formelle oder informelle Struktur von Mitarbeiter/innen, die aus Interesse an einem Thema und/oder zur Erledigung einer Aufgabe freiwillig und aktiv Wissen austauschen. Damit kann ein Netzwerk KM-Prozesse unterstützen und zu einer KM-förderlichen Kultur beitragen. Netzwerke können Rollen wie die eines Netzwerk-Koordinators für ihre Interaktion nutzen.

Eine *Organisationseinheit (OE)* ist ein eigenständiger, permanenter Teil der organisatorischen Struktur eines Unternehmens (z.B. Abteilung, Unternehmensbereich, Stelle). Sie kann aus weiteren OEen bestehen und selbst Teil einer OE sein.

Eine *Rolle* umfasst die Summe aller Rechte, Verpflichtungen und Tätigkeiten einer Mitarbeiterin / eines Mitarbeiters im Rahmen der ihr/ihm zugeordneten Aufgaben eines oder mehrerer Geschäfts- oder Wissensmanagement-Prozesse.

Eine *Knowledge Management-(KM-)förderliche Kultur* eines Unternehmens zeichnet sich durch durchlässige soziale und emotionale Filter der Mitarbeiter/innen bezüglich der gemeinsamen Tätigkeit in KM-Prozessen und des damit einhergehenden Wissensaustausches aus. Wesentliche Elemente einer KM-förderlichen Kultur sind bspw. Offenheit, Vertrauen, gegenseitige Anerkennung und Fairness, die durch Anreizsysteme gefördert werden können.

KM-System

Eine *Applikation* dient der Aufnahme, Verarbeitung, Speicherung und Abgabe betrieblich relevanter Informationen für einen bestimmten Anwendungszweck im Rahmen der computergestützten Informationsverarbeitung in einem Unternehmen. Sie stellt Funktionen für die Erledigung von Aufgaben bereit.

Eine *Funktion* ist eine zweckgerichtete, abgegrenzte Menge von computergestützten Operationen, die eine Applikation einem Benutzer oder einer anderen Applikation zur Verfügung stellt. Sie ermöglicht mit oder ohne zusätzliches menschliches Einwirken die Ausführung von einer oder mehreren Aufgaben.

Ein *Informationsspeicher* ist ein permanente, geordnete Sammlung von Informationen, die im Rahmen von Aufgaben aus KM-Prozessen erzeugt und verwendet werden. Als Ordnungssystem dient eine Taxonomie. Computergestützte Informationsspeicher werden durch Applikationen implementiert, bspw. auf Basis von Datenbank-Management-Systemen. Es werden nach ihrem Verwendungszweck drei wesentliche Inhaltstypen unterschieden:

- *Informationsobjekte* sind das Ergebnis der Reflexion und Explikation von Ausschnitten der mentalen Modelle von Individuen. Sie können als Dokumente, aber auch im weiteren Sinne als Modelle, Prototypen, Maschinen, Gebäude, Produktionsanlagen, Beschreibungen von Arbeitsabläufen und Prozessen ebenso wie als Software oder Websites vorliegen. Heutzutage werden sie häufig direkt digital erstellt oder durch abbildende Verfahren digital verfügbar gemacht, um sie mit Computersystemen speichern und verarbeiten zu können. Im Unterschied zu reinen Daten sind Informationsobjekte in einen Kontext eingebettet, der die Dekodierung, Reflexion und Adaptation beim Empfänger erleichtert oder überhaupt erst ermöglicht. Technisch gesehen bestehen digitale Informationsobjekte aus Inhalt, Struktur und grafischer Repräsentation und werden mit Hilfe einer Kombination von strukturierten Feldern und sog. BLOB-Feldern gespeichert (BLOB = binary large object), weshalb sie auch als semistrukturiert bezeichnet werden.

- *Kompetenzprofile* dienen der Beschreibung der für betriebliche Aufgaben relevanten Kompetenzen (Kenntnisse sowie Handlungs- und Entscheidungsfähigkeiten) von Mitarbeiter/innen. Die hierfür gewählten Begriffe entstammen einer Taxonomie. Kompetenzprofile sind ein spezieller Typ von Informationsobjekten mit dem Ziel, Mitarbeiter/innen mit für die Erledigung einer Aufgabe benötigten Kompetenzen identifizieren zu können. Sie tragen der Tatsache Rechnung, das die Kompetenzen von Individuen von aussen nicht sichtbar sind und erst durch gezielte Explikation handhab- und nutzbar werden.

- *Strukturierte Daten* sind syntaktisch geordnete Repräsentationen von etwas Wahrnehmbarem, bspw. einem Messwert, einer Telefonnummer oder einer Bilanzkennzahl, in digitaler Form. Im betrieblichen Umfeld werden sie durch Funktionen von Datenbank-Management-Systemen gelesen, verarbeitet und gespeichert, u.a. für transaktionsorientierte Anwendungen wie ERP-Systeme. Im Gegensatz zu Informationsobjekten sind sie per se nicht in einen bedeutungsstiftenden Kontext eingebunden, können aber Bestandteil von Informationsobjekten sein.

Ein *Portal* beschreibt im vorliegenden Kontext die Gesamtheit aller Funktionen, die die Applikationen eines Unternehmens einem oder mehreren Inhabern von bestimmten Rollen zur Erledigung ihrer Aufgaben im Sinne eines integrierten Arbeitsplatzes zur Verfügung stellen.

Ein *Raum für Zusammenarbeit* bietet mehreren Mitarbeiter/innen die Möglichkeit zur Interaktion sowie gemeinsamen Nutzung von Materialien und Werkzeugen mit dem Ziel, gemeinschaftlich Aufgaben aus Geschäfts- und KM-Prozessen zu erledigen. Neben physischen Räumen können Applikationen auch virtuelle Räume bereitstellen, in denen Interaktion und Werkzeuge durch Funktionen realisiert sind und auf Materialien in Informationsspeichern zugegriffen werden kann.

Eine *Schnittstelle* beschreibt die Gesamtheit aller Funktionen, die eine Applikation anderen Applikationen zur Verfügung stellt und über die sie auf die Funktionen anderer Applikationen zugreift.

Eine *Taxonomie* ist die gesamte, geordnete Menge von möglichen Werten, die die Attribute einer Datenstruktur annehmen können. Sie dient der einheitlichen Klassifikation von Informationsobjekten, der einheitlichen Benennung von Kompetenzausprägungen sowie der Beschreibung des Werteraumes für die Attribute strukturierter Daten. Eine Taxonomie enthält i.d.R. mehrere separate, oft hierarchisch strukturierte Wertebäume, die auch als Taxonomie-Dimensionen bezeichnet werden.

Teil II

Customer Knowledge Management in der Praxis

3 Strategieentwicklung für das Multi-Channel-Management der St. Galler Kantonalbank

Sandra Gronover, Annette Reichold, Paul Eggenschwiler

Einordnung in die CKM-Rahmenarchitektur

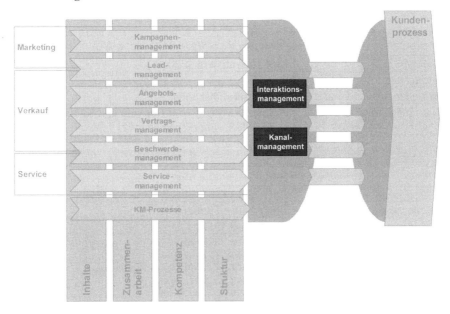

3.1 Unternehmen und Problemstellung

3.1.1 Die St.Galler Kantonalbank

Die St. Galler Kantonalbank (SGKB) gehört dem Verbund der Kantonalbanken an. Gemessen an ihrer Bilanzsumme ist sie die neuntgrösste Bank der Schweiz.

Im Jahr 2000 erfolgte die Umwandlung zur privatrechtlichen Aktiengesellschaft, wobei der Kanton St. Gallen mehrheitlicher Anteilseigner blieb.

Rund 1'000 Mitarbeiterinnen und Mitarbeiter arbeiten am Zentralsitz und in 39 Niederlassungen, 37 davon im Kanton St.Gallen.

Die Bank ist in den Geschäftsfeldern Private Banking, Retail-Banking und KMU (kleine und mittlere Unternehmen) tätig. Im Bereich Retail-Banking werden etwa 280'000 Kunden im Kanton St. Gallen betreut, was die SGKB zum kantonalen Marktführer macht (s. Abb. 3-1).

St. Galler Kantonalbank	
Gründung	1868, Privatisierung 2000
Firmensitz	St. Gallen
Branche	Finanzdienstleistungen
Geschäftsfelder	Private Banking, Retail Banking und KMU (kleine und mittlere Unternehmen)
Homepage	www.sgkb.ch
Umsatz	2001: CHF 349,7 Mio.
Betriebsergebnis	2001: CHF 113,2 Mio.
Bilanzsumme	2001: CHF 17'366,9 Mio.
Mitarbeiter	2001: Etwa 1'000
Kunden Retail-Banking	2001: Etwa 280'000

Abb. 3-1: Kurzportrait der St. Galler Kantonalbank (SGKB)

3.1.2 Problemstellung

Unternehmen der Finanzdienstleistungsbranche sehen sich auf der Absatzseite mit zunehmend komplexen, gesättigten Märkten konfrontiert. Im Retail-Bereich kommt verschärfend hinzu, dass Anbieter sich hinsichtlich der Leistungsmerkmale immer weniger unterscheiden und ein Preiswettbewerb aufgrund geringer Margen kaum erfolgversprechend ist. Finanzdienstleister versuchen daher, sich durch die

Gestaltung der Kundenbeziehung zu differenzieren und zu positionieren [vgl. Ernst&Young 1999].

In der Branche wurden schon erhebliche Mittel in den Ausbau der Kundenschnittstelle über unterschiedliche Kanäle investiert. Internationale, europäische Banken wie die Deutsche Bank oder ING gaben in der Boom-Phase für ihre Online-Initiativen bis zu 600 Millionen Euro im Jahr aus [vgl. Gross 2000]. Gerade in wirtschaftlich schwierigen Zeiten gilt es aber, Kosten im Servicebereich zu begrenzen.

Durch Multi-Channel-Management (MCM) können Unternehmen ein Gleichgewicht zwischen der Qualität bei der Interaktion mit den Kunden und den dadurch entstehenden Kosten finden. Multi-Channel-Management ist eine Aktivität im Rahmen des Customer Relationship Management (CRM), deren Aufgabe die Gestaltung, Steuerung und Kontrolle der Interaktion mit dem Kunden ist [vgl. Cespedes 1988].

Dabei geschieht die Kommunikation von Kunden und Unternehmen über verschiedene Kanäle und Medien. Kanäle sind aus unternehmensinterner Sicht betrachtet organisatorische Einheiten wie eine Aussendienst-Organisation oder ein Call-Center [vgl. Coughlan et al. 2001]. Diese differenzieren sich von Zugangsmedien, wie z.B. Telefon, PC oder PDA (Personal Digital Assistent). Dieser logischen Trennung folgend, lässt sich Multi-Channel-Management in die Bereiche Interaktionsmanagement und Kanalmanagement unterteilen.

- *Interaktionsmanagement* beschäftigt sich mit der Frage, welche Kommunikationstechnologien die Interaktion mit dem Kunden in welchen Kundenprozessen bestmöglich unterstützen.

- *Kanalmanagement* hingegen geht der Fragen der internen Ausgestaltung und Abstimmung der verschiedenen Kanäle nach.

Diese Aufteilung begründet die Einordnung dieser Fallstudie in die zu Beginn des Artikels dargestellte CKM-Rahmenarchitektur. Abb. 3-2 gibt nochmals einen Überblick über das Multi-Channel-Management.

Die SGKB hat frühzeitig die Bedeutung neuer Vertriebs- und Servicekanäle erkannt. 1979 wurde der erste Bankomat eingeführt, 1986 Videotext-Telebanking, 1997 eröffnete die SGKB ihr erstes Call-Center und seit 1999 können die Kunden ihre Bankgeschäfte via Internet erledigen. Der Filialvertrieb ist für die Bank aber immer noch der wichtigste Distributions- und Servicekanal.

2000/2001 galt es im Rahmen der Neugestaltung der Gesamtstrategie auch die Multi-Channel-Strategie anzupassen, die nicht mehr den neuen Anforderungen entsprach.

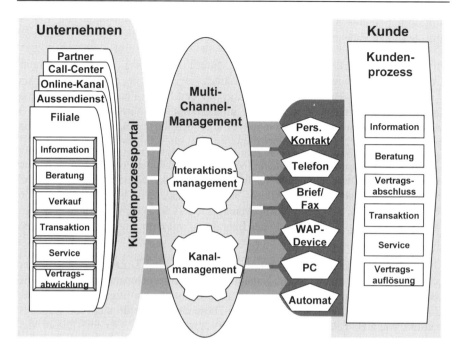

Abb. 3-2: Strukturierung von Multi-Channel-Management

3.2 Ausgangssituation

3.2.1 Strategie

Das Kanalsystem der SGKB war historisch gewachsen. Dadurch wies die Koordination des existierenden Mehrkanalsystems aus organisatorischer und informationstechnischer Sicht Mängel auf. Beispielsweise waren die verschiedenen Absatzkanäle unzureichend integriert, was es schwierig machte, den Kunden eine durchgängige Service-Erfahrung über alle Kanäle zu bieten. Ausserdem sollten die Vertriebskanäle Call Center und Internet ausgebaut werden. Es lagen aber keine ausreichend detaillierten Pläne und auch keine abteilungsübergreifende Abstimmung darüber vor, welche Leistungen über welche Kanäle abgewickelt und wie die Kompetenzregelungen definiert werden sollten.

Die SGKB setzte sich daher zum Ziel, zunächst die Multi-Kanal-Strategie neu zu definieren und diese verstärkt an den Bedürfnissen der Kunden zu orientieren. Anhand dieser neuen Strategie sollte in einem zweiten Schritt über die zukünftige Gestaltung des Absatzes über die verschiedenen zur Verfügung stehenden Kanäle entschieden werden. Zudem sollte die Strategie auch bei der Planung des Ausbaus der Kanäle wegweisend sein (s. Abb. 3-2).

3.2.2 Prozess

Eine Umgestaltung der existierenden Prozesse war im Rahmen dieses Projektes nicht geplant. Zur Umsetzung der neuen Strategie wird die Anpassung der Prozesse gegebenenfalls in einem neuen Projekt angegangen.

3.2.3 System

Auch Veränderungen auf Systemebene werden erst im Anschluss an das Projekt geplant und sich an den Projektergebnissen orientieren.

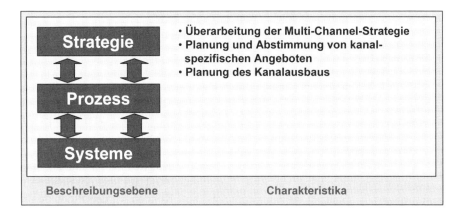

Abb. 3-3: Kurzcharakteristika der Ausgangssituation

3.3   Das Projekt Multi-Channel-Strategieentwicklung

Als Reaktion auf die oben beschriebene Situation wurde im Jahr 2000/2001 das Projekt ,Multi-Channel-Management' zur Erarbeitung einer Multi-Channel-Strategie durchgeführt.

3.3.1 Ziele

Investitionen in eine Mehr-Kanal-Struktur lassen sich in erster Linie über zwei Argumentationsketten begründen: entweder wird eine Steigerung des Umsatzes oder eine Reduktion der Kosten angestrebt. Kundenorientierung und Prozesseffizienz sind dabei die beiden unterschiedlichen Ansatzpunkte im Multi-Channel-Management (s. Abb. 3-4).

*Abb. 3-4: Zielsetzungen und Herausforderungen im
Multi-Channel-Management*

- *Umsatzsteigerung und Kundenorientierung:* Diese Argumentationskette verfolgt eine Erhöhung des Absatzes durch eine kundenorientierte Vertriebs- und Servicestruktur. Erreicht wird dies durch die Gestaltung und aktive Steuerung des Kauferlebnisses der Kunden durch das Unternehmen. Dies setzt die Versorgung der Kunden mit relevanten und personalisierten Informationen am Ort der Nutzung ohne Zeitverlust und ohne Koordinationsaufwand voraus. Auf Kundenwünsche abgestimmte Interaktionsvarianten wirken sich direkt auf den wirtschaftlichen Erfolg aus. So sinkt die Wahrscheinlichkeit ein Produkt zu kaufen um 60 Prozent, wenn der vom Kunden präferierte Kommunikationskanal nicht angeboten wird [vgl. PWC-Consulting 2001]. Im Idealfall richten Unternehmen ihr Angebot am Kundenprozess aus. Kunden werden Produkte und Dienstleistungen entlang ihres Prozesses (Kundenprozess) aus einer Hand ('everything'), wo ('everywhere') und wann ('non-stop') immer er mit dem Unternehmen in Interaktion tritt. Die Wahl des Kommunikationsmittels bestimmt der Kunde ('anyhow'). Von Seiten des Unternehmens soll das Gefühl vermittelt werden, dass der Kunde individuell wahrgenommen wird ('one-to-one'). Die Prozesse zwischen Unternehmen und Kunde sind durchgängig ('one-stop') [vgl. Österle/Winter 2000]. Die Interaktion zwischen Kunden und Unternehmen entspricht allerdings selten diesem Ideal, da sie häufig inkonsistent ist. Beispielsweise unterscheiden sich Preisauskünfte, die über verschiedene Kanäle gegeben werden oder Call-Center Agenten können nicht zu einem Vorfall im Online-Kanal Stellung nehmen, weil die Integration der Kanäle fehlt.

- *Kostenreduktion und Prozesseffizienz:* Die zweite Argumentationskette begründet den Nutzen von Multi-Kanal-Strukturen durch eine Senkung der Vertriebs- und Servicekosten über Prozessverbesserungen. Erreichbar ist dieses Ziel z.B. durch eine Verlagerung von Tätigkeiten hin zum Kunden durch Selbstbedienung oder eine Verbesserung der Prozesse. Allerdings decken zusätzliche Kanäle häufig ihre Investitions- und Betriebskosten nicht ab [vgl. Hobmeier 2001]. Gründe dafür sind geringe Nutzungs- oder Umsatzzahlen, ein zu langsames Wachstum des Kundenstamms oder unterschätzte Aufwendungen für den Aufbau und den Erhalt der Kanalinfrastruktur. Einer Untersuchung zufolge, die das Institut für Wirtschaftsinformatik der Universität St. Gallen in Zusammenarbeit mit der Information Management Group (IMG) durchgeführt hat, konnten bislang 40 Prozent der Schweizer Versicherungsunternehmen durch die Einführung mediengestützter Kanäle Kosten im traditionellen Vertrieb senken [vgl. Gronover/Kobler 2001]. Allerdings sind die Gesamtvertriebskosten in der Regel gestiegen. Bislang haben sich die Investitionen in mediengestützte Kanäle nicht amortisiert und das Ziel der Kostenreduktion durch Prozesseffizienz konnte meist nicht erreicht werden.

Ziel des Projekts ‚Multi-Channel-Management' bei der SGKB war es zunächst, ein allgemeines, klar strukturiertes Vorgehensmodell zur Entwicklung einer Multi-Channel-Strategie zu entwerfen. Anhand dieses Vorgehensmodells sollte im Anschluss eine konkrete Multi-Channel-Strategie entwickelt werden, die zum einen die Kundenorientierung des Unternehmens fördert, zum anderen aber auch die Prozesseffizienz erhöht. Anhand der Strategie sollte der konkrete Handlungsbedarf auf Prozess- und Systemebene ermittelt werden (s. Abb. 3-5).

Zielsetzungen des Projekts ‚Multi-Channel-Management' waren im einzelnen:

- *Analyse der bestehenden Kanalstrukturen:* Um bestehende Kanäle besser zu koordinieren, sollten zunächst die bestehenden Strukturen erfasst und Entwicklungsmöglichkeiten aufgezeigt werden.

- *Entwicklung einer kundenorientierten Vision für das Multi-Channel-Management:* Unter Beachtung von Kundenwert und Kanalkosten sollte der zukünftige Ressourceneinsatz geplant werden. Für einzelne Kundengruppen und Produkte galt es Zielkanäle zu definieren, die zum einen die Bedürfnisse der Kunden und zum anderen die strategischen Vorgaben des Unternehmens berücksichtigen. Auf ein strukturiertes Vorgehen wurde Wert gelegt, um den nachträglichen Abstimmungsbedarf zu verringern.

Abb. 3-5: Kurzcharakteristik der Zielsituation

3.3.2 Projektbeschreibung

Auftraggeber für das Projekt war die Geschäftsleitung der SGKB. Es wurde in Zusammenarbeit mit dem Kompetenzzentrum Customer Knowledge Management (CC CKM) des Instituts für Wirtschaftsinformatik der Universität St. Gallen (IWI-HSG) durchgeführt. Das Projektteam bestand aus sieben Mitarbeitern der SGKB und drei Mitarbeitern des IWI-HSG.

Ausgehend von den definierten Zielsetzungen erfolgte von Oktober 2000 bis April 2001 die gemeinsame Entwicklung der Technik ‚Multi-Channel-Strategie-Entwicklung'. Sie soll ausgehend von Kundenprozessen Leistungen und Prozesse für die einzelnen Kanäle festlegen. Ziel ist es, den Kunden konsequent in den Mittelpunkt zu stellen und den Paradigmenwechsel von der Produkt- zur Kundenorientierung zu vollziehen. Die einzelnen Aktivitäten sind über ein Vorgehensmodell (s. Abb. 3-6) miteinander verbunden. Die Umsetzung erfolgte entlang der einzelnen Schritte des Modells in zeitlich versetzten Teilprojekten.

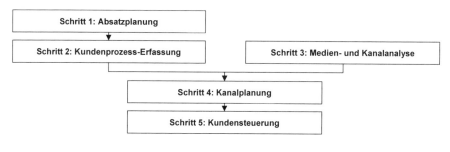

Abb. 3-6: Vorgehensmodell

3.3.3 Die Technik Multi-Channel-Strategieentwicklung bei der SGKB

Schritt 1: Absatzplanung

Eine unternehmensweite Absatzplanung legt fest, für welche Kundensegmente welche Vertriebsstrategie gilt. Dies setzt zuvor eine Analyse der Marktchancen des Unternehmens voraus. Hierfür sind Informationen über Marktsegmente (wie Grösse des Marktes, Marktwachstum), Wettbewerber (wie Marktanteil, Produktmerkmale), Leistungen des Unternehmens (wie Produkte, Serviceleistungen, Marktanteil, Umsätze, Deckungsbeiträge) sowie das Makro-Umfeld (wie demographische, technologisch, politische, sozio-kulturelle Entwicklungstrends) auszuwerten [vgl. Kotler/Bliemel 1999].

Das Ergebnis der Absatzplanung soll grundsätzliche, strategische Massgaben für die Einheiten Marketing, Vertrieb und Service dokumentieren. Ausgehend von den Kundensegmenten sind Ziele, der Ressourceneinsatz, die Betreuungsintensität und die Produktnutzung zu definieren. Die Absatzplanung wird im Regelfall von Mitarbeitern aus den Abteilungen Marketing, Produktmanagement und/oder Vertrieb erstellt, ggf. mit Unterstützung durch externe Berater. Die Zustimmung zur Absatzplanung erfolgt i.d.R. durch das obere Management.

Bei der SGKB (s. Abb. 3-7) werden Kunden abhängig von ihrem Vermögen einem der beiden Bereiche Retail-Banking oder Private-Banking zugeteilt.

Segment	Retail-Segment			
Attraktivität	A-Kunden	B-Kunde	C-Kunde	D-Kunde
Ziel	Intensive Pflege Hohe Kunden- zufriedenheit Abwanderung ver- hindern	Gezielt ausbauen Umwerben	Halten Tendenz beobachten und ggf. entwickeln	Kundenbezogene Kosten senken Kosten ggf. auf Kunden übertragen Abbau in Kauf nehmen
Ressourcen- einsatz	+++	++	+	0
Betreuungs- form	Persönlich Umfassend Unternehmens- getrieben	Persönlich Regelmässig	Anlassbezogen	Keine Betreuungs- initiativen
Produkt- nutzung				
Sparprodukte	A	A	A	P
Anlage- produkte	A	A	P	P
Vorsorge- produkte	A	A	A	0
Finanzierungs- produkte	A	A	P	0
Zahlungsver- kehr/ Karten	A	A	A	P
Legende: A = aktiv anbieten, P = passiv anbieten, 0 = nicht anbieten				

Abb. 3-7: Absatzplanung (veränderte Projektunterlagen der SGKB)

Innerhalb des Retail-Bankings wird eine Unterteilung basierend auf qualitativen und quantitativen Segmentierungskriterien vorgenommen. Somit entstehen, abhängig von der Attraktivität der Kunden, verschiedene Kundenklassen. Betreuungsziele, Betreuungsformen und die angebotene Produktnutzung werden je Kundenklasse festgelegt.

Das Segment ‚Jugendliche' erwirtschaftet beispielsweise noch keine Gewinne, hat aber zukünftig ein hohes Potenzial. Ziel ist es, diese Kunden mittels regelmässiger Betreuung und innovativen Betreuungsformen an das Unternehmen zu binden. Die SGKB wirbt mit speziellen Marketingaktionen, Produkten und Vorzugskonditionen um ihre jugendlichen Kunden. Der Ressourceneinsatz ist deshalb relativ hoch.

Schritt 2: Kundenprozess-Erfassung

Multi-Channel-Management soll einerseits den Kunden ganzheitlich bedienen und andererseits die internen Unternehmensressourcen schonend einsetzen. In traditionellen Wirtschaftsstrukturen geht ein Unternehmen von seinem Produkt- und Dienstleistungsportfolio aus und legt Kanäle und Medien fest, über welche die Produkte vertrieben werden. In Zukunft werden aber Unternehmen erfolgreich sein, die von Kunden benötigte Leistungen zusammenfassen und diese personalisiert zur Verfügung stellen. Hierfür ist es notwendig, die vom Kunden geforderten Leistungen klar zu definieren und am Kundenprozess auszurichten. Für jede geforderte Leistung im Kundenprozess müssen adäquate Aktivitäten in den unternehmensinternen Prozessen existieren.

Die im Rahmen der Strategieentwicklung zu untersuchenden Kundenprozesse orientieren sich an den in der Kundensegmentierung identifizierten Kundengruppen und der festgelegten Produktnutzung.

Für Finanzdienstleistungsunternehmen ist es empfehlenswert, nicht nur den bisherigen Kernprozess zwischen Unternehmen und Kunden zu untersuchen (z.B. die Abwicklung eines Konsumentenkredits), sondern den gesamten Kundenprozess (z.B. von der Auswahl eines Autos bis hin zu dessen Nutzung, der monatlichen Ratenzahlung und dem Wiederverkauf). Durch diese erweiterte Sichtweise lassen sich für das Unternehmen u.U. noch weitere Geschäftspotenziale erkennen (z.B. Angebot von Krediten zur Fahrzeugfinanzierung über Gebrauchtwagen-Marktplätze im Internet).

Zur Ableitung des Kundenprozesses wird die Technik der Prozessanalyse nach [vgl. Österle et al. 1995] angewandt. Der Kundenprozess ist in acht bis zehn Makroprozesse zu zerlegen, welche die wichtigsten Einzelschritte zusammenfassen. Die Kundenprozesse lassen sich im Rahmen von Workshops definieren. Mitarbeiter aus dem Projekt-Kernteam sollten die Workshops moderieren. Die Erfahrung zeigt, dass im Privatkundenbereich Kundenworkshops zur Ableitung von Kundenprozessen nicht zwingend nötig sind, da die Prozesse den Marketing- und Vertriebsverantwortlichen zumeist auch aus eigener Erfahrung bekannt sind.

Die SGKB untersuchte die Kundenprozesse ausgehend von den identifizierten Kundengruppen und der in der Absatzplanung festgelegten Produktnutzung. Dabei beschränkte sich die SGKB auf eine Analyse der Kundenprozesse, die in direktem Zusammenhang mit bankeigenen Leistungen stehen. Im Rahmen der Analyse zeigte sich, dass bei einer rein bankspezifischen Betrachtung die Unterschiede zwischen den Prozessen nicht gross waren. Somit wurde für die weiterführende

Analyse ein generischer Bank-Kunden-Prozess verwendet. Dieser gliedert sich in die Prozessschritte:

- *Information:* Kunden sammeln zuerst anonym Informationen, personalisieren und vergleichen diese mit anderen Informationsquellen. Abschliessend werden wichtige Informationen archiviert.

- *Beratung:* Abhängig von der Komplexität des Problems wünschen Kunden oftmals eine Beratung. Nach der Terminvereinbarung können in dem persönlichen Gespräch bislang nicht beantwortete Fragen diskutiert, kritische Faktoren erläutert und Alternativen von Seiten des Beraters aufgezeigt werdet. Abschliessend trifft der Kunde seine Entscheidung.

- *Vertragsabschluss und Initialabwicklung:* Nun sind konkrete Vertragsbestandteile auszuhandeln und abzustimmen, der Vertragsabschluss zu vollziehen und die wichtigsten Unterlagen abzulegen. Danach erfolgt durch das Unternehmen die Initialabwicklung. Der Kunde erhält nun Zugangsdaten, wie beispielsweise seine Kontonummer und ein Passwort.

- *Transaktion:* Vertragtransaktionen sind über die gesamte Laufzeit des Prozesses abzuwickeln und zu archivieren.

- *Service:* Anforderungen an Serviceleistungen von Seiten des Unternehmens lassen sich klassifizieren in Auswertungen zur Produkt-Performance (z.B. Berichte über die Depot-Entwicklung) Änderung von Vertragsbestandteilen (z.B. Änderung der monatlichen Rate eines Sparplans) und die Verfügbarmachung von individuellen Zusatzinformationen (z.B. Newsletter über neue Zinssätze). Zusätzlich sind Änderungen und Informationen zu archivieren.

- *Vertragsauflösung:* Vertragsbeziehungen enden durch Ablauf der Vertragslaufzeiten, durch eine vorzeitige Auflösung durch den Kunden oder durch den Tod des Vertragspartners. An die Vertragsauflösung schliesst sich ggf. eine Folgeberatung an. Abschliessend ist eine End-Dokumentation von Seiten der Bank zu erstellen und vom Kunden zu archivieren.

Schritt 3: Kanal- und Medienanalyse

In diesem Schritt werden bestehende Distributions- und Servicestrukturen mitsamt ihren strategischen Massgaben erfasst, allen Beteiligten einen Überblick über aktuelle Kanalaktivitäten gegeben und Anhaltspunkte für die Soll-Ausrichtung aufgestellt. Kanalverantwortliche erarbeiten gemeinsam mit den Multi-Kanal-Verantwortlichen die Kanal- und Medienanalyse.

Für jeden vorhandenen und angedachten Kanal sind folgende Informationen zu erheben:

- Kanal-Kenngrössen (z.b. Anzahl von Zugangspunkten wie Niederlassungen oder Bankomaten, Nutzungszahlen; Anzahl Mitarbeiter),

- Medien- und Kanalbeziehungen (z.b. Filialmitarbeiter lassen sich persönlich, per Post, per Telefon, per E-Mail kontaktieren),

- Aktuelle und bereits geplante Projekte (z.b. Einführung neuer Software, Ausbau des Leistungsumfangs, Ressourceneinsparungen).

Zusätzlich ist für jeden Kanal eine SWOT-Analyse (Strength, Weaknesses, Opportunities, Threats) zu erstellen. Diese fasst Stärken, Schwächen, Chancen und Risiken für einen Kanal zusammen.

Kanal	Call-Center		
Kanal-Kenngrössen	• 2 unterschiedliche Rufnummern (Beratungs- / Servicehotline) • 25% der Kunden nutzen ein Call-Center • 1000 Telefonkontakte pro Tag (10% Beratungsgespräche, 90% Serviceleistungen); Durchschnittliche Dauer 2 Minuten • 25 Mitarbeiter		
Kanal/Medien	Erreichbarkeit über Telefon und E-Mail		
Projekte (aktuell & geplant)	• Einführung einer neuen Call-Center-Software • Ausbau des Call-Centers um Heimarbeitsplätze (virtuelles Call-Center)		
SWOT-Analyse			
Stärken	Schwächen	Chancen	Risiken
• Gut ausgebildete Mitarbeiter • Geringe Mitarbeiterfluktuation • Hohe Kundenzufriedenheit • Gute Erreichbarkeit	• Fehlende Personalentwicklungspläne • Ineffiziente Auslastung der Mitarbeiter (Leerzeiten) • teilweise technische Probleme	• Entwicklung hin zu einem ganzheitlichen Beratungskanal • Entlastung des stationären Vertriebs von Routineaufgaben • Imagepflege	• Mangelnde Fokussierung auf Kernaufgaben • Zu hohe Investitionskosten

Abb. 3-8: Kanal- und Medienanalyse (veränderte Projektunterlagen der SGKB)

Die SGKB untersuchte im Rahmen der Kanal- und Medienanalyse die für sie wichtigsten Kanäle ‚Stationärer Vertrieb', ‚Online-Vertrieb', ‚Call-Center' (s. Abb. 3-8) und ‚Automaten'.

Zusätzlich entwickelte die SGKB Leitvisionen für den Ausbau der einzelnen Kanäle. Diese unterteilten sich pro Kanal in vier Dimensionen, wie am Beispiel des stationären Vertriebs exemplarisch dokumentiert.

Basisstrategien:

- Kundenbindung und Kundenneugewinnung

- Organisation der Filiale als Profit-Center

Produkt- und Leistungsportfolio:

- Beibehalten des bisherigen Produktsortiments
- Fokussierung des Filialvertriebs auf ertragreiche Produkte

Preispolitik:

- Definition von Preisspielräumen bei Kunden mit hohem Potenzial
- Preisliche Massnahmen zur Kundensteuerung auf Kanäle

Vertriebspolitik:

- Kontinuierliche Verringerung der Schaltertransaktionen
- Verstärkte Nutzung von Cross-Selling-Potenzialen

Sogenannte Mission-Statements fassten wesentliche Aussagen in prägnanten Sätzen zusammen, z.B.: „Unsere Kunden sehen uns als professionelle, gleichberechtigte Partner und wir wollen eine hohe, konstante Qualität und Servicebereitschaft über alle Kanäle sicherstellen."

Schritt 4: Kanalplanung

Bei der Kanalplanung werden für einzelne Kundenprozesse in Abhängigkeit von der Kundengruppe und der Produktgruppe Zielkanäle definiert, welche die Bedürfnisse der Kunden und die strategischen Vorgaben des Unternehmens berücksichtigen. Hierfür ist festzulegen, welche Kundenprozessschritte für welches Kundensegment auf welchem Kanal angeboten werden.

Zentrale Elemente der Kanalplanung sind Kanallandkarten (s. Abb. 3-9). Dies sind Kundensegment-Produkt-Kanal-Matrizen, die sowohl das Ist- als auch das Soll-Leistungsangebot eines Finanzdienstleisters dokumentieren. Beispielsweise lässt sich aus der dargestellten Abbildung erkennen, dass Sparprodukte zukünftig nur noch eingeschränkt über das Call-Center angeboten werden sollen und dafür von den Verantwortlichen der Online-Kanal präferiert wird. Laut Soll-Planung ist dieser auszubauen und der Funktionsumfang im Call-Center zu verringern.

Projekterfahrungen bei der SGKB zeigen, dass es für die Kanallandkarten ausreicht, die Makroprozesse zu untersuchen. Ausgehend von den festgelegten Kundensegmenten und der Absatzplanung werden pro Kanal der Ist- und Soll-Funktionsumfang in jedem Kundenprozessschritt festgelegt. Differenzen zwischen Ist- und Soll-Aktivitäten werden aus Gründen der Übersichtlichkeit farbig hinterlegt. Die Kanallandkarten sind in Workshops mit Kanal-, Marketing-, Vertriebs- und Serviceverantwortlichen zu erarbeiten.

Bei der Entwicklung des Soll-Leistungsspektrums ist darauf zu achten, dass jede Prozessphase pro Produkt zumindest über einen Kanal abgewickelt werden kann. In diesem Zusammenhang ist auch kritisch zu diskutieren, was passiert, wenn

Kunden keinen Zugriff auf einen Kanal haben oder die Nutzung dieses Kanals verweigern. In diesen Fällen müssen Alternativlösungen angeboten werden.

Die SGKB entwickelte die Kanallandkarten in einem dreistufigen Verfahren:

- In einem ersten Schritt wurden die Projektbeteiligten mit der Systematik der Kanallandkarten vertraut gemacht. Um den Soll-Funktionsumfang zielgenauer zu definieren, wurden die Grundbedürfnisse pro Kundensegment mittels Brainstorming-Technik zusammengetragen und dokumentiert. Wertvolle Hinweise konnten hierbei die Marketingverantwortlichen geben. Eine zuvor erstellte Kundenanalyse stützte die Bedürfnisanalyse empirisch ab.

- In einem zweiten Schritt füllte jeder Projektbeteiligte die Kanallandkarte separat aus. Die Projektbeteiligten retournierten die Kanallandkarten innerhalb einer Woche an das Projektkernteam. In dieser Zeit konnten die Kanallandkarten in einzelnen Organisationseinheiten diskutiert werden und somit liessen sich spezifische Sichten der einzelnen Fachverantwortlichen aufnehmen.

Die Ergebnisse wurden von dem Projektkernteam konsolidiert und abweichende Punkte im Rahmen eines Workshops diskutiert. Durch die starke Fokussierung auf kritische Aspekte liessen sich die Kanallandkarten innerhalb eines vierstündigen Workshops vereinheitlichen.

Kundensegment	Retail-Kunden; A-Kunden																				
Kanal			Filiale						Call-Center						Online-Kanal						
Produkt	Absatz-planung	Kunden-prozess	I	B	V	N	S	E	I	B	V	N	S	E	I	B	V	N/P	S	E
Sparprodukte	A	IST	●	●	●	●	●	●	●	●	●	●	O	●	O	O	●	O	●	●
		SOLL	●	●	●	◉	●	◉	◉	◉	◉	●	◉	●	●	●	●	●	●	●
Anlageprodukte	A	IST	●	●	●	●	●	●	●	O	O	O	O	O	●	●	●	●	O	O
		SOLL	●	●	●	●	●	●	◉	◉	◉	O	O	●	●	●	●	●	●	O
Vorsorgeprodukte	A	IST	●	●	●	●	O	●	O	O	O	O	O	O	●	O	O	O	O	O
		SOLL	●	●	●	●	●	●	O	O	O	O	O	●	O	O	O	O	O	O
Finanzierungsprodukte	A	IST	●	●	●	●	●	●	O	O	O	O	O	●	O	O	●	O	O
		SOLL	●	●	●	◉	●	●	●	O	●	O	O	●	O	O	●	O	O
Zahlungsverkehr	A	IST	●	●	●	●	●	●	●	O	●	O	●	O	O	●	O	O
		SOLL	●	●	●	◉	●	◉	●	●	●	◉	●	●	●	●	●	●

Legende					
Kundenprozess	I = Information		N = Produktnutzung		
	B = Beratung		S = Service		
	V = Vertragsabschluss		E = Ende Vertragsbeziehung		
Absatzstrategie	A = aktiv anbieten		P = passiv anbieten		
Ausbaustufe	● = voller Funktionsumfang		◉ = Funktionsumfang eingeschränkt		
	O = kein Ausbau				

Abb. 3-9: Segmentspezifische Kanallandkarte
(veränderte Projektunterlagen der SGKB)

Schritt 5: Kundensteuerung

Untersuchungen unter den 30 grössten Retail-Banken weltweit zeigen, dass im Schnitt 15 Prozent der Retail-Kunden den Online-Kanal aktiviert haben, aber nur 7 Prozent diesen regelmässig nutzen (mindestens einmal pro Monat) [vgl. Essayan/Rutstein 2002]. Für Kunden der Finanzdienstleistungsbranche ist der stationäre Vertrieb immer noch der präferierte Kanal [vgl. Schmid et al. 2000].

Während die Kanalplanung festlegt, wie Kanäle im Idealfall zu nutzen sind, ist es Aufgabe der Kundensteuerung, das Kundenverhalten so zu lenken, dass die tatsächliche Kanalnutzung den strategischen Vorgaben entspricht. Zur Kundensteuerung eignen sich im wesentlichen drei Instrumente:

- *Marketingmassnahmen:* Durch koordinierende Marketingaktivitäten lassen sich Kunden gezielt zur Nutzung beworbener Kanäle animieren. Entsprechende Massnahmen bewirken häufig keine dauerhafte Änderung des Kundenverhaltens. So konnte beobachtet werden, dass nach Beendigung einer Kampagne ein Grossteil der Kunden wieder in ihr altes Kommunikationsmuster zurückfallen (Expertengespräch Daniel Stüssi, Mitglied der Geschäftsleitung, Coop Versicherung)

- *Preisgestaltung:* Mittels Preissystemen lassen sich für Kunden Anreize schaffen, Kanäle entsprechend der Planung zu nutzen. Ein kanalspezifisches und verursachungsgerechtes Preismodell ist bei vielen Finanzdienstleistern allerdings erst in Ansätzen vorhanden [vgl. Gronover/Kobler 2001]. Als mögliche Stellhebel dient dabei nicht nur der Gesamtpreis, sondern Basispreise, Transaktionspreise, Rabatte und Incentives. So differenzieren beispielsweise viele Banken ihre Transaktionspreise je nach Kanalnutzung, wie die UBS oder die Advance Bank. Zu beachten ist, dass kein allgemein gültiger Zusammenhang zwischen Preisbewusstsein und Vermögen existiert.

- *Fixe Zuordnung:* Für verschiedene Kundensegmente oder Vertragstypen werden explizite Regelungen getroffen, welche Kunden welche Kanäle nutzen dürfen. In der Praxis wird bei einem interdependenten Multi-Kanal-Ansatz diese Form der Kanalsteuerung aufgegeben, da sie schwer durchsetzbar und häufig nicht mit der Vertriebsphilosophie vereinbar ist.

Bei der SGKB wurden zwei dieser Massnahmen kombiniert. Eine Forderung aus dem Projekt war die Entwicklung von differenzierten Preisstrukturen für die einzelnen Kanäle. Flankierende Marketingmassnahmen zur Kundensteuerung waren schon lange Teil der Marketingplanung. Die Variante der fixen Zuordnung wurde von den Projektteilnehmern verworfen, da dies bei Kunden kaum durchsetzbar wäre und der Absatzstrategie der SGKB widerspräche.

Die Betrachtung der Projektergebnisse mit einer zeitlichen Verzögerung von ca. 15 Monaten zeigte, dass sich das Verhalten der Kunden langsamer verändert hatte als angenommen.

Eine Befragung unter Schweizer Versicherungsunternehmen zeigt, dass derzeit Marketingmassnahmen zur Steuerung des Kundenverhaltens am häufigsten zum

Einsatz kommen, gefolgt von einer fixen Zuordnung [vgl. Gronover/Kobler 2001]. Zukünftig planen die meisten Unternehmen, die fixe Zuordnung wieder aufzugeben. Eine Steuerung über den Preis strebt ein Grossteil der befragten Unternehmen an.

Für eine kundengerechte Preisgestaltung eignet sich der Ansatz des Target-Costing (bzw. Zielkostenmanagement). Dieser verknüpft traditionell produktorientierte Vorgehensweisen mit dem Anspruch der Kundenorientierung [vgl. Rudolph 1998].

3.4 Einordnung in den Kontext

Dieser Beitrag widmet sich dem Multi-Channel-Management, einer Aktivität im Rahmen des CRM. Er zeigt verschiedene Handlungsalternativen zur Gestaltung der Interaktion und des Angebots über verschiedene Kanäle auf. In der CKM-Rahmenarchitektur ist diese Fallstudie beim *Interaktions- und Kanalmanagement* einzuordnen, in die sich das Multi-Channel-Management unterteilen lässt.

3.4.1 Besonderheiten

Besonderheiten des Projektes sind:

- *Schrittweises Vorgehensmodell:* Im Rahmen des Projektes wurde ein Vorgehensmodell zur Strategieentwicklung entworfen. Anhand des Modells lässt sich schrittweise und leicht nachvollziehbar eine Multi-Channel-Strategie ableiten. Änderungen einzelner Bestandteile der Strategie sind leicht durchführbar. Zudem kann das Vorgehensmodell zukünftig erneut zur Strategieentwicklung herangezogen werden.

- *Theoretische Fundierung:* Neben der konkreten Strategie der SGKB werden auch alternative Gestaltungsoptionen ausführlich beschrieben. Insgesamt entsteht ein umfassendes Bild der Möglichkeiten, die Multi-Channel-Management bietet.

3.4.2 Erkenntnisse

Die Fallstudie zeigt Handlungsoptionen in Mehr-Kanal-Strukturen auf und präsentiert ein Vorgehensmodell zur Strategieentwicklung.

Folgende Handlungsempfehlungen lassen sich ableiten:

- *Regelung der Verantwortlichkeiten:* Wichtig für den Erfolg von Multi-Channel-Management ist die Bündelung der Verantwortung über alle Kanäle möglichst in einer Person. Andernfalls stossen bei der Festlegung der Gewichtung und des

Ausbau der Kanäle unterschiedliche Interessen aufeinander, was die Entscheidungsfindung erschweren kann.

- *Am Kundenprozess orientieren:* Der Aufbau von Mehr-Kanal-Strukturen sollte vom Kundenprozess ausgehen. Diese konsequente Ausrichtung am Kunden und seinen Bedürfnissen steigert die Zufriedenheit, ermöglicht das Auffinden von innovativen Services, verbessert die Prozesseffizienz sowohl beim Kunden als auch beim Unternehmen und vermindert die Gefahr von Fehlinvestitionen.

- *Leistungsportfolio anpassen:* Eine Straffung des Leistungskatalogs, eine Anpassung der Preisstrukturen und ein an den Kanalmerkmalen und Kundenbedürfnissen ausgerichtetes Betreuungskonzept wird für die Kundensteuerung vorausgesetzt.

- *Kanalplanung entwickeln:* Ausgehend von den Kundenprozessen, Kundensegmenten und einer Analyse der (zukünftig) angebotenen Kanäle und Medien ist basierend auf den strategischen Gesamtvorgaben eine Kanalplanung abzuleiten. Diese ist der zukünftige Leitfaden für Entwicklungen auf der Prozess- und IS-Ebene. Abgestimmte Kanalplanungen erleichtern die Erstellung von Projektplänen und geben Sicherheit über zukünftige Entwicklungsbestrebungen.

- *Kunden steuern:* Das Kundenverhalten ändert sich nur langsam. Um strategische Zielsetzungen zu erreichen, bedarf es einer Kundensteuerung. Im Regelfall sind hierfür drei Massnahmen denkbar: Regeln, Marketingmassnahmen oder Preissteuerung. Für die von vielen Unternehmen präferierte, aber noch nicht umgesetzte Steuerung über den Preis eignet sich die Entwicklung von Preissystemen mittels Zielkostenmanagement.

4 Wissensorientierung im CRM bei der Helsana Versicherungen AG

Sandra Gronover, Annette Reichold, Fredi Kuster

Einordnung in die CKM-Rahmenarchitektur

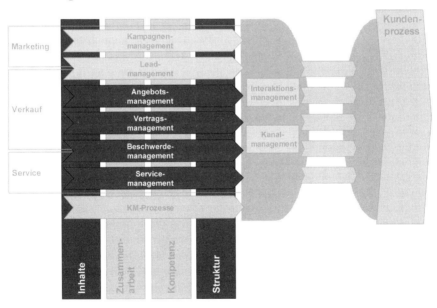

4.1 Unternehmen und Problemstellung

4.1.1 Helsana Versicherungen AG

Die Helsana Versicherungen AG (Helsana) entstand 1997 durch die Fusion der Unternehmen Helvetia (79%) und Artisana (21%). Sie bietet Kranken-, Unfall- und Pflegeversicherungen an. Mit über 1,4 Millionen Kunden und 2'335 Mitarbeitern ist die Helsana die grösste Krankenversicherung der Schweiz. Der Prämienertrag beläuft sich auf über CHF 3,5 Mrd. Dennoch wies die Helsana durch den Anstieg der Kosten im Gesundheitswesen und durch Sondereffekte im Jahr 2001 erstmals einen Verlust aus (s. Abb. 4-1).

Mittels ihrer 370 Kontaktpunkte in der Schweiz bearbeitet die Helsana im Schnitt ca. 40'000 Kundenkontakte in einer Woche. Kunden können mit der Helsana über Geschäftsstellen des stationären Vertriebs, dem mobilen Aussendienst, verschiedene schweizweit verteilte Call-Center und einen Online-Kanal kommunizieren.

HELSANA VERSICHERUNGEN AG	
Gründung	Seit 1997 als Helsana (Zusammenschluss aus Helvetia und Artinsana)
Firmensitz	Zürich
Branche	Krankenversicherung
Geschäftsfelder	Kranken-, Unfall- und Pflegeversicherung
Homepage	www.helsana.ch
Versicherungsertrag	2002: CHF 3'824 Mio.
Ergebnis	2002: CHF 40 Mio.
Marktanteil	19% der Versicherten
Mitarbeiter	2002: 2'335
Kunden	2002: über 1,4 Mio.

Abb. 4-1:Kurzcharakteristik der Helsana Versicherungen AG

4.1.2 Problemstellung

Als Massnahme gegen das negative Geschäftsergebnis 2001 möchte die Helsana durch den Ausbau ihres Customer Relationship Management (CRM)-Systems den Akquisitions- und Kundenbetreuungsprozess qualitativ verbessern und effizienter gestalten.

Ausserdem soll der Kundenstamm gezielt um jüngere und gesunde Kunden erweitert werden. Eine Möglichkeit, das Interesse dieser Zielgruppe zu gewinnen, sieht die Helsana im Einsatz neuer Technologien. Beispielsweise wurden im Herbst

2002 erstmals die Potenziale und die Akzeptanz des mobilen Kommunikationskanals durch ein per Handy abfragbares Prämienangebot getestet.

Die Helsana möchte ihren Kunden immer den gewünschten Vertriebskanal zur Verfügung stellen. Dennoch soll den Kunden über alle Kanäle eine durchgängige Serviceerfahrung geboten werden. Dazu ist eine einheitliche Sicht auf den Kunden über alle Kanäle notwendig.

Sowohl die Integration der Kanäle als auch eine durchgängige Kontakthistorie sind im derzeitigen CRM-System nicht verwirklicht, woraus verschiedene Ineffizienzen resultieren.

4.2 Ausgangssituation

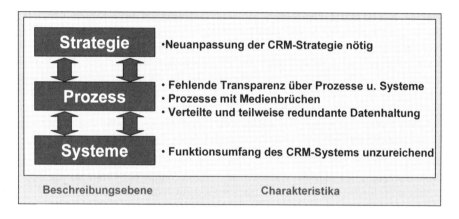

Abb. 4-2: Kurzcharakteristik der Ausgangssituation

4.2.1 Strategie

Die Helsana betreibt CRM im Vertriebsbereich in Form eines Kundenkontaktmanagement seit dem Jahr 2000. Dafür setzt sie das CRM-System „Vision" ein, das auf einem Standardprodukt der Firma Vision Consulting basiert, aber weitgehend an die Bedürfnisse des Krankenversicherungsgeschäfts angepasst wurde.

Das System dient in erster Linie der Erfassung von Kundenkontakten. Auslöser für die Systemeinführung war der Wunsch nach mehr Transparenz im Bereich der Kundeninteraktion. Beispielsweise konnte im nachhinein nicht festgestellt werden, welche Themen mit den jeweiligen Kunden bereits besprochen wurden und welche Mitarbeiter beteiligt waren.

In dem CRM-System erfassen die Vertriebsmitarbeiter eine Kontakthistorie je Kunde mit Angaben zum Gesprächsverlauf.

In Zukunft soll eine einheitliche Sicht auf den Kunden über alle Unternehmensbereiche mit Kundenkontakten vorhanden sein und die Idee des CRM unternehmensweit verankert werden. CRM bekommt dadurch einen höheren Stellenwert, was eine Anpassung der CRM Strategie nötig macht (s. Abb. 4-2).

4.2.2 Prozesse

Der CRM Gedanke spielt nicht nur auf strategischer Ebene eine Rolle, sondern muss auch in die Prozesse Eingang finden. Ein durchgängiger Prozessablauf vom Kampagnen- bis hin zum Leistungsmanagement ist wegen Medienbrüchen und dem beschränkten Funktionsumfang des CRM-Systems „Vision" allerdings nicht abbildbar.

Ausserdem ist eine vollständige Sicht auf den Kunden in einem System nicht vorhanden. Neben dem CRM-System „Vision" verwaltet das Host-System der Helsana die Stammdaten der Kunden und übermittelt diese an das CRM-System. Weitere Kundendaten werden je Abteilung in verschiedenen Systemen abgelegt. Im Kundenarchiv finden sich Belege der Abrechnungen der Kunden. Der Rechtsdienst verwaltet Kundendaten im Falle von Rechtshilfen. Der Betreibungsdienst hat eine eigene Kundenablage, wobei im Falle einer Betreibung (Mahnung) dieses auch im Host-System ersichtlich ist. Des weiteren werden Schadensfälle in einem eigenen System verwaltet. Die Suche oder der fehlende Zugriff auf notwendige Kundendaten verhindern häufig einen reibungslosen Prozessablauf.

Daraus resultiert, dass die Mitarbeiter für einen Prozessschritt auf eine Vielzahl an Systemen zugreifen müssen, was zum einen die Kenntnis des Umgangs mit diesen Systemen erfordert und für die Mitarbeiter zeitaufwändig ist.

4.2.3 Systeme

Zielsetzung bei der Einführung des CRM-Systems „Vision" war die Erfassung von Kundenkontaktdaten. Heute wird eine Erweiterung des Funktionsumfangs gewünscht. So unterstützt „Vision" derzeit keine Prozesse im Kampagnenmanagement.

Die Systemlandschaft der Helsana ist über die Zeit gewachsen und setzt sich aus einer Vielzahl von Einzelsystemen für bestimmte Unternehmensbereiche und Prozesse zusammen. Die Systeme sind über proprietäre Schnittstellen verbunden, deren Implementierung und Wartung kostenintensiv ist. Zudem sind nicht alle Systeme integriert, was wiederum zu Medienbrüchen im Prozessablauf führt.

4.2.4 Leidensdruck

Die beschriebene Situation ist aus mehreren, bereits dargestellten Gründen ineffizient:

- *Fehlende Gesamtsicht auf den Kunden:* Da nur im Bereich Vertrieb eine Kontakthistorie aufgebaut wird und jeder Bereich eine eigene Kundendatenverwaltung hat, ist trotz der Vielzahl von Systemen nirgends eine Gesamtsicht auf den Kunden möglich.

- *Keine durchgehenden Prozesse:* Es gibt keine durchgehenden Prozesse vom Kampagnenmanagement bis zur Schadensbearbeitung. Medienbrüche und Schnittstellen führen zu einem Mehraufwand in der Prozessbearbeitung und bei den IT-Kosten.

- *Redundante Datenerfassung:* Mutationen der Kundendaten werden im CRM-System erfasst und zusätzlich wird ein Auftrag zur Datenmutation im Host-System auslöst. Dort muss die Veränderung manuell eingegeben werden, was den Aufwand verdoppelt.

4.3 Projekt

Die geschilderten Herausforderungen führten im Jahr 2001 zu dem Projekt „Ausbau Vision". Zielsetzung des Projektes war der Aufbau einer vollständigen, unternehmensweiten elektronischen Kundenhistorie, um die Qualität der Interaktion mit den Kunden zu erhöhen. Ausserdem wurde die Reduktion der Redundanzen in der Datenhaltung und zukünftig die Vermeidung von Doppelerfassungen angestrebt. Des weiteren sollten Prozessabläufe zukünftig durchgängig sein und eine teilautomatisierte Prozessunterstützung (Workflow) sollte Prozesse effizienter gestalten (s. Abb. 4-3).

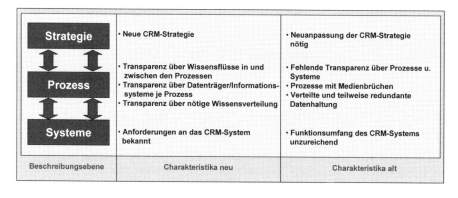

Abb. 4-3: Kurzcharakteristik der Zielsituation

Der erste Schritt des Projektes war die Analyse der Ist-Situation. Hierbei ging es um die Definition der einzelnen Prozesse sowie der von den Mitarbeitern jeweils benötigten Informationen und genutzten Informationssysteme. Auf diese Weise können Hinweise auf eine effizientere Informationsversorgung generiert werden. Dieses Teilprojekt wurde in Zusammenarbeit mit dem Institut für Wirtschaftsinformatik der Universität St. Gallen (IWI-HSG) durchgeführt. Die Helsana ist Forschungspartner im Kompetenzzentrum Customer Knowledge Management (CC CKM). An dem Projekt wirkten zwei Mitarbeiter des IWI-HSG und sechs Mitarbeiter der Helsana mit. Es wurde in Teilzeit über zwei Monate hinweg Anfang 2001 durchgeführt.

4.3.1 Ziele der Ist-Analyse „CRM-Initiativen – Kundenwissen in Prozessen"

Die Studie „CRM Initiativen – Kundenwissen in Prozessen" analysierte die Ist-Situation. Aufbauend auf dieser Analyse sollte ein Konzept zur funktionalen Erweiterung des Systems „Vision" erarbeitet werden.

Ziele der Studie im Einzelnen waren:

- Ermittlung des Wissensbedarfs der Mitarbeiter in den einzelnen Prozessschritten
- Ermittlung der Informationsbereitstellung durch Datenträger und Informationssysteme
- Mögliche Systemunterstützung bei der Informationsverteilung
- Ermittlung von Medienbrüchen

4.3.2 Durchführung der Ist-Analyse „CRM-Initiativen – Kundenwissen in Prozessen"

Das Gesamtprojekt wurde vom Bereich Marketing initiiert. Ausgangspunkt war eine neu definierte CRM-Strategie, die basierend auf einer unternehmensweiten Befragung von Entscheidungsträgern entwickelt wurde. Als Ziele für das CRM nannten die Befragten den Ausbau der Beratungskompetenz, eine intensive Kundenbetreuung und einen verstärkten Aufbau personalisierter Dienstleistungen. Die aktuelle und richtige Verfügbarkeit von Informationen spielt dabei eine wichtige Rolle. Der Ausbau des CRM-Systems sollte diese Ziele durch die jederzeit aktuelle Bereitstellung von Kundendaten unterstützen.

CRM-Prozesse zählen zu den wissensintensiven Prozessen. Diese weisen eine hohe Komplexität, einen hohen Wissensbedarf und typischerweise einen hohen Grad an Interaktion auf [Eppler et al. 1999]. Ineffizienzen im CRM entstehen vor allem dort, wo durch Medienbrüche die aktuelle und schnelle Bereitstellung von notwendigen Informationen erschwert oder sogar verhindert wird. Eine Hinterfragung der Effizienz des CRM bedarf nicht nur einer Untersuchung der Geschäftsprozesse, sondern auch deren Wissensflüsse (s. Abb. 4-4). Stehen bei den klassischen, operativen Geschäftsprozessen meistens die Abläufe im Vordergrund, so orientiert sich die Verbesserung von wissensintensiven Prozessen an der Wissensverarbeitung. Dabei durchläuft prozessorientiertes Wissensmanagement die Aktivitäten: ‚Wissen identifizieren‘, ‚Wissen generieren‘, ‚Wissen erfassen‘ und ‚Wissen verteilen‘ (vgl. [Newman/Conrad 2000], [Niessen et al. 2000]).

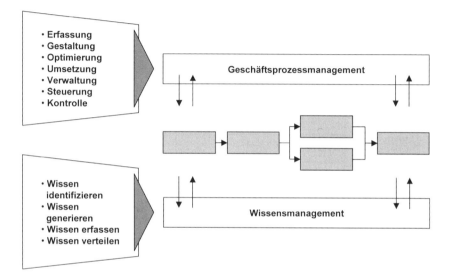

Abb. 4-4: Funktionsbereiche des Geschäftsprozessmanagement und des Wissensmanagement (in Anlehnung an [Nägele/Schreiner 2002])

Bei der Helsana musste zunächst der *Wissensbedarf* in den einzelnen Prozessschritten *identifiziert* werden, um anschliessend auf diesen Erkenntnissen aufbauend die *Neugestaltung* der *Wissensnutzung* und *Wissensverteilung* erarbeiten zu können.

Der Fokus der zu diesem Zweck initiierten Studie „CRM Initiativen – Kundenwissen in Prozessen" lag auf der Beantwortung der folgenden Fragen:

• Welchen Bedarf an Informationen haben die Mitarbeiter in den einzelnen Prozessschritten?

• Wo werden die benötigten Informationen generiert und wo werden diese abgelegt?

• Durch welche Systemunterstützung kann der vorhandene Informationsbedarf befriedigt werden?

• Wo treten bei der heutigen Bearbeitung Medienbrüche auf?

Zur Strukturierung der Problemstellung wurde eine Vorlage (s. Abb. 4-5) erstellt. Sie erfasst für einzelne Prozessschritte den aktuellen Wissensbedarf, die zugrundeliegenden IT-Systeme und Datenträger (wie Papier, Disketten u.ä.) sowie die Wissensflüsse und modelliert Soll-Wissensflüsse.

Prozess		Kampagnenentwicklung					
Mikro-Prozesse		**Eingehendes Wissen**	**Datenträger**		**Ausgehendes Wissen**	**Datenträger**	
			IST	**SOLL**		**IST**	**SOLL**
1	Idee / Auslöser untersuchen	Controlling-Daten	Papier	ERP-System	Ideenbewertung	Papier	DMS
		Marktfoschungs-daten	Papier	Intra-net			
		Planungsdaten	Papier				
		Produktdaten	Intranet				
2	Marktbe-arbeitung definieren	Leistungsdaten	Host/ DWH		Kampagnenplan	Papier	DMS
		Vertragsdaten	Host/ DWH				Intranet
		Empirische Marktdaten	Papier (extern)	Intra-net			
...	...	...	...	...	...	...	...

Abb. 4-5: Template zur Erfassung der Wissensflüsse
(veränderte Projektunterlagen Helsana)

Kritisch bei der Analyse war die Festlegung der Granularität der Prozesse. Wissensbedarfe und Wissensflüsse mussten sinnlogisch darstellbar sein, jedoch durfte durch einen zu hohen Detaillierungsgrad der Überblick nicht verloren gehen. Dieses Spannungsfeld wurde mittels einer Definition aufgabenspezifischer Rollen gelöst. Jeder untersuchte Prozessschritt wurde so weit zusammengefasst, dass er von einer Rolle, in den meisten Fällen einem Mitarbeiter, ausgeführt werden konnte.

Der aktuelle Wissensbedarf wurde im Rahmen von Expertengesprächen identifiziert. Neben der Erfassung der zugrundeliegenden IT-Systeme wurden auch die sonstigen Wissensträgern, wie Papier oder Expertenwissen, aufgenommen. Durch die Aufzeichnung der Wissensflüsse verdeutlichte sich die Verknüpfung der einzelnen Prozessschritte.

Gegenstand der Analyse war auch die Identifikation von potenziellem Wissen oder Informationen, die den Kunden oder Mitarbeitern zur Verfügung stehen sollten. Die meisten dieser Informationen waren im Unternehmen vorhanden, wurden aber aufgrund einer mangelnden Prozessintegration nicht genutzt.

Ebenso wichtig wie die Schaffung von Wissenstransparenz, war für das Projekt auch die Gestaltung der *Wissensnutzung bzw. Wissensverteilung*. Mitarbeitern im Kundenkontakt ist das aufbereitete Wissen zielgerichtet zur Verfügung zu stellen. Das ist grundsätzlich über drei Verfahren realisierbar [Gormley 1999]:

- *Regelbasierte-Systeme:* Der Wissensfluss wird über strukturierte Geschäftsregeln gesteuert.

- *Workflow:* Der Wissensfluss wird über strukturierte Geschäftsprozesse gesteuert.

- *Personalisierung:* Der Wissensfluss wird über Nutzerprofile gesteuert.

Überlegungen zur Wissensverteilung bei der Helsana beziehen alle drei Verfahren mit ein. Standardmässig soll das CRM-System Informationen aus der Kundenakte und die Kontakthistorie anzeigen. Cross-Selling-Empfehlungen, die von einer regelbasierten Software generiert werden, sollen den Absatz steigern. Standardisierte Prozesse werden zukünftig mittels eines Workflows und im Call-Center durch Scripting unterstützt. Ergänzende Informationen sollen in Abhängigkeit der Rolle des Mitarbeiters und des Prozesses angezeigt werden.

Ergebnis der Analyse war eine Darstellung der Prozesse, ihrer Zerlegung in Prozessschritte mit Angaben zu den jeweils benötigten Daten und den aktuell verwendeten Informationssystemen sowie den zukünftig möglicherweise einsetzbaren Datenträgern.

Es zeigte sich, dass eine Vielzahl von Medienbrüchen es den Mitarbeitern erschwerte, schnell notwendige Informationen zu bekommen. In einigen Fällen verhinderte dies eine weitere Verbesserung des Kundenservice, da wichtige Informationen für Mitarbeiter nicht einsehbar waren oder die Navigation durch verschiedene, nicht integrierte Systeme sehr viel Zeit in Anspruch nahm. Mitarbeiter im Kundendienst (Inbound-Call-Center) konnten beispielsweise keine Auskünfte über den genauen Bearbeitungsstand von Arztrechnungen geben.

Zudem mussten die Mitarbeiter mit einer Vielzahl unterschiedlicher Systeme umgehen. So benötigt der Prozess Marktbearbeitung dreizehn verschiedene Systeme und arbeitet mit fünf Kommunikationskanälen (s. Abb. 4-6).

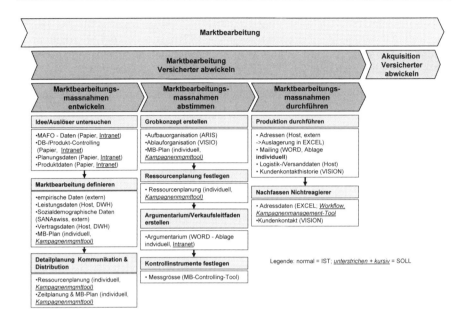

Abb. 4-6: Prozessschritte und Datenträger des Marktbearbeitungsprozesses
(veränderte Projektunterlagen der Helsana)

Aus den Ergebnissen abgeleitete Ausbauschritte für das CRM-System „Vision"
wurden in folgenden CRM-Initiativen zusammengefasst:

Initiative 1 befasste sich mit dem Aufbau und der Verfügbarmachung einer einheitlichen elektronischen Kundenakte. *Initiative 2* erarbeitete eine Prozessunterstützung am Arbeitsplatz mittels Workflow. *Initiative 3* widmete sich einer Pro-
fessionalisierung des Kampagnenmanagement (Zielgruppenselektion, Workflow-
unterstützung, Controlling) im aktiven Verkauf mittels Softwareunterstützung. *Initiative 4* sollte regelgestützte Cross-Selling-Empfehlungen für Vertriebsmitarbeiter
in das CRM-System integrieren. Und *Initiative 5* sollte die Berechnung und Abbildung des Kundenwertes nach Leistungs- und Prämienaspekten als Basis für
kundenindividuelle Produkte und Prämien ermöglichen.

Eine ausgebaute Version des CRM-Systems könnte über die in Abb. 4-7 dargestellten Komponenten verfügen.

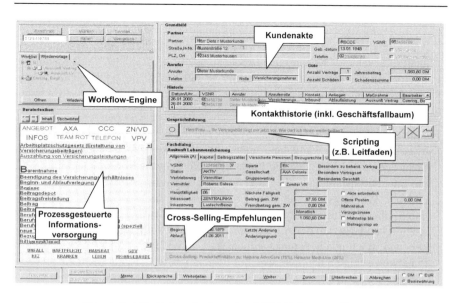

Abb. 4-7: Möglicher Ausbau der CRM-Software „Vision"
(Projektunterlagen Helsana)

4.3.3 Weitere Projektphasen

Der Studie „CRM-Initiativen – Kundenwissen in Prozessen" haben sich weitere Projektphasen angeschlossen. Auslöser waren Erkenntnisse aus der ersten Analyse der Ist-Situation, die einen Ausbau des bestehenden Systems „Vision" immer unwahrscheinlicher machten und die notwendige Auswahl eines neuen CRM-Systems in den Vordergrund rückten. Folgende Phasen wurden durchlaufen:

- *Studie „Effizienz- und Qualitätsverbesserung der Kundenbetreuungsprozesse":* Für diese zweite Analyse der Ist-Situation wurden Mitarbeiter mit häufigem Kundenkontakt befragt. Die Studie ergab, dass neben den bereits bestehenden Zielsetzungen auch eine Reduktion der teilweise redundanten Systeme angestrebt werden sollte. Die Mitarbeiter sollten zur Arbeitserleichterung und Senkung der Wartungskosten vermehrt mit einem System arbeiten.

- *Grobkonzept:* Nach Abschluss der Ist-Analysen wurde Ende 2001 darauf aufbauend ein Grobkonzept erstellt. Es enthielt verschiedene Szenarien zur Umsetzung der durch die Analysen ermittelten Anforderungen an das CRM-System. Die Überlegungen reichten vom Ausbau des bestehenden Systems bis hin zur Einführung eines neuen Tools. Es zeigte sich, dass das bestehende CRM-System „Vision" nur 31% der Anforderungen erfüllen könnte. Das Abwägen der Vor- und Nachteile brachte den Schluss, dass ein neues CRM-System ausgewählt werden müsste.

- *Anforderungsanalyse:* Nach einer Marktanalyse der in der Schweiz vertretenen Anbieter von Standardsoftware wurde an sechs Anbieter eine Anforderungsanalyse geschickt. Neben einer Abdeckung der erwünschten Funktionalitäten spielten auch Referenzlösungen in der Schweiz und die erfolgreiche Zusammenarbeit mit einem Systemintegrator eine wichtige Rolle bei der Entscheidung für einen der Anbieter.

Eine Bewertung der angebotenen Systeme führte die Helsana in Workshops mit Mitarbeitern der Fachabteilung und der IT-Abteilung durch. Dabei waren aus Sicht der Fachabteilungen die Funktionalitäten entscheidend, aus Sicht der IT die Integrationsfähigkeit, die zu erwartende Performance, der Konfigurations- und der Wartungsaufwand. Die Evaluation der technischen Aspekte wurde durch eine Variationsanalyse vertieft. Dabei werden die Systeme anhand der technischen Kriterien der Anforderungsanalyse bewertet, die je nach Dringlichkeit und Wichtigkeit unterschiedlich stark gewichtet wurden. Die erreichten Punktwerte zeigten deutlich, welches System aus technischer Sicht zu bevorzugen sei.

Folglich hat die genaue Analyse der Ist-Situation zu Beginn des Projektes „Ausbau Vision" statt zu einem Systemausbau zu einer Systemneuauswahl geführt und so aufwändige Nachbesserungen verhindert. Der nächste grosse Schritt des Projektes wird die Implementierung eines neuen CRM-Systems sein.

4.3.4 Kritische Erfolgsfaktoren

Kritische Erfolgfaktoren in diesem Projekt waren das systematische Vorgehen und die Ausrichtung an den Bedürfnissen der Systemnutzer. Die detaillierte Analyse des Wissensbedarfs, der Wissensflüsse und Datenträger hat die Ableitung der Anforderungen an ein CRM-System ermöglicht. So hat sich gezeigt, dass der bisher geplante Ausbau des bestehenden CRM-Systems „Vision" diesen Anforderungen nicht gerecht werden kann. Diese Erkenntnis führte schliesslich zu der Entscheidung für ein neues System, dessen Auswahl wiederum auf den durchgeführten Bedürfnisanalysen der Benutzer fusst.

Ein wichtiger Erfolgsfaktor im weiteren Verlauf des Projektes wird Change Management sein. Derzeit nutzen 700 Mitarbeiter in den Bereichen Marketing, Vertrieb, Intra- und Internet sowie der Risikoprüfung das CRM-System „Vision". Nochmals 300-700 Nutzer aus dem Betreibungs- und Leistungsbereich sollen hinzukommen, bevor das neue System eingeführt wird. So kann eine Verbreitung des CRM-Gedankens im Unternehmen und eine höhere Akzeptanz des neuen Systems erreicht werden. Die Gewährleistung eines erfolgreichen Change Management soll neben der Einführung des CRM-Systems „Vision" in weiteren Unternehmensbereichen durch die Erfahrungen des Teams, durch Unterstützung des Systemintegrators und den frühen Einbezug der Schulungsabteilung erreicht werden.

Ein weiterer Erfolgsfaktor ist die Festlegung einer klaren Strategie für das Projekt. Wichtig ist auch die Einbindung des Management und die Sicherung der finanziellen Ressourcen. Die Erfahrung hat auch gelehrt, keine Eigenentwicklungen mehr vorzunehmen, sondern Standardsoftware einzusetzen. Bei selbstentwickelten Systemen sind Weiterentwicklungen und Upgrades später sehr aufwändig.

4.4 Einordnung in den Kontext

In der CKM-Rahmenarchitektur zu Beginn dieses Artikels sind die Schwerpunkte dieser Fallstudie gekennzeichnet. Hauptsächlich geht es bei dem beschriebenen Projekt um eine effizientere Gestaltung der *Akquisitions- und Serviceprozesse* des Unternehmens. Dies soll mit Hilfe eines verbesserten Informationsaustauschs der Mitarbeiter durch die Wissensmanagement-Instrumente *Inhalt* und *Struktur* erreicht werden. Für die Identifikation der Schwachstellen in den Prozessabläufen der Ausgangssituation wurden die Wissensflüsse erfasst und eine effizientere Soll-Wissensverteilung entworfen. So wurden Anhaltspunkte für die Umgestaltung der Informationssysteme ermittelt und eine Grundlage für zukünftige Entscheidungen geschaffen.

4.4.1 Besonderheiten

Dieser Fall beschreibt ein Anwendungsbeispiel für CKM, also die Nutzung von Wissensmanagement zur effizienteren Gestaltung von CRM. Wissensmanagement wird in diesem Beispiel für die Planung der Neugestaltung eines CRM-Systems eingesetzt.

CRM-Prozesse sind wissensintensiv und die schnelle und aktuelle Informationsbereitstellung ist eine Kernaufgabe eines CRM-Systems. Somit ist eine blosse Überprüfung der Prozessabläufe zur effizienteren Gestaltung von CRM unzureichend, sondern es gilt auch die Wissenflüsse aufzunehmen und zu lenken. Der Artikel beschreibt eine Technik zur Erfassung und Modellierung von Wissensflüssen.

Im weiteren Verlauf des beschriebenen Projekts wurden aufeinander aufbauende Konzepte erstellt, die schrittweise eine Auswahlentscheidung für ein neues CRM-System herbeiführten. Die durchgeführte Analyse der Wissensflüsse ermöglichte Rückschlüsse auf die Anforderungen an das System und unterstützten so die Auswahl eines neuen Systems.

4.4.2 Erkenntnisse

Wichtige Erkenntnisse aus dieser Fallstudie sind:

- *Systematisches Vorgehen*: Durch aufeinander aufbauende Analysen und Konzepte kann gewährleistet werden, dass verfolgte Projektziele auch wirklich die bestehenden Ineffizienzen beseitigen. Dieser Beitrag zeigt die Notwendigkeit einer detaillierten Analyse der Ausgangssituation zur Identifikation der zu beseitigenden Schwachstellen. Nur so können Anforderungen an die Projektergebnisse definiert oder gegebenenfalls Projektziele neuen Erkenntnissen angepasst werden.

- *Herausforderungen bei der Erfassung und Gestaltung von Wissensflüssen*: Es ergeben sich zwei Herausforderungen. Zum einen ist das in den Prozessen vorhandene und benötigte Wissen zu identifizieren und zum anderen ist der Wissensaustausch kanalübergreifend zu lenken. Das verfolgte Ziel ist es, das Wissen, das in einem Prozessschritt entsteht, einem anderen Mitarbeiter in einem anderen Prozessschritt zugänglich zu machen [Wiig 1995]. Informationssysteme sollen so gestaltet sein, dass sie den Wissensbedarf möglichst effizient und effektiv abdecken. Das Fallbeispiel zeigt, dass benötigtes Wissen in Unternehmen häufig durch eine Vielzahl von historisch entstandenen Informationssystemen bereitgestellt wird. Auch verdeutlich es die Schwierigkeit, die gestellten Anforderungen der Wissensverteilung in einem System wiederzufinden.

- *Flexible Wissenssteuerung*: Die Wissenssteuerung sollte variabel gestaltet sein. Wissensintensive Prozesse zeichnen sich durch einen flexiblen, unplanbaren Wissensbedarf aus. Sie erzeugen darüber hinaus unterschiedliche, zum Modellierungszeitpunkt nur teilweise vorhersehbare Ereignisse und sind durch einen starken Wissenstransfer sowohl innerhalb als auch zwischen Geschäftsfällen eines Prozesses charakterisiert [Goesmann 2001].

5 Credit Suisse KFK – CRM als Koordinationsinstrument im operativen IT-Management

Henning Gebert, Hans-Rudolf Häni, Marc Bider

Einordnung in die CKM-Rahmenarchitektur

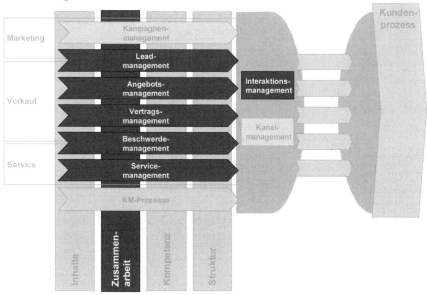

5.1 Unternehmen und Problemstellung

5.1.1 Credit Suisse Group

Die Credit Suisse Group (CSG) ist ein global tätiges Finanzdienstleistungsunternehmen mit Hauptsitz in Zürich (s. Abb. 5-1). Das Unternehmen operiert in zwei Geschäftseinheiten. Die *Credit Suisse Financial Services (CSFS)* bietet europäischen Retail-, Privat- und Firmenkunden unter den Marken *Credit Suisse* und *Winterthur* Investment- und Anlageprodukte, Vermögensverwaltung, Finanzberatung sowie Versicherungs- und Vorsorgelösungen an. Die Geschäftseinheit *Credit Suisse First Boston (CSFB)* gehört zu den fünf weltweit führenden globalen Investmentbanken. Die Credit Suisse Group ist ein globales Finanzdienstleistungsunternehmen mit einem umfassenden Angebot an Bank- und Versicherungsprodukten. Sie ist auf allen Kontinenten sowie in allen grösseren Finanzzentren vertreten. Die Credit Suisse Group beschäftigt weltweit rund 80'000 Mitarbeiter. Per 31. Dezember 2001 verwaltete sie Vermögen in der Höhe von CHF 1'425,5 Mrd.

CREDIT SUISSE GROUP	
Gründung	1856, Credit Suisse (CS)
Firmensitz	Zürich
Branche	Finanzdienstleistungen
Geschäftsfelder	Finanzberatung, Bankprodukte, Vorsorge- und Versicherungslösungen
Firmenstruktur	Holding mit vier Geschäftseinheiten: Financial Services, Private Banking, Asset Management, First Boston (Investment Banking)
Homepage	http://www.credit-suisse.ch
Bilanzsumme	2001: CHF 1'022 Mrd.
Operativer Gewinn	2001: CHF 1,587 Mrd.
Marktanteil (Schweiz)	20% Marktanteil am Firmenkunden-Geschäft 13% Marktanteil am Privatkunden-Geschäft
Mitarbeiter	Q3/2002: 80'437
Kunden (Schweiz)	2,6 Mio.

Abb. 5-1: Kurzportrait der Credit Suisse Group

5.1.2 Problemstellung

Die Geschäftseinheit CSFS ist das Resultat verschiedener Reorganisationen der europäischen Unternehmensteile der CSG zwischen 1998 und 2002. Sie besteht seit dem 01.01.2002 aus den vier ehemals eigenständigen Divisionen Private Banking, Corporate & Retail Banking Switzerland, Winterthur Life & Pensions und Winterthur Insurance. Im Rahmen der Restrukturierung entschied die Führung von CSFS, die bisher divisionsbezogene, dezentrale Informationstechnik (IT) sukzessive in eine zentrale Organisationseinheit ‚Technology & Operation' (TOP) zusammenzufassen.

Neben den erwarteten Kosteneinsparungen durch Zentralisierung und Standardisierung [Tavakolian 1989] änderte CSFS mit der Konsolidierung auch die strategische Ausrichtung der IT. Waren deren Aufgaben bisher an der Beschleunigung und Skalierung von wertschöpfenden Geschäftsprozessen, z.b. bei Kreditvergaben oder im Aktienhandel ausgerichtet, bewiesen die neuen Entwicklungen des eBusiness, z.b. des Online-Banking und der automatische Kreditvergabe, dass Technology & Operation (TOP) eigene Wertschöpfung durch umfassende Prozessveränderungen und Automatisierung erzielen konnte. Die Rolle der IT in der Finanzdienstleistung wandelte sich von der Wertschöpfungsunterstützung zum gleichberechtigten *Partner* in der Wertschöpfungskette [Bakos/Treacy 1986].

Die neue Rolle erhöhte den Kommunikationsbedarf zwischen TOP und den Divisionen. Die IT erhielt mehr Mitspracherechte bei fachlichen Entscheidungen, übernahm jedoch im Gegenzug mehr Verantwortung bei der Übertragung der fachlichen Anforderungen in technische Systeme.

Das parallele Forcieren der Zentralisierung der Informationstechnik und die Modifikation der strategischen Ausrichtung erwiesen sich als Herausforderung und Chance für das Reorganisationsteam. Durch die Zentralisierung der IT in TOP wurde ein wesentlicher Treiber der bisherigen Applikationsentwicklung und -pflege geschwächt: Das implizite Wissen und Können der Arbeitsgruppen, welches sich in den langjährigen, personengebundenen Beziehungen zwischen Mitarbeitern der Divisionen und den lokalen IT-Abteilungen gebildet hatte [Wenger 1997], ging durch deren Trennung in Teilen verloren. Die neue Organisationsstruktur überführte die dezentralen und schwer zu beeinflussenden Arbeitsgruppen in Strukturen der Regelorganisation. Dies ermöglichte dem TOP-Management diese Treiber der Wertschöpfung in Zukunft direkt zu unterstützen und zu führen.

Diese Transformation war nicht ohne Risiko. Das Reorganisationsteam erkannte frühzeitig, dass in der Übergangsphase organisatorische Verwerfungen entstehen könnten. Vor allem im operativen Betrieb würden fehlende persönliche Beziehungen und Konflikte zwischen dem Anspruch der Divisionen und dem Selbstverständnis des IT-Dienstleisters die Wertschöpfung negativ beeinflussen.

5.2 Ausgangssituation

Die Reorganisation zeigte im ersten Halbjahr 2000 bereits Wirkung auf die in der Konsolidierung befindliche IT. In ihrer operativen Zusammenarbeit mit den z.T. noch unabhängigen Divisionen prägte sie aber immer noch die traditionelle strategische Ausrichtung (s. Abb. 5-2).

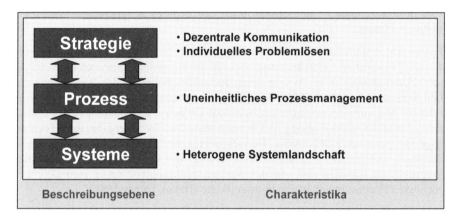

Abb. 5-2: Kurzcharakteristika operatives Management IT (alt)

5.2.1 Strategie

Operative Herausforderungen wurden traditionell zwischen der Fachabteilung und den zugehörigen IT-Einheiten bewältigt. Dabei fokussierten sich die Mitarbeitenden der IT auf die technische Problemlösung. Die Behebung von fachlichen und organisatorischen Defiziten stand in der Verantwortung der Fachabteilung, wurde jedoch nach Möglichkeit durch die IT unterstützt.

Das Kommunikationssystem unterstützte die Strategie der individuellen Problemlösung. Die jeweils Verantwortlichen und Beteiligten kannten sich durch jahrelange Zusammenarbeit und konnten durch direkte Kommunikation auf Problemstellungen schnell und gezielt reagieren. Die bestehende Vertrauensbasis und die verfügbare individuelle Fachkompetenz innerhalb der informellen Arbeitsgruppe bestimmten in erheblichem Masse die Leistungsfähigkeit der operativen Problemlösung.

5.2.2 Prozesse

Auf der Basis individueller Problemlösung bildeten sich in jeder Gruppe eigene Prozessstrukturen heraus. Diese waren jedoch, wie auch die Problemlösung, weitgehend informeller Natur. Operative Problemlösungsprozesse waren nicht expliziert oder standardisiert.

5.2.3 Systeme

Die langjährige Dominanz der Fachabteilungen und deren individuelle Anforderungen resultierten in einer sehr heterogenen Systemlandschaft. Für viele Aufgaben kamen schon innerhalb einer Division mehrere Systemlösungen zum Einsatz. Selbst für nicht fachbezogene Applikationen, wie z.B. eMail, wurden in den einzelnen Divisionen unterschiedliche Systeme verwendet.

5.2.4 Leidensdruck

Die fortschreitende Konsolidierung von TOP und die Umsetzung der neuen strategischen Aufgaben führten zu den befürchteten Verwerfungen im bestehenden operativen Organisationsgefüge:

- Immer wenn durch die Reorganisation eine bestehende informelle Arbeitgruppe zerrissen wurde, schwächte dies die operative Problemlösungsfähigkeit für unterstützte Systeme und Applikationen. Die Vertreter der Fachabteilungen sahen sich plötzlich mehreren, unbekannten Partnern der konsolidierten TOP gegenüber, deren Aufgabengebiete noch nicht vollständig abgesteckt waren. Auch bei hoher Dringlichkeit verzögerte dies in einigen Fällen die Behebung von operativen Problemstellungen. Fachabteilungen konnten die zuständige Stelle in der neuen TOP-Organisation, die mittlerweile mehr als 5'000 Personen umfasste, nicht zeitnah identifizieren. In einigen Fällen empfanden die fachseitig Verantwortlichen den aus ihrer Sicht unnötigen Wechsel des Ansprechpartners als nicht zumutbar und entzogen den neuen IT-Partnern das Vertrauen.

- Die Zahl der Eskalationen operativer IT-Problemstellungen stieg an. Aufgrund des Fehlens dedizierter Ansprechpartner kontaktierten die verantwortlichen Manager der Divisionen i.d.R. ihr Gegenüber in der TOP-Organisation. Das aufgrund der Reorganisation bereits stark geforderte TOP-Management wurde durch die operativen Anfragen zusätzlich belastet.

- Auch die strategische Neuausrichtung der Beziehungen zwischen TOP und den Divisionen erzeugte Reibungspunkte. Als wertschöpfungsverantwortliche Einheit wollte TOP die Potenziale von Systemstandardisierungen nutzen. Dies rief in den Divisionen Befürchtungen einer Verminderung von Qualität und Flexibilität der IT-Lösungen hervor. Gleichzeitig forderten die Divisionen eine Kontrolle des durch eCommerce-Investitionen angestiegenen IT-Budgets.

5.3 Projekt KFK

Um großflächige und teure Verwerfungen schnell auszuräumen, wurde innerhalb von TOP die *IT-CRM-Einheit „KFK*[1]*"* geschaffen, die als Mediator und operativer Problemlöser zwischen TOP und den Divisionen wirkt. Der Aufbau einer eigenen Abteilung für die Koordination der Beziehungen zwischen TOP und den Divisionen von CSFS wurde schon 1998 im Rahmen der Vorbereitung der Reorganisation geplant. Der Aufbau und die Funktionen der neuen Abteilung waren jedoch stark von der neuen Struktur von CSFS abhängig. Die Gründung der später unter dem Namen „KFK" in die TOP-Organisation eingegliederten Abteilung erfolgte im April 2000. Das TOP-Führungsgremium übertrug dem Bereich KFK ursprünglich die Verantwortung für drei Prozesse:

- KFK war verantwortlich für die *Überwachung der auf Informationstechnik bezogenen Service Level zwischen den Divisionen und TOP.* Obwohl die IT-CRM-Einheit einen Teil der TOP-Organisationsstruktur bildete, waren die Mitarbeitenden in erster Linie den IT-Vertretern der Divisionen verpflichtet. Sie sollte Anliegen der Divisionen direkt an relevante Stellen in TOP übermitteln. Die Kommunikation zwischen den Divisionen und KFK erfolgte über Relationshipmanager, die jederzeit für das Management der jeweiligen Division erreichbar waren. Diese fungierten im Falle von Konflikten zwischen TOP und den Divisionen als neutrale Moderatoren und Schlichter.

- Die engen Beziehungen zu den Divisionen ermöglichten KFK *die Analyse, Koordination und Konsolidierung von Kundenanforderungen aus den Divisionen* und deren konsolidierte Weitergabe an die zuständigen Stellen im TOP-Management.

- KFK wurde zudem mit dem Aufbau einer neutralen Plattform zur *Erhebung und Kommunikation der Kundenzufriedenheit* der Divisionen mit den Leistungen von TOP beauftragt.

Mit der Unterstützung des Instituts für Wirtschaftsinformatik der Universität St. Gallen (IWI-HSG), welche die Entwicklung von KFK in den Jahren 2000 bis 2002 kontinuierlich begleiten sollte, entwickelten die ersten drei Mitarbeitenden der IT-CRM-Einheit ein Konzept zur Operationalisierung der vom Management festgelegten Zielsetzungen. Nach einer Analyse möglicher Strategien kam die Projektgruppe zu der Überzeugung, dass die Aufgaben von KFK mit denen von Vertriebsabteilungen mit komplexen Produkten vergleichbar waren. Durch die Verwendung von in diesen Bereichen verwendeten Modellen und Methoden des Kundenbeziehungsmanagement ('Customer Relationship Management': CRM) des IWI-HSG und der Firma Siebel konnten die Vorgaben des Management in wenigen Wochen in ein operatives Konzept für KFK umgesetzt werden.

---

[1] Die Abkürzung „KFK" bildet kein Akronym.

Der Verabschiedung des Konzepts durch das TOP-Management folgte die Aufbauphase der Abteilung KFK. Da sich die neue Einheit ausschliesslich über ihre Prozesse definierte, konnten die Rollen und Verantwortlichkeiten der Mitarbeitenden direkt aus dem Konzept abgeleitet werden. Das Projektteam entschied sich für zwei Rollenprofile. ,Relationship Manager' übernehmen die Key Accounts (Aufbau und Pflege langfristiger Beziehungen zu Personen mit Schlüsselpositionen bei Kunden) bei den Divisionen. Sie sind für die Einhaltung der Service Level Agreements (Verträge, welche die Art und Güte der von TOP an die Divisionen zu erbringenden Leistungen definieren) zuständig und unterstützen die Konsolidierung von Kundenanforderungen. Relationship Manager werden bei ihrer Arbeit durch CRM-Spezialisten unterstützt. Neben der Ausführung von Back Office Tätigkeiten, z.B. Kommunikation mit den Divisionen und Adressmanagement, sind sie für die Erstellung, Durchführung und Auswertung der Kundenzufriedenheitsanalyse verantwortlich.

Die erste Ausbaustufe sah eine Erweiterung des KFK von zwei auf acht Personen bis zum März 2001 vor. Zu diesem Zeitpunkt sollte KFK über vier Relationship Manager und vier CRM Spezialisten verfügen. Vor allem bei der Besetzung der Relationship Manager wurde mit grosser Sorgfalt vorgegangen. Alle Positionen sollten mit internen Kandidaten besetzt werden, die entsprechende Erfahrungen im Bereich der IT und bei den zu betreuenden Divisionen vorweisen konnten.

Die Aufgabengebiete von KFK wurden während des Aufbaus erweitert.

Die Betreuung der Divisionen wurde durch den sog. *VIP-Service* ergänzt. Dieser bot dem TOP-Management der CSFS – in vereinzelten Fällen über die Grenzen von CSFS hinaus - hochrangigen Führungskräften der CS Dienstleistungen rund um die persönliche IT an. Der Service basierte auf einem eigenen HelpDesk, welcher von den CRM-Spezialisten besetzt wurde. Aufgrund der direkten Kontakte zu allen benötigten Stellen konnten Serviceanfragen des TOP Management der Divisionen in kürzester Zeit beantwortet werden. Diese Dienstleistung verschaffte KFK eine hohe Sichtbarkeit in den unterstützten Bereichen.

Das Management ergänzte KFK Mitte des Jahres 2001 um die *interne Öffentlichkeitsarbeit von TOP*. Neben TOP-internen Publikationen umfasste dieser Bereich auch die Intranet-Präsenz. Durch die Konzentration der internen Informationsflüsse in der Nähe der Kundenschnittstelle wurden Synergieeffekte bei der Aussendarstellung von TOP gegenüber den Divisionen erreicht. Die Öffentlichkeitsarbeit profitierte von der neutralen Aussenwirkung des KFK-Relationship Management und der CRM-Basisdienste, wie z.B. der Kundenzufriedenheitsumfrage. Diese profitierten durch den direkten und zeitnahen Zugriff auf aktuelle und wichtige Informationen der Öffentlichkeitsarbeit.

Während des Aufbaus musste sich die neue IT-CRM-Einheit einigen Herausforderungen stellen. Vor allem die Besetzung der Relationship Manager und CRM-Spezialisten erwies sich als sehr zeitaufwändig. Die gesuchten Personen benötigten einschlägige IT-Erfahrung im Umfeld der TOP-Vorgängerorganisationen. Gleichzeitig sollten sie bereits über gute Kontakte zu den Divisionen verfügen. Das Personalprofil beschränkte die Suche auf erfahrene CSFS-Mitarbeitende, deren Abwerbung die Führungen der betroffenen Einheiten in TOP und den Divisionen nur begrenztes Verständnis entgegenbrachten.

Die knappe Personalsituation innerhalb von KFK wurde durch den organisatorischen Status weiter angespannt. Die zeitnah zu erledigenden operativen Aufgaben banden häufig alle Kapazitäten der IT-CRM-Einheit. Gleichzeitig musste KFK die durch die TOP-Führung gestellten Projektanforderungen erfüllen. Die Abteilung reagierte durch ein sehr flexibles Personalmanagement. Alle Mitarbeitenden waren in der Lage, im Notfall direkt Aufgaben und offene Positionen von Kollegen zu übernehmen. Dabei wurde sehr darauf geachtet, dass das einheitliche Auftreten gegenüber Kunden nicht beeinträchtigt wurde.

Der besondere Erfolg der Relationship Manager stellte KFK im Jahr 2002 vor eine neue Herausforderung. Mit der Entscheidung der Credit Suisse Group, TOP-Services auch an Unternehmen ausserhalb von CSFS anzubieten, waren Personen mit Key Account Erfahrung und IT Wissen innerhalb von TOP sehr gefragt. Die Relationship Manager von KFK wurden zunehmend in Projekte mit externen Unternehmen eingebunden. Der Bereich des Internal Relationship Management wurde durch den Bereich des ‚External Relationship Management' ergänzt.

Die Leistung von KFK lässt sich auf wesentliche Erfolgsfaktoren zurückführen:

- *Eine auf Vertrauen basierende, professionelle Kundenbeziehung:* Kundenbeziehungsmanagement ist ein personenbezogenes Geschäft. Die Zusammenarbeit zwischen den Divisionen, KFK und TOP zeichnet sich durch starkes, gegenseitiges Vertrauen aus. KFK respektiert die Fachkompetenzen von TOP-Kollegen und den Divisionen und bieten ihnen langfristiges, transparente Vereinbarungen an.

- *Interne Flexibilität:* Das Management von TOP beschränkte sich auf die Definition der von KFK zu erfüllenden Aufgaben. Die Schaffung der notwendigen Struktur wurde von Beginn an der IT-CRM-Einheit überlassen. Diese Freiheit ermöglichte den Mitarbeitenden sich schnell auf neue Kundenanforderungen und die Auswirkungen von Restrukturierungen einzustellen.

- *Vollständige Prozessorientierung:* Die vollständige Prozessorientierung der internen Struktur bildet die Basis für die flexible Leistungserbringung. Dabei ersetzt die gemeinsame Prozessverantwortung unterschiedlicher Rolleninhaber die enge Aufgabenbegrenzung herkömmlicher Organisationseinheiten.

5.4   KFK im Jahr 2002

Die Arbeit von KFK ermöglichte es TOP, die Auswirkungen der Reorganisation auf den operativen Bereich erheblich einzudämmen (s. Abb. 5-3). KFK wirkt durch seine Arbeit zudem als beständiger Vorreiter eines kundenorientierten Servicegedankens. Durch die akzeptierte neutrale Position der Abteilung können die KFK-Mitarbeitenden konstruktiv zur Umgestaltung der bestehenden Infrastruktur beitragen.

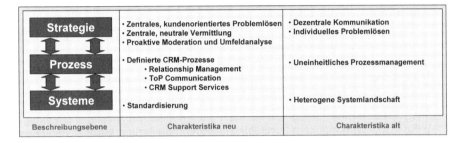

Abb. 5-3: Kurzcharakteristika operatives Management IT (neu)

5.4.1 Strategie

KFK bietet Dienstleistungen in drei Bereichen an. Das Relationship Management ist in erster Linie für die zeitnahe Lösung von operativen Problemen der Divisionen zuständig und vertritt deren Anliegen auch in verschiedenen TOP-internen Arbeitskreisen. Die Aufgabe des Bereichs TOP-Communications (Öffentlichkeitsarbeit) besteht in einer einheitlichen und zielgerichteten Darstellung von TOP gegenüber den Divisionen. Der Bereich CRM Support Services (Kundenzufriedenheitsumfrage und VIP-Service) analysiert im Auftrag von TOP kontinuierlich und proaktiv Anforderungen der Fachseite und bietet als Teil des TOP-Servicebereichs führenden Managern aller Divisionen im Falle individueller IT-Probleme schnell Unterstützung. KFK leitet seine strategische Ausrichtung aus folgenden Zielsetzungen ab:

- In vielen Fällen ist die Ursache einer Kundenanfrage nicht direkt oder nur zu einem Teil ersichtlich. Dies gilt vor allem für die Bereiche Relationship Management, Kundenumfrage und VIP-Services. Bei der Leistungserbringung orientiert sich KFK daher immer an den Anforderungen der Kunden (Kundenprozess) im Gesamtzusammenhang. Mitarbeitende von KFK agieren im Rahmen eines Kundenauftrages gegenüber anderen Mitarbeitenden von Technology & Operations (TOP) mit den Rechten des Kunden und können bei Bedarf Anforderungen stellen und durchsetzen.

- Obwohl KFK der TOP-Organisation angehört, vertritt die Abteilung in erster Linie die Anforderungen und Interessen der Kunden. Sie übernimmt Beschwerden und Anforderungen der Divisionen und bemüht sich in Zusammenarbeit mit anderen TOP-Einheiten um eine zeitnahe und umfassende Lösung von Konflikten und Engpässen mit Auswirkungen auf das operative oder strategische Geschäft der Divisionen. Ein typischer Auftrag von KFK beginnt mit einer Beschwerde aus einer Division. Beispielsweise beschwerte sich ein Manager über die Verzögerungen in der Auslieferung eines neuen Installationspakets für die Desktops seiner Mitarbeiter. Die bestehenden Installationen enthielten nicht mehr alle benötigten Applikationen und wiesen z.T. veraltete Programmversionen auf. Eine neue Installation wurde von der zuständigen TOP-Abteilung mit dem Hinweis auf unzureichende Kapazitäten und fehlenden Informationen zur Entwicklung des neuen Pakets abgelehnt. KFK begann zu vermitteln und erreichte nach wenigen Tagen den erfolgreichen Abschluss der Umstellung. Viele Relationship Management Aufgaben sind mit Spannungen und Konflikten belastet, die KFK durch die Strategie des offenen Moderators entschärft:

KFK bleibt im Rahmen einer Schlichtung oder einer Dienstleistung immer *offen gegenüber allen beteiligten Parteien*. KFK vertritt die Interessen der Divisionen, sofern durch die Handlungen keine Rechte Dritter berührt werden. Im Falle einer Schlichtung zwischen den Divisionen und TOP übernimmt KFK die Rolle *des neutralen Auditors und des konstruktiven Problemlösers*.

KFK benötigt zur Erfüllung seiner Aufgaben Mitarbeiter, die bereits persönliche Beziehungen zu den von ihnen betreuten Divisionen aufweisen. Die Leistungsfähigkeit der CRM-Einheit wird wesentlich durch die Kompetenzen, Ressourcen und der Bekanntheit der CRM-Mitarbeiter geprägt. Bei der Kommunikation mit dem Management der Divisionen und TOP achtet KFK auf das *Senioritätsprinzip*. KFK kommuniziert und handelt ausschliesslich im Rahmen bestehender Aufträge und bietet den involvierten Personen kompetente und in der Zusammenarbeit zwischen IT und Divisionen erfahrene Ansprechpartner an, die auf der Ebene der Kunden kommunizieren und handeln können.

- Im Rahmen aller Aktivitäten analysiert KFK kontinuierlich die Bedürfnisse und Anforderungen der Divisionen. Neben der beständigen eigenen Leistungskontrolle werden Informationen dieser proaktiven Umfeldanalyse an TOP-Einheiten zur Auswertung und Verfolgung weitergeleitet. Im Auftrag der Division oder auf Wunsch von TOP übernimmt KFK in den anschliessenden Planungen und Realisierungen eine Vermittlerrolle.

Alle Zielsetzungen messen sich an der Zufriedenheit der Kunden resp. Divisionen mit der gebotenen IT-Unterstützung. Als Messinstrument wird eine Balanced Scorecard eingesetzt.

5.4.2 Prozesse

KFK ist vollständig prozessorientiert strukturiert. Zur Erreichung der im Strate-
giebereich beschriebenen Zielsetzungen organisiert sich KFK in sechs Prozessbe-
reiche mit insgesamt zwanzig Einzelprozessen (s. Abb. 5-4).

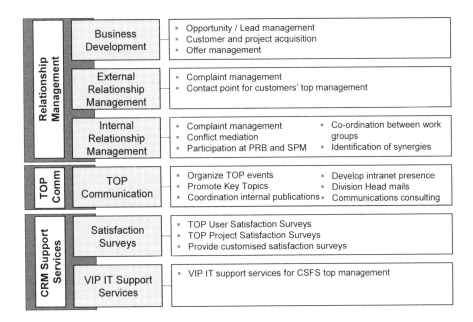

Abb. 5-4: Prozesslandkarte KFK

Die Prozessbeschreibungen von KFK spiegeln die stark an Personen ausgerichtete
Strategie der Abteilung wider. Die Einzelprozesse sind in Form von kommentier-
ten Aufgabenkettendiagrammen beschrieben. Sie wurden von vorneherein mit
dem Ziel konzipiert, den Mitarbeitenden als Leitfaden und Referenz im Rahmen
ihrer Aufgabenerfüllung zu dienen. Zur Begrenzung des Pflegeaufwands und der
Steigerung des Nutzwertes konzentrieren sich die Prozessdefinitionen auf das
notwendige Minimum. Viele Zusatzinformationen werden von den Mitarbeitenden
auf Basis mündlicher Absprachen gehandhabt.

Der Bereich ‚Business Development' beschreibt die Vorgehensweise bei der
Analyse und Nutzung von Geschäftsgelegenheiten. Potenzielle Handlungsfelder
werden in Geschäftsgelegenheiten (Opportunities) und geschäftlich interessante
Kontakte (Leads) unterteilt. Während eine Geschäftsgelegenheit durch Mitarbeitende von KFK genutzt werden kann, sind interessante Kundenkontakte für
Mitarbeitende anderer TOP-Einheiten interessant. Die Prozessbeschreibungen
spiegeln diese Dualität wider. Während das ‚Lead Management' ein
standardisiertes Verfahren zur effizienten Aufnahmen, Qualifizierung und Weiterleitung von Kundenkontakten beschreibt [Griggs 1997], konzentriert sich das
‚Opportunity Management' auf die Definition einfacher Regeln, welche den

Mitarbeitenden von KFK als Leitlinien für die Nutzung von Geschäfts-gelegenheiten dienen [Eisenhardt/Sull 2001]. Die Prozesse Kunden- und Projekt-aquisition (Customer and Project Aquisition) und Angebotsmanagement (Offer Management) bilden das Rahmenwerk zur Aufnahme, Verwaltung und Pflege neuer Kunden und deren Aufträge [Galvin 2001]. Für beide Prozesse existieren Varianten für das Management interner und externer Kunden.

Das externe Kundenbeziehungsmanagement (External Relationship Management) beschreibt die Leistungserbringung im Rahmen von Serviceverträgen mit externen Unternehmen. Der Prozess Beschwerdemanagement (Complaint Management) standardisiert das Vorgehen bei der Aufnahme, Bearbeitung und dem Abschluss von Anfragen und Beschwerden. Das Kontaktmanagement (Contact Point Mana-gement) bietet KFK Mitarbeitenden ein einfaches Regelwerk mit grundlegenden Aufgaben im Umgang mit dem Top Management der externen Partner.

Das interne Kundenbeziehungsmanagement (Internal Relationship Management) ergänzt und modifiziert die Prozesse des externen Kundenbeziehungsmanage-ments um Aufgaben in Zusammenarbeit mit den Divisionen. Für den wichtigen Prozess Konfliktmanagement (Conflict Mediation) werden sowohl Vorgehenswei-sen als auch Regeln beschrieben, die Mitarbeitende bei der Lösung bestehender operativer Konflikte unterstützen. Neben den Prozessen, welche Aufgaben und Rechte von KFK im Rahmen periodischer Arbeitskreise festlegen, bietet der Pro-zess Synergieidentifikation (Identification of Synergies) Unterstützung bei der Identifikation und Analyse von Standardisierungspotenzialen innerhalb der CSFS IT-Landschaft.

Der Bereich ‚TOP-Communications' umfasst alle Prozesse, die im Rahmen der Öffentlichkeitsarbeit von TOP eine Rolle spielen. Diese Prozesse wurden von KFK bei der Integration der Öffentlichkeitsarbeit weitestgehend unverändert aus der Vorgängerorganisation übernommen. Der Bereich ist verantwortlich für die Organisation von ‚TOP Management Events' und vergleichbaren Veranstaltungen. Er stellt Informationen zu ‚Key Topics, (z.B. neue Kommunikationskanäle, Orga-nisationsänderung etc.) bereit, offeriert professionellen Rat bei Anfragen von In-formationen und schlägt die Brücke zu den geeigneten Informations-Kanälen.

Die Prozesse im Bereich Kundenzufriedenheitsumfrage (Satisfaction Surveys) de-finieren das Anbieten, die Erstellung, Durchführung und Auswertung von Umfra-gen. KFK bietet im Bereich der Informationstechnik Standardumfragen, erstellt aber auf Wunsch auch spezifische Fragebögen. Aufgrund der Mehrsprachigkeit der Schweiz bietet KFK Umfragen standardmässig in den Sprachen Deutsch, Französisch und Italienisch an.

Der Prozessbereich ‚VIP-Support' beinhaltet den gleichnamigen Einzelprozess. Da zur zeitnahen Lösung von Hard- und Softwareproblemen oft mehr als zwei Stellen involviert werden müssen, konzentriert sich der Einzelprozess ‚VIP-Support' nicht nur auf die Standardisierung der Koordination zwischen unter-schiedlichen Dienstleistern. Die VIP Supporter haben einen sehr hohen techni-schen Wissenstand und sind in der Lage, komplexe Probleme rasch und selbstän-dig zu lösen. Die Bereitschaft zu Einsätzen rund um die Uhr wird vorausgesetzt.

5.4.3 Systeme

KFK unterstützt als IT-CRM-Einheit über den Prozess Synergieidentifikation aktiv die Konsolidierung und Standardisierung der CSFS Infrastruktur. Da diese Identifikation jedoch primär in operativen Bereichen durchgeführt wird, ist die erzielbare Unterstützung der strategischen Ausrichtung Standardisierung begrenzt.

Im Rahmen seiner Aufgaben nutzt KFK die von TOP zur Verfügung gestellten Standardapplikationen. Spezifische Lösungen werden derzeit nicht benötigt.

5.4.4 Wirtschaftlichkeitsbetrachtung

Als strategisches Teilprojekt im Rahmen der IT-Reorganisation benötigte das Projekt KFK keine eigenständige Wirtschaftlichkeitsrechnung. Der Gründungsauftrag enthielt jedoch bereits die Anforderung, das die neue IT-CRM-Einheit die Wirkung ihrer Arbeit organisatorisch und finanziell nachweisen können muss.

Zur Kontrolle der eigenen Aktivitäten wurden in jeden KFK-Prozess Messpunkte eingefügt. Diese müssen zwei Kriterien erfüllen:

- Ihr Ergebnis muss eine für die Kontrolle des Prozesses relevante Grösse sein, z.B. die Anzahl der bearbeiteten Beschwerden, die zeitliche Belastung der Mitarbeitenden durch den Prozess Konfliktmanagement pro Monat oder das Verhältnis von erfolgreichen Offerten zu abgegebenen Offerten.

- Die Erhebung der Messgrössen darf die eigentliche Prozessdurchführung nicht belasten. Im Idealfall wird das benötigte Ergebnis im Prozessdurchlauf automatisch erzeugt. Ist dies nicht der Fall, muss der zusätzliche Erhebungsaufwand im Verhältnis zu den Prozesskosten stehen und die Erhebung darf die Motivation der Mitarbeitenden nicht beeinträchtigen.

Zur Konsolidierung und Darstellung der Messpunkte verwendet KFK eine Balanced Scorecard mit den vier klassischen Dimensionen Lern- und Entwicklungsperspektive, Geschäftsprozessperspektive, Kundenperspektive und Finanzwirtschaftliche Perspektive [Kaplan/Norton 1992]. Die Messungen werden in Microsoft Excel verwaltet und zum Ende jedes Quartals konsolidiert. Die KFK Balanced Scorecard umfasst 31 Messgrössen. Abb. 5-5 zeigt Ausschnitte aus Messgrössen der einzelnen Perspektiven.

Die Abteilung KFK hat zum Ende des Jahres 2002 zwölf Mitarbeitende und ein Budget von CHF 3 Mio.

Durch die Ergebnisse der Balanced Scorecard und das offene Messsystem kann KFK seine Leistungen jederzeit transparent und übersichtlich darstellen. Die CRM-Einheit kann dadurch ihre Position innerhalb der Wertschöpfungsketten von TOP und den Divisionen nachweisen.

Report	Input von	OE (Instr) (1)	Themen (2)	Perspektiven (3)	Messgrösse (4)	Zielwert (5)		
						Grüner Bereich	Gelber Bereich	Roter Bereich
People: Lern- und Entwicklungsperspektive								
GLR	KFC	Alle	Mitarbeiter- Zufriedenheit	Human Resources	Zufriedenheitsrate in Prozentpunkten ermittelt durch Umfrage	≥ 70 Pt.	65-69 Pt.	≤ 64 Pt.
GLR	KFC	Alle	Sollstellen	Human Resources	Delta Soll - Ist (pro Departement) nach LE Aufbauplan	+/- 5%	+/- 6 bis 9%	≥ 10%
GLR	KFC	Alle	Fluktuation	Human Resources	(Anzahl Austritte / durchschnittliche Beschäftigungszahl) pro Kategorie	≤ 10%	11-15%	≥ 16%
Performance: Geschäftsprozessperspektive								
GLR	KFK	KFK	Realisierungskonzept für Relationship-Management	Process	Konzept erstellt und vollständig implementiert	Kritische Meilensteine (tbd) gemäss Implementierungsplan erfüllt und per 31.12.01 Funktion implementiert	Kritische Meilensteine nicht planmässig erfüllt, so dass Einführung am 31.12.01 gefährdet ist	Kritische Meilensteine nicht planmässig erfüllt, so dass Einführung am 31.12.01 gefährdet ist
GLR	KFK	Alle	Problemmanagement	Process	Auswahl 'gravierend' klassierter Probleme (noch zu definieren: 'gravierend': z. B. betroffene Personen intern oder Kostenfall oder extern Geschäftsruf schädigend)	0 Probleme pro Jahr und Ressort	1 Problem pro Jahr und Ressort	2 Probleme pro Jahr und Ressort
GLR	KFK	KFK	Kundenzufriedenheitsumfragen	Process	Zeitgerechter Versand der IT-Userzufriedenheitsumfrage	IT-User Mitte Mai und Mitte November befragt	Umfrage mit einer Woche Verspätung verschickt	Umfrage mit zwei Wochen Verspätung verschickt
GLR	KFK	KFK	Kundenzufriedenheitsumfragen	Process	Zeitgerechte Verfügbarkeit der Resultate der IT-Userzufriedenheitsumfrage	Resultate nach 10 Arbeitswochen ab Versandtermin vorhanden	Resultate nach 11 Arbeitswochen ab Versandtermin vorhanden	Resultate nach 12 Arbeitswochen ab Versandtermin vorhanden
Customer: Kundenperspektive								
CRMR	KFK	KFK	Zufriedenheit mit der Betreuung durch KFK	Customers	Zufriedenheitsmessung 1x pro Jahr mit den aktiv betreuten Departementen resp. Departementsleiter	≥ 85% zufriedene Kunden	84-75% zufriedene Kunden	≤ 74% zufriedene Kunden
CRMR	KFK	KFK	Reaktionszeit bei Anfragen	Customers	Zeitpunkt der Eingangsbestätigung	≥ 95% der Bestätigungen innerhalb 48h	94-90% der Bestätigungen innerhalb 48h	≤ 89% der Bestätigungen innerhalb 48h
GLR	KFK	KFK	Kundenkontakte	Customers	Anzahl Kundenkontakte pro Monat (per Telefon/E-Mail oder schriftlich)	≥ 15	14-5	< 5
CRMR	KFK	KFK	CRM Homepage	Customers	Aktualisierung	Wöchentliche Aktualisierung	Zweiwöchentliche Aktualisierung	Dreiwöchentliche Aktualisierung
GLR	KFK	KFK	Kundenkontakte VIP Service	Customers	Anzahl Einsätze pro Monat	≥ 15	14-3	< 3
CRMR	KFK	KFK	Servicegedanken/ Kundenorientierung innerhalb TaS fördern	Customers	Anzahl konkrete Vorschläge/Initiativen durch KFK Mitarbeiter	3 und mehr Vorschläge/Initiativen pro Jahr im KFK	2 Vorschläge/Initiativen pro Jahr im KFK	1 Vorschlag/Initiative pro Jahr im KFK
Financials: Finanzwirtschaftliche Perspektive								
GLR	KFC	Alle	BEKO-Budget	Financials	Delta Soll - Ist (pro Departement)	Bis 0.2% Budgetüberschreitung	0.21 - 0.5% Budgetüberschreitung	Ab 0.51% Budgetüberschreitung
CRMR	KFK	Unsere Vorgabe	Transparente Prozesskosten	Financials	PSP Phasen Reports	≥ 90% der Zeit auf andere Projektphasen rapportiert als auf Phase „STB"	89-70% der Zeit auf andere Projektphasen rapportiert als auf Phase „STB"	≤ 69% der Zeit auf andere Projektphasen rapportiert als auf Phase „STB"
CRMR	KFK	Unsere Vorgabe	Optimierungspotenzial	Financials	Anzahl Fälle, bei denen durch Einfluss von KFK finanzielles Optimierungspotenzial aufgezeigt werden kann	3 konkrete aktenkundige Fälle pro Jahr	2-0 konkrete aktenkundige Fälle pro Jahr	0 konkrete aktenkundige Fälle pro Jahr (kann nie auf rot stehen)

Abb. 5-5: Auszug aus den Balanced Scorecard Perspektiven

5.4.5 Geplante Weiterentwicklungen

Die Ausweitung des Customer Relationship Management-Konzepts auf das gesamte TOP bildet nach dem Abschluss der Reorganisation den nächsten Schritt in der Entwicklung der IT. Die strategische Anpassung wird mittels eines TOP Governance Model realisiert. Die Auswirkungen des Governance Models erfordert von KFK eine Repositionierung des eigenen Leistungskatalogs. Während das Management operativer Problemlösungen weiterhin in der Verantwortung der IT-CRM-Einheit liegt, müssen die entstehenden Überlappungen bei den strategischen Aufgaben behoben werden. KFK wird dabei einen Teil seiner strategischen Relationship Management-Aufgaben, u.a. die Analyse und das Initiieren von IT-Projekten, an andere TOP-Geschäftseinheiten abgeben. Aufgrund bestehender Kompetenzen erbringt die IT-CRM-Einheit weiterhin strategische Leistungen als Auftragnehmer anderer TOP-Abteilungen. KFK plant im Zuge der Umstellung durch das Governance Model die eigene Strategie zu modifizieren. Ausgangspunkt ist die Einsicht, dass die Aufgaben nur in einem starken und gleichzeitig flexiblen Verbund von TOP-Organisationseinheiten erbracht werden können. KFK möchte daher das Management der eigenen Netzwerkfähigkeit als zentrales Element in die Strategie aufnehmen [Fleisch 2001]. Die Abteilung verfolgt dabei die Zielsetzung, gewünschte und benötigte Partner schnell in die Abläufe der eigenen Prozesse integrieren zu können (s. Abb. 5-6).

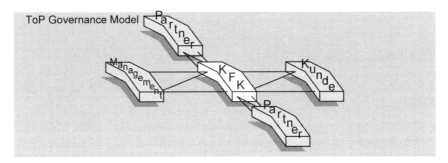

Abb. 5-6: KFK als Netzwerkeinheit (in Anlehnung an [Fleisch 2001])

Der neue strategische Schwerpunkt wird sich direkt auf die Prozesse auswirken. KFK plant in 2003, die Netzwerkfähigkeit der Einzelprozesse Offertenmanagement und ‚VIP Service' signifikant zu verbessern. Ebenfalls wird im Jahr 2003 ein weiterer Schritt auf dem Weg zur Kommerzialisierung der etablierten und anerkannten Angebote im Bereich ‚Umfragen aus dem Hause KFK' angestrebt. Dies beinhaltet die Restrukturierung der Prozesse in enger Zusammenarbeit mit den Dienstleistungspartnern und die Anpassung an bestehende Standards und gilt insbesondere für die Erstellung von Angeboten an externe Unternehmen.

Die Erstellung einer vierteljährlichen Übersicht über die Leistungen des gesamten TOP und die gezielte Ausweitung der TOP-Kommunikation für CSFS bilden weitere Eckpunkte der Netzwerkstrategie.

5.5   Einordnung in den Kontext

KFK unterstützt die CRM-Prozesse Opportunity Management, Lead Management, Angebotsmanagement, Vertragsmanagement, Beschwerdemanagement, Servicemanagement und das Interaktionsmanagement. Obwohl KFK ausschliesslich Aufgaben im Bereich des Customer Relationship Management löst, verdankt die IT-CRM-Einheit ihre Entstehung einer Herausforderung des Wissensmanagements (Knowledge Management: KM). Die durch die Reorganisation geschwächten informellen Arbeitsgruppen und Netzwerke mussten im operativen Geschäft zeitnah durch neue, offizielle Organisationsstrukturen unterstützt werden. Diese Aufgabe wird seit Mitte 2000 durch KFK übernommen. Die IT-CRM-Einheit unterstützt die Zusammenarbeit zwischen TOP und den Divisionen.

Die enge Verzahnung zwischen CRM und KM wird auch in der neuen Strategie der Netzwerkabteilung deutlich. Die hohe Qualität der Dienstleistungen sind von dem kontinuierlichen Fluss von Wissen für Kunden (Alle Prozesse des Bereichs TOP Communications), von Kunden (z.B. ‚Complaint Management' und ‚Conflict Mediation') und über den Kunden (z.B. Kundenzufriedenheitsumfrage) abhängig. Die netzwerkorientierte Strategie von KFK ist die logische Konsequenz dieser Abhängigkeit. Die Erweiterung der Wissensflüsse wirkt sich direkt auf die Leistungsfähigkeit aller KFK Einzelprozesse aus. Sie ist ein signifikanter Schritt in Richtung eines Customer Knowledge Management.

5.5.1 Erkenntnisse

Die Analyse der IT-CRM-Einheit der CSFS zeigt eine Reihe interessanter Beobachtungen:

- *IT als Prozess mit eigener Wertschöpfung:* Die Reorganisation der CSFS IT in den zentralen internen Dienstleister TOP basiert auf einer Veränderung des Stellenwerts der Informationstechnik für Finanzdienstleister. Viele traditionelle Bank- und Versicherungsprodukte sind durch die Entwicklungen im Bereich eCommerce von der Erstellung bis zum Kunden digitalisiert worden. Moderne Informationssysteme sind mittlerweile in der Lage, wertschöpfende Finanzdienstleistungsprozesse vollständig automatisiert abzuwickeln. Der traditionell unterstützende Charakter der Informationstechnik wird durch einen eigenständigen Platz in der Wertschöpfungskette des Unternehmens ergänzt.

- *IT-CRM als Kernaufgabe der Informatik:* Die Wertschöpfung der Fachbereiche in Finanzdienstleistern ist mittlerweile eng an eine funktionsfähige IT-Infrastruktur gekoppelt. Die Tiefe der Vernetzung nimmt dabei kontinuierlich zu; die Mitarbeitenden vieler Divisionen von CSFS besitzen zur Durchführung ihrer Aufgaben bereits signifikante IT-Kompetenzen. Trotzdem bleibt die Kommunikation zwischen TOP und den Divisionen eine grosse Herausforderung. IT-Abteilungen „vertreiben" als interne Dienstleister komplexe und dynamische Lösungen, deren Auswahl, Anpassung und Einsatz in fachlich orientierten Fachabteilungen einen hohen Erklärungsbedarf erzeugt. Die Qualität der Abstimmungen zwischen TOP und den Divisionen beeinflusst direkt die Wertschöpfung der unterstützten Geschäftsprozesse. Die Unterstützung dieser internen Kunden-Lieferanten-Beziehungen durch bestehende Customer Relationship Management-Ansätze ist ein erfolgsversprechender Lösungsansatz. Die durchweg positiven Erfahrungen innerhalb CSFS können in diesem Zusammenhang als eine erste Machbarkeitsstudie angesehen werden.

- *Ausrichtung der Prozesse auf das Wertschöpfungsnetzwerk:* Die zunehmende Vernetzung unterschiedlicher Abteilungen und Unternehmen bei der Erbringung von Dienstleistungen zwingen die beteiligten Abteilungen zu einer Neuausrichtung der eigenen Prozessgestaltung. Die Gestaltung von Prozessabläufen ist weniger von den eignen organisatorischen Anforderungen als vielmehr von den konsolidierten Anforderungen der Netzwerkpartner abhängig. Eine effektive und effiziente Prozessdurchführung im Netzwerk setzt den Willen voraus, einen Teil der internen Prozessflexibilität zu Gunsten übergreifender Standards abzugeben.

5.5.2 Besonderheiten

Das Projekt zum Aufbau der internen IT-CRM-Einheit KFK zeichnete sich durch folgende Besonderheiten aus:

- *Dynamisches Organisationsumfeld:* Die organisatorische Volatilität durch die Restrukturierung beeinflusste KFK in zwei Bereichen. Verantwortliche für Prozesse mit operativen Problemlösungskomponenten sahen sich häufig mit wechselnden Zuständigkeiten konfrontiert. Gleichzeitig wurde auch die Organisationsstruktur von KFK selbst mehrfach angepasst.

- *Dualer Status als Linieneinheit und Projekt:* KFK besitzt als interner Dienstleister den Status einer Linienabteilung. Die kontinuierliche Entwicklung und Repositionierung konnte jedoch nur mit Hilfe einer Projektorganisation durchgeführt werden. Zwischen Projekt- und Linienaufgaben konnte keine eindeutige Priorisierung vorgenommen werden. Dies resultierte in einem höheren Koordinationsaufwand in der Aufbauphase von KFK.

- *Knappheit geeigneter Kompetenz-Profile:* Die hohen Anforderungen an Relationship Manager und CRM-Spezialisten erforderte einen erheblichen Zeitaufwand von Seiten des KFK Management, um die Besetzung der notwendigen Positionen zu erreichen.

6 Kreditvergabe bei der ALD AutoLeasing D GmbH

Enrico Senger, Hubert Österle

Einordnung in die CKM-Rahmenarchitektur

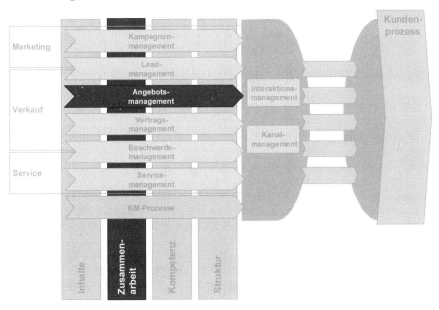

6.1   Unternehmen und Problemstellung

6.1.1 Unternehmen

Die AutoLeasing D GmbH ist ein Unternehmen der Société Générale-Gruppe. Es bietet ein umfassendes Leistungsangebot in den Bereichen Leasing und Finanzierung von Kraftfahrzeugen (über die Tochter BDK) sowie Fuhrparkmanagement (Car Professional) (s. Abb. 6-1).

ALD AUTOLEASING D GMBH	
Gründung	1968
Firmensitz	Hamburg
Branche	Finanzdienstleistungen
Geschäftsfelder	• Fahrzeugfinanzierung (Tochter: Bank Deutsches Kraftfahrzeuggewerbe – BDK) • Fahrzeugleasing (ALD) • Fuhrparkmanagement (Tochter: Car Professional)
Firmenstruktur	gehört zur Société Générale-Gruppe Tochterunternehmen in Tschechien, Frankreich, Italien, Spanien, Portugal, Marokko und Grossbritannien unter dem Namen ALD Automotive
Homepage	www.ald.de
Umsatz	2001: EUR 836 Mio. (+4%)
Ergebnis	2001: EUR 4,4 Mio. (-14%)
Marktanteil	Marktführer im herstellerunabhängigen Bereich
Mitarbeiter	508
Kunden	108'159 Fahrzeuge (-3%)

Abb. 6-1: Kurzportrait der ALD AutoLeasing D GmbH

6.1.2 Problemstellung

Beim Kraftfahrzeugkauf spielt die Fremdfinanzierung für Kunden eine wichtige Rolle. Ein privater Kunde tätigt beim Autokauf oft seine nach dem Immobilienerwerb zweitgrösste finanzielle Investition. Die häufigste Finanzierungsform ist für ihn die Kreditfinanzierung.

Gewerbliche Kunden finanzieren ganze Fahrzeugflotten, die häufig Fahrzeuge unterschiedlicher Hersteller beinhalten. Diese Kunden benötigen eine markenunabhängige Finanzierung und bevorzugen aus steuertechnischen Gründen Leasing als Finanzierungsinstrument (88% des Kundenstamms sind gewerbliche Kunden).

Die Automobilunternehmen nutzen speziell für das Neuwagengeschäft die Kraftfahrzeugfinanzierung über herstellereigene Banken als Vertriebsinstrument. Das Defizit einer zur Verkaufsförderung vorgenommenen, nicht kostendeckenden Kreditvergabe trägt dabei teilweise auch der Händler.

Die ALD sieht sich sowohl für Autohäuser, als auch für deren Kunden als Alternative zur Herstellerbank. Sie vermittelt Kreditfinanzierung und Leasing für Geschäfts- und Privatkunden. Unabhängige Finanzdienstleister wie die ALD verringern die Abhängigkeit der Autohäuser von den Herstellern. Die Positionierung als unabhängiger Allfinanzdienstleister für die Kraftfahrzeugbranche zeigt sich auch in der organisatorischen Verbindung der ALD mit der BDK (Bank Deutsches Kraftfahrzeuggewerbe, mit dem Zentralverband Deutsches Kraftfahrzeuggewerbe als Mitgesellschafter). Wesentliche Geschäftsfelder sind die Finanzierung von Neu- und Gebrauchtwagen, Fahrzeugflotten mit Fahrzeugen verschiedener Hersteller sowie diversen Dienstleistungen wie beispielsweise Full-Service-Versicherungen.

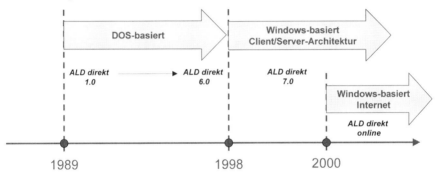

*Abb. 6-2: Systemtechnische Unterstützung der Finanzierungsvermittlung
der ALD im Zeitverlauf*

Die Geschäftsphilosophie der ALD setzt auf vertrauensvolle Zusammenarbeit mit den Autohäusern. Kunden werden vom Autohaus „geliehen". Die Kundenansprache der ALD erfolgt deshalb grundsätzlich ausschliesslich über die Händler. Der Erfolg dieser Zusammenarbeit hängt daher wesentlich vom schnellen Datenaustausch zwischen ALD und Autohändler ab, damit dieser seine Fahrzeugfinanzierung im Rahmen des Autokaufs schnell und einfach abschliessen kann.

Die vorliegende Fallstudie beschreibt die Entwicklung der Fahrzeugfinanzierung bei der ALD. Zur Illustration wird auf die in Abb. 6-2 dargestellten Systeme und die durch sie unterstützten Prozesse am Beispiel der Kreditfinanzierung für Privatkunden eingegangen.

6.2 Ausgangssituation 1989: Autofinanzierung ohne elektronische Unterstützung

6.2.1 Strategie

Die Autohändler vermittelten beim Autoverkauf vor Ort im Autohaus die Finanzprodukte der ALD.

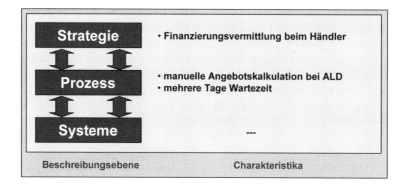

Abb. 6-3: Kurzcharakteristik

6.2.2 Prozess

Autohäuser und ALD tauschten Dokumente auf dem Postweg aus. Kalkulationsgrundlage für die Verträge waren Tabellen, aus denen die Sachbearbeiter manuell die benötigten Daten ermittelten. Eine Übersicht über den Prozess liefert Abb. 6-4.

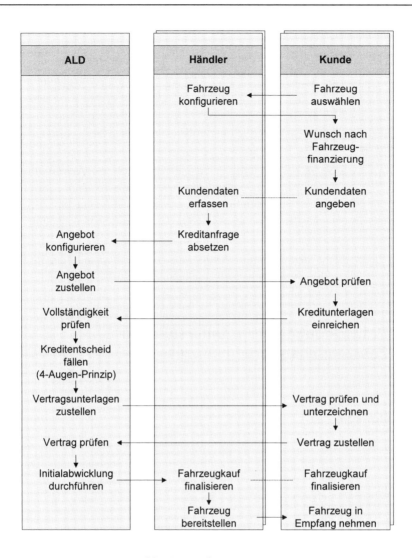

Abb. 6-4: Bisheriger Prozess

6.2.3 Systeme

Bis 1989 fehlte eine systemtechnische Unterstützung des Geschäfts.

6.2.4 Leidensdruck

Durch die fehlende Systemunterstützung traten u.a. folgende Probleme auf:

* Die manuellen Arbeitsschritte führten zu langen Prozessdurchlaufzeiten. Vom Kaufwunsch des Kunden bis zur Kreditentscheidung vergingen mehrere Tage bis zu einer Woche. Diese Struktur war für Kunden unbefriedigend. Ausserdem konnten Kunden zwischenzeitlich durch Konkurrenzangebote anderer Händler abgeworben werden.

* Die Kreditantragsformulare füllte der Kunde mit Hilfe des Autohändlers per Hand aus. In Konsequenz waren die Dokumente oft unleserlich und unvollständig. Die notwendigen Schleifen führten zu hohen Prozesskosten, so dass einige Banken den Autohändlern Prämien für korrekt ausgefüllte Kundenanträge zahlten.

Die ALD entschloss sich deshalb frühzeitig, die Kooperation mit den Autohändlern bei der Fahrzeugfinanzierung elektronisch zu unterstützen.

6.3   Entwicklungsstufe 1: Unterstützung Fahrzeugfinanzierungsprozess auf Basis von DOS

6.3.1 Strategie

Ab 1989 stellte ALD den teilnehmenden Autohäusern Soft- und Hardware für eine computergestützte Fahrzeugfinanzierung in Form eines Personalcomputers (PC) zur Verfügung (damals ein Wert von etwa DM 10'000 bzw. EUR 5'000) Der PC verwendete das zeilenbasierte Betriebssystem DOS (Disk Operating System).

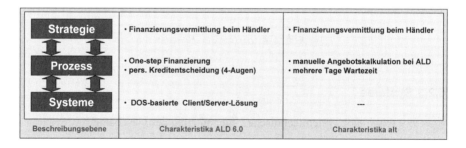

Abb. 6-5: Vergleichende Kurzcharakteristik

6.3.2 Prozess

Der Händler konnte nun im Kundengespräch mit dem Autokäufer verschiedene Finanzierungsvarianten durchgehen und dabei Kunden- und Fahrzeugdaten elektronisch erfassen. Ein Vorteil ist der Zugriff auf die aktuellen und richtigen Konditionen. Diese Kreditdaten ermöglichten der ALD, innerhalb von Stunden eine vorläufige Kreditentscheidung zu treffen und diese dem Händler telefonisch mitzuteilen. Im Idealfall wurde der Fahrzeugkauf abgeschlossen, ohne dass der Kunde in der Zwischenzeit das Autohaus verlassen hatte. Eine Übersicht über den Fahrzeugfinanzierungsprozess liefert Abb. 6-6.

6.3.3 Systeme

Für die Prozessunterstützung setzte ALD eine selbstentwickelte Software ‚ALD direkt' ein. Das Programm basierte auf dem Betriebssystem DOS und nutzte den Dienst Bildschirmtext (BTX) zur Datenübertragung.

Wettbewerbsdruck und Ressourcenengpässe bei der ALD führten zur Suche nach einem externen Partner, der die Entwicklung des Programms weiterführen konnte. Die Version ‚ALD direkt 6' erstellte die Firma afb Application Services AG auf Basis eines eigenen Produktes mit Anpassungen nach Spezifikation der ALD.

6.3.4 Wirtschaftlichkeitsbetrachtungen

Die Einführung der Softwarelösung ‚ALD direkt' für die Fahrzeugfinanzierung trug wesentlich zum Erfolg von ALD bei. Da Autohäuser zu diesem Zeitpunkt i.d.R. noch keine PCs besassen, konnte ALD durch das attraktive Angebot die Anzahl seiner Kooperationspartner sehr rasch erhöhen. Die Installationen von ‚ALD direkt' stiegen allein im Jahr 1990 von 700 auf 1800. Die Bereitstellung von PCs war für ca. 2 Jahre ein Alleinstellungsmerkmal (Unique Selling Proposition) gegenüber den Wettbewerbern.

‚ALD direkt' trug wesentlich zur Steigerung der Prozessqualität und -effizienz bei. Vollständige Kundendaten und eine für den Sachbearbeiter nachvollziehbare Kalkulation des Autohändlers verringerten den Bearbeitungsaufwand. Zusammen mit der beschleunigten Datenübertragung durch BTX konnte die Prozessdurchlaufzeit insgesamt mehr als halbiert werden.

Gleichzeitig stieg allerdings der Aufwand für den Aussendienst durch Supportnachfragen der Autohändler. Die Aktivitäten der Mitarbeiter verlagerten sich hin zu technischen Fragestellungen. Die Autohändler fragten Aussendienstmitarbeiter der ALD, die den Autohändler beim Erarbeiten von Finanzierungslösungen unterstützten, nun auch verstärkt in technischen Belangen um Rat. Dies umfasste Nutzerschulungen, das Stellen von BTX-Anträgen sowie den Support bei Soft- und Hardwareproblemen.

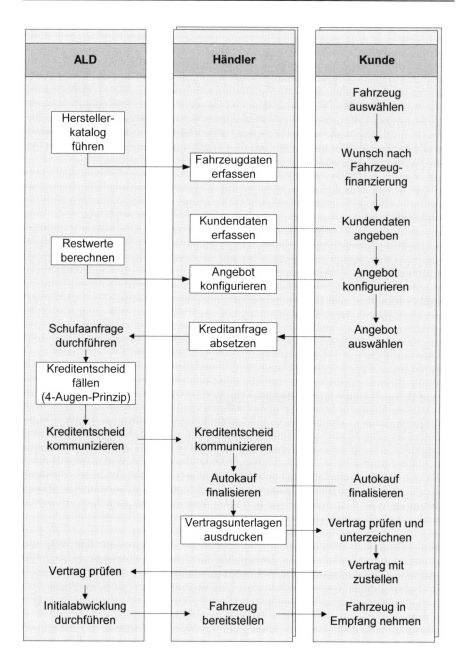

Abb. 6-6: Prozess Fahrzeugfinanzierung mit DOS-basierter Finanzierungsunterstützung

Auf den Erfolg von ‚ALD direkt' reagierte die Konkurrenz mit der Entwicklung ähnlicher Software. Die elektronische Unterstützung entwickelte sich schnell zu einem Quasi-Standard. Dies erleichterte zwar die Akquisition von Neukunden, da fast alle Händler mit einer ähnlichen Software arbeiteten und die Funktionalität kannten. Gleichzeitig fiel damit jedoch das Differenzierungspotenzial weg, das vorherige Versionen noch besassen.

6.3.5 Leidensdruck

Gegen Ende der 1990er Jahre führten vor allem folgende Gründe zu einer Neukonzeption der Unterstützung des Finanzierungsprozesses:

- Die Entwicklung des Internet-Standards machte BTX überflüssig. Es war absehbar, dass der BTX-Dienst Ende des Jahres 2001 abgeschaltet wird.

- Die Software baute immer noch auf dem mittlerweile veralteten DOS-Betriebssystem auf und war nicht annähernd so benutzerfreundlich wie aktuelle windowsbasierte Lösungen. Darüber hinaus verfügte ‚ALD direkt 6' nicht über eine saubere Datenbankstruktur.

- Die Zusammenarbeit mit dem Informatikdienstleister afb Application Solution AG hatte sich im Rahmen der Weiterentwicklung von ‚ALD online' intensiviert. Die afb hat sich auf Softwarelösungen zur Unterstützung der Kreditvergabeprozesse spezialisiert und war daher für eine Zusammenarbeit prädestiniert. Das Kern-Know-how zur ALD-Software lag jedoch bei der Firma Telesoft, einem Zulieferer der afb. ALD bevorzugte eine Konstellation, in der die afb selbst das erforderliche Know-how im Haus besitzt.

6.4   Projekt: Über ‚ALD direkt 7' zu ‚ALD direkt online'

Die ALD entschied sich zur Entwicklung einer windowsbasierten Version von ‚ALD direkt'. ‚ALD direkt 7' sollte damit dem neuesten Stand der Technik in punkto Benutzerfreundlichkeit und graphischer Benutzerführung entsprechen und eine klare Datenbankstruktur aufweisen.

In das Projektteam von ‚ALD direkt 7' waren erstmals die Fachbereiche involviert. Die neu entwickelte Lösung ‚ALD direkt 7' wies den höchsten Funktionsumfang aller ‚ALD direkt'-Versionen auf. Dadurch entstand hoher Schulungsaufwand. Die Funktionsvielfalt wurde von den Autohändlern jedoch nicht in vollem Umfang genutzt. Der mittlerweile über externe Partner der ALD angebotene Hardwaresupport erwies sich als sehr aufwändig und erfuhr nicht mehr die Wertschätzung durch den Handel wie in den Jahren zuvor.

6.4.1 Ziele

Die ALD entschied sich deshalb bald, mit ‚ALD direkt online' ein webbasiertes
Tool einzuführen, das auf den Prozessen von ‚ALD direkt 7' aufbaut und einen
Grossteil der dort angebotenen Funktionen bereitstellt. Die neue Softwarelösung
adressiert vor allem neue Händler und Gelegenheitsnutzer. Die ALD wollte den
funktionalen Umfang und die System-Performance den technischen Rahmenbedingungen bei den Autohändlern anpassen. Für möglichst viele Altkunden sollte
zudem der Wechsel von ‚ALD direkt 7' auf ‚ALD direkt online' interessant werden.

6.4.2 Durchführung

‚ALD direkt online' entstand auf Basis von ‚ALD direkt 7'. Michael Preuße, Leiter IT-Vertriebssysteme bei der ALD hatte zuvor bereits als verantwortlicher Projektleiter mit einem sechs-köpfigen Projektteam (davon je drei aus Fachbereich
und IT) in ca. sechs Personenjahren ‚ALD direkt 7' entwickelt. Für ALD direkt
online wurden weitere 200 Personentage aufgewandt. Etwa 80% der Arbeiten
wurden von der afb erbracht. Eine wesentliche Herausforderung des von Herbst
1999 bis Herbst 2000 dauernden Projektes war die Nutzung des Internets für den
Transfer sensibler Daten. Dabei stellte die ALD Sicherheit vor Performance und
verschlüsselt den Datenaustausch konsequent mit dem Secure Socket Layer Pro-
tokoll (SSL).

6.4.3 Kritische Erfolgsfaktoren

Als wesentlichen Erfolgsfaktor für derartige Projekte nennt Hans-Heiner Lüdemann, Prokurist und Gesamtleiter der ALD, die Umsetzungszeit. Technologien
und Systeme am Point-of-Sales (POS) ändern sich besonders schnell. Es besteht
die Gefahr, dass hier die rasante Entwicklung nicht nachvollzogen werden kann.

Kritisch ist die konsequente Ausrichtung am Kundennutzen. Der Autohändler erwartet eine Lösung, die einfach zu bedienen ist und schnell Kreditauskünfte liefert. Mit der Einführung von ‚ALD direkt 7' sollte dem Kunden ein hoher Funktionsumfang und eine komfortable, windowsbasierte Benutzeroberfläche bereitgestellt werden. Es stellte sich jedoch im Nachhinein heraus, dass die geringe IT-
Affinität der Mitarbeiter in den Autohäusern nicht ausreichend berücksichtigt
wurde. Beispielsweise führte die windowsbedingte Umstellung auf die Steuerung
der graphischen Benutzeroberfläche mit der „Maus" zu erheblichen Widerständen.
Da Konkurrenten zur gleichen Zeit noch die alten DOS-Programme anboten,
konnte die ALD keine neuen Marktanteile hinzugewinnen.

6.5 Entwicklungsstufe 2: ‚ALD direkt online'

6.5.1 Strategie

Die Strategie der Fahrzeugfinanzierung über den Autohändler wird beibehalten. Aufgrund der technischen Entwicklung, beispielsweise der Browser-Technologie, wird auf die Bereitstellung von Hardware für die Autohäuser weitgehend verzichtet.

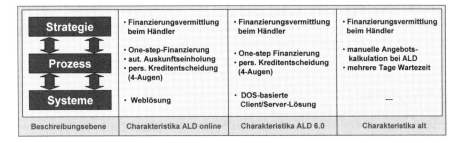

Abb. 6-7: Vergleichende Kurzcharakteristik

6.5.2 Prozess

Bei einem Finanzierungswunsch erfasst der Autohändler direkt Kunden- und Fahrzeugdaten. Bei Neuwagen werden die Fahrzeugdaten bereits über einen Katalog von der afb bereitgestellt. Die Konfiguration des Angebots wird durch einen integrierten Neuwagenkonfigurator und eine integrierte Gebrauchtwagenverwaltung unterstützt. Durch eine ausgefeilte Konditionssteuerung errechnet das System ein Angebot, das abhängig von Anzahlung und anderen Parametern einen individuellen effektiven Jahreszins beinhaltet.

Entscheidet sich der Kunde für das Finanzierungsangebot der BDK, wird der Kreditentscheidungsprozess bei der BDK angestossen. Dafür wird zunächst automatisch eine Auskunft zur Kreditwürdigkeit des Kunden eingeholt (in Deutschland die sog. Schufa-Abfrage). Basierend auf den Angaben des Kunden zu seiner persönlichen Finanzsituation und den Ergebnissen der Schufa-Abfrage findet ein automatisches Kreditscoring statt, das eine Kreditzusage empfiehlt, ablehnt oder als kritisch bewertet.

Obwohl die Kreditentscheidung in den klaren Fällen prinzipiell automatisch getroffen werden könnte, erfolgt bei der ALD weiterhin eine persönliche Sichtung nach dem Vier-Augen-Prinzip. Derzeit wird allerdings die Option einer automatisierten Kreditentscheidung geprüft. Ein hohes Verbesserungspotenzial beinhaltet ein genaueres Scoring der unklaren Fälle, die konjunkturbedingt etwa 30-35% der

Anfragen ausmachen. Die Arbeitsabläufe im Back-Office haben sich im Vergleich zur Lösung ‚ALD direkt 6' nur geringfügig verändert.

Die Rückmeldung der Kreditentscheidung an den Autohändler und den Kunden erfolgt derzeit bewusst noch per Telefon und Fax. Die ALD möchte damit in jedes Finanzierungsgeschäft einen persönlichen Kontakt einbauen, um so der Gefahr einer Anonymisierung der Geschäftsbeziehung vorbeugen. Parallel evaluiert ALD auch neue Kanäle, die in Zukunft einen durchgehend automatisierten Prozess abbilden könnten.

Mit der Kreditentscheidung sind üblicherweise Auflagen, wie das Einreichen einer Verdienstbescheinigung, verbunden. Von den Autohändlern wird es geschätzt, dass die Nachfrage nach Sicherheiten etc. auch durch die ALD/BDK erfolgen kann, weil dieses Thema aus ihrer Sicht die Kundenbeziehung belasten kann. Eine Übersicht über den Gesamtprozess liefert Abb. 6-8.

6.5.3 Systeme

‚ALD online direkt' ist ein webbasiertes System, das von der afb als Application Service Provider bereitgestellt wird. Es deckt etwa 90% der Funktionen von ‚ALD direkt 7' ab. Der Zugang zum System ist über ein dreistufiges Zugangsverfahren (Händlername, User-ID, Passwort) sowie eine Secure Socket Layer (SSL)-Verschlüsselung gesichert. Die Vorgangsdaten verbleiben temporär auf den Servern der afb. Nach Sammlung der entsprechenden Daten werden diese an die ALD übertragen und dort in das Vertragsverwaltungssystem übernommen.

Gleichzeitig ist ‚ALD direkt 7' weiter in Betrieb. Prinzipiell unterstützen beide Systeme den beschriebenen Prozess. Vorgesehen ist, die Nutzerzahlen von ‚ALD direkt online' sukzessive auszubauen und ‚ALD direkt 7' perspektivisch auslaufen zu lassen.

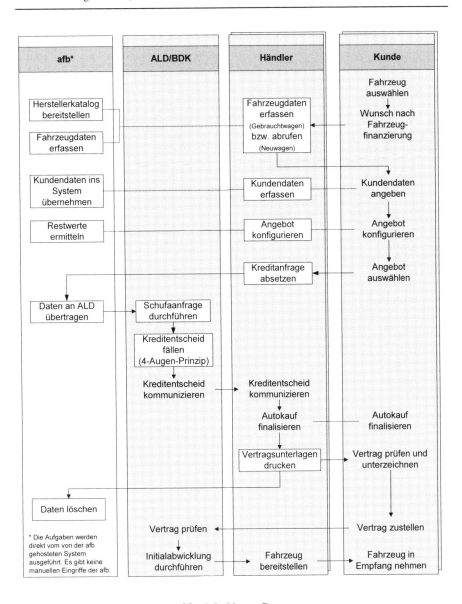

Abb. 6-8: Neuer Prozess

6.5.4 Wirtschaftlichkeitsbetrachtungen

‚ALD direkt online' ist den bisherigen Lösungen betriebswirtschaftlich überlegen.
Es zeichnet sich insbesondere durch einen geringeren Verwaltungsaufwand aus.
Eine Übersicht über Kosten und Nutzen der Lösung liefert Abb. 6-9.

Die Autohändler können die Software bequem über den Webbrowser bedienen.
Dies reduziert die Kosten für die finanzielle Unterstützung der Händler bei der
Hardwarebeschaffung und erspart den bisher üblichen Hardware-Support.

ÜBERBLICK ‚ALD DIREKT ONLINE'	
Aufwand:	
Projekt	
Laufzeit	1 Jahr
Projektteam	6
• davon Fachbereich	• 3
• davon IT	• 3
• davon extern (afb)	• k. A.
Projektaufwand (Personentage)	200
• davon Fachbereich	• 100
• davon IT	• 100
• davon extern (afb)	• k. A.
Projektkosten	k. A.
Hard- und Softwarekosten	keine
Betrieb	
Kosten für Betrieb der ASP-Lösung	mandanten- und loginabhängig
Betreuung durch Fachbereich	2 Mitarbeiter
Betreuung durch IT-Abteilung	2 Mitarbeiter
Durch ‚ALD direkt online' realisierte Potenziale:	
Finanzen	
Einsparungen bei Hardwarekosten und Hardwaresupport beim Händler	50% im Vergleich zu ALD 7
Kunden	
Einfache, bedienungsfreundliche Software	erreicht
Prozesse	
Reduktion der Prozessdurchlaufzeit	ca. 33%

Abb. 6-9: ‚ALD direkt online': Aufwand und realisierter Nutzen

Derzeit sind vier Personen aus IT und Fachbereich mit der Aufrechterhaltung des
Betriebes von ‚ALD direkt' beschäftigt. Diese Mitarbeiter arbeiten neben ihren
anderen Aufgaben temporär an fachlicher Weiterentwicklung, Konditionssteuerung, Infrastruktur (IS-Betrieb) und IS-Entwicklung.

Ein grosser Aufwandsposten bildet dabei die Druckersteuerung für die Kreditfor-
mulare und das Installationsmanagement für die weiterhin aktive Version ‚ALD

direkt 7'. Die Wartung von ‚ALD direkt online' wird weitgehend von der afb übernommen. Die Weiterentwicklung der Software wird durch jährlich vier Entwicklerkonferenzen mit den Verantwortlichen von ALD und afb gesteuert.

6.5.5 Geplante Weiterentwicklungen

Für die Zukunft plant ALD eine bessere Unterstützung des Beziehungsmanagements, z.B. durch eine Vertragsverwaltung für den Händler. Die ALD „will ihre Kunden Wertschätzung erfahren lassen". Dazu gehört, neue Kanäle dort einzusetzen, wo sie wirtschaftlich sinnvoll und vom Kunden gewünscht sind. Die Bedeutung des persönlichen Kontaktes soll aber auch in Zukunft nicht vernachlässigt werden. Für den Finanzierungsprozess selbst erwartet ALD keine weiteren wesentlichen Veränderungen in den Prozessschritten. Die ALD möchte jedoch die Kommunikation z.B. für Back-Office-Prozesse mit den Händlern weiter über das POS-System ausweiten.

6.6   Einordnung in den Kontext

Die systemtechnische Unterstützung des Vertriebs von Kraftfahrzeugfinanzierungslösungen über die Händler ist eine wesentliche Voraussetzung für den Geschäftserfolg. Durch die Lösung ‚ALD direkt' kreierte das Unternehmen einen kooperativen Kreditvergabeprozess, der eine Fahrzeugfinanzierung beim Kraftfahrzeugkauf ermöglicht.

Aus Sicht des Customer Relationship Managements steht der Teilprozess des Angebotsmanagements im Vordergrund. ‚ALD direkt' führt *Wissen über den Kunden* (z.B. finanzielle Situation) und *Wissen für den Kunden bzw. Händler* (z.B. aktuelle Zinssätze, Restwerttabellen etc.) zusammen. Der Händler erfasst die Kunden- und Fahrzeugdaten im System und konfiguriert mit dem Kunden das Finanzierungsangebot. Dieser Schritt wird durch Informationen von Drittanbietern unterstützt (z.B. Restwerttabellen). Hinzu tritt eine Komponente des Wissens für den Mitarbeiter (z.B. Schufa-Auskunft). Die Kreditanfrage wird durch WebServices (z.B. Schufa-Anfrage) bewertet, so dass die Mitarbeiter der ALD zeitnah über die Kreditvergabe entscheiden können.

Der zentrale Fokus beim Einsatz der Wissensmanagementinstrumente liegt in der Säule Zusammenarbeit. Die Steuerung des Wissensaustausches zwischen Händler (zusammen mit Kunden) und ALD/BDK ist wesentliche Voraussetzung für die Erstellung passgenauer Finanzierungslösungen Durch die Systemunterstützung kann ein Prozess definiert werden, der Kundennutzen durch Geschwindigkeit schafft und gleichzeitig die Prozesskosten durch die weitgehende Automatisierung von Aufgaben reduziert.

6.6.1 Erkenntnisse

Durch die prozess- und systemtechnische Unterstützung der Fahrzeugfinanzierung beim Autohändler kann die ALD schneller auf Kundenwünsche (Kreditantrag) reagieren. Die Automatisierung von Prozessschritten, wie das Einholen von Auskünften zur Kreditwürdigkeit oder Kreditscoring, verkürzt die Prozesszeiten. Die Einbindung externer Dienstleister wie der afb reduziert zudem die Kosten des Kreditvergabeprozesses.

Der Kunde kann durch den kooperativen Autofinanzierungsprozess mit dem Händler direkt beim Autokauf eine massgeschneiderten Finanzierungslösung bekommen. Die Einbindung von externen Datenbanken wie Fahrzeug-Restwerttabellen und die Möglichkeit, verschiedene Finanzierungsvarianten mit dem Kunden zu simulieren, erhöht die Qualität des Kreditvergabeprozesses. Der zusätzliche Kundennutzen liegt im individuellen Zuschnitt der Finanzierung und der Möglichkeit, diese direkt beim Autokauf zu regeln.

6.6.2 Besonderheiten

Der Fall ALD zeichnet sich durch folgende Besonderheiten aus:

- Die anfangs der 1990er Jahre sehr erfolgreiche „First-Mover-Strategie" erwies sich für ‚ALD direkt 7' Ende der 1990er Jahre als ungeeignet. Die Strategie muss sich an den Bedürfnissen des Kunden orientieren. Der von den Kunden empfundene Mehrwert war zu diesem Zeitpunkt zu gering. Die Differenzierung über Software zur Prozessunterstützung ist zudem nur zeitweise möglich. Mit der Entwicklung vergleichbarer Lösungen der Konkurrenz entfällt das Alleinstellungsmerkmal von Software. Ab diesem Zeitpunkt ist eine Standardisierung der Software und Auslagerung des Softwarebetriebs sinnvoll.

- ALD verzichtete bewusst auf die durchgehende Automatisierung seines Kreditprozesses. Die Einbindung eines telefonischen Kontakts mit dem Autohändler soll eine Anonymisierung des Kundenprozesses verhindern. Derzeit werden allerdings Alternativen evaluiert. Dies unterstreicht die Bedeutung des Interaktionsmanagements, das einen kundengerechten Einsatz von Mensch-zu-Mensch-Kommunikation und Mensch-zu-Maschine-Kommunikation anstrebt.

Expertengespräche

Lüdemann, Hans-Heiner, Gesamtleiter/Prokurist, ALD AutoLeasing D GmbH, Hamburg, 6. Mai 2002

Preuße, Michael, Leiter IT-Vertriebssysteme, Projektleiter, ALD AutoLeasing D GmbH, Hamburg, 6. Mai 2002

Fuchs, Michaela, Senior Executive Marketing, afb Application Services AG, München, 9. April 2002

Karacic, Dalibor, Vorstand Marketing und Vertrieb, afb Application Services AG, München, 9. April 2002

7 Integriertes CRM in der Dentalindustrie bei Heraeus Kulzer GmbH & Co. KG

Enrico Senger, Hubert Österle

Einordnung in die CKM-Rahmenarchitektur

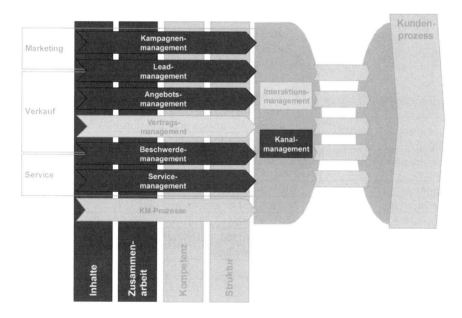

7.1　Unternehmen und Problemstellung

7.1.1 Unternehmen

Die Heraeus Kulzer GmbH und Co. KG ist ein weltweit tätiges Unternehmen für Dentalwerkstoffe und Zahngesundheit und gehört zu den führenden Herstellern und Systemanbietern der Branche (s. Abb. 7-1). Das Unternehmen entwickelt, fertigt und vermarktet Dentalwerkstoffe. Aufeinander abgestimmte Komplettsysteme zur Patientenbehandlung umfassen Werkstoffe, Geräte und Verarbeitungsverfahren.

HERAEUS KULZER GMBH & CO. KG	
Gründung	1851
Firmensitz	Hanau
Branche	Dentalindustrie
Geschäftsfelder	Dentalwerkstoffe
Firmenstruktur	• gehört zur Heraeus Holding GmbH, die neben dem Bereich Zahngesundheit weitere Aktivitäten in den Bereichen Edelmetalle, Sensoren, Quarzglas und Speziallichtquellen unter ihrem Dach bündelt • weltweit Produktionsstätten, Niederlassungen und Vertriebsstellen (USA, Mexiko, Brasilien, China, Japan, Australien und acht europäische Länder)
Homepage	www.heraeus-kulzer.de
Umsatz	2001: EUR 409 Mio. (+1,5%)
Ergebnis	2001: wird nicht veröffentlicht
Marktanteil	Je nach Sparte zwischen 5 und 35%
Mitarbeiter	2001: 1'598 (+3,5%)
Kunden	in Deutschland: potentiell 9'000 Dentallabore und 40'000 Zahnärzte

Abb. 7-1: Kurzportrait der Heraeus Kulzer GmbH & Co. KG

7.1.2 Problemstellung

Die demographische Entwicklung und die steigende Nachfrage nach hochpreisigem, ästhetischem Zahnersatz eröffnen der Dentalindustrie Chancen auf ein weiteres Wachstum in den kommenden Jahren. Ein Risikofaktor ist dabei allerdings die Gesundheitsgesetzgebung, die beispielsweise mit ihren Regelungen zur Finanzierung von Zahnersatzleistungen die Nachfrage der Verbraucher massgeblich beeinflussen kann. Es ist ausserdem eine gestiegene Sensibilisierung der Bevölkerung für Zahngesundheit und Kariesprophylaxe zu beobachten.

Die zehn grössten Unternehmen der Branche, zu denen auch Heraeus Kulzer gehört, haben gemeinsam einen Marktanteil von 50%. Dentalprodukte eignen sich kaum für direkte Werbung beim Endkunden bzw. Patienten. Dies liegt an der relativen Homogenität der Produkte und an ihrem Einsatz als Werkstoffe in Zahnarztpraxen und zahntechnischen Laboren. Die Folge ist eine geringe Wahrnehmung des Produktes beim Endkunden, so dass es sehr schwierig ist, Wettbewerbsvorteile durch Patientenpräferenzen zu erarbeiten.

Heraeus Kulzer möchte sich deshalb gegenüber seinen Wettbewerbern durch Service und aufeinander abgestimmte Produktsysteme differenzieren. Ziel des Unternehmens ist eine einheitliche Serviceerfahrung des Kunden. Wesentliche Kundengruppen sind Zahnärzte und Dentallabore, die sich in Berufsverständnis und Bedarf unterscheiden.

Zahnärzte üben einen Heilberuf aus und unterliegen besonderen gesetzlichen und standesrechtlichen Regelungen. Da sie für den Praxisbedarf eine umfangreiche Produktpalette benötigen, kaufen die etwa 40'000 Zahnärzte in Deutschland ihren Bedarf üblicherweise im Grosshandel (sog. Dentaldepots) ein. Heraeus Kulzer beliefert Zahnärzte deshalb über den Grosshandel.

Zahntechnische Labore üben einen Handwerksberuf aus. Sie fertigen u.a. Zahnersatz im zahnärztlichen Auftrag. Von den derzeit etwa 8'000 Dentallaboren beziehen etwa 5'000 Produkte direkt von Heraeus Kulzer. Hoher Kostendruck in der Branche führt derzeit zu einer weiteren Konzentration der Labore und zur vermehrten Bildung von Labor-Einkaufsgemeinschaften. Abgestimmte Produktsysteme und eine vereinfachte Beschaffungslogistik sind daher starke Anreize für die Dentallabore, bei nur einem Hersteller zu bestellen. Für Heraeus Kulzer bedeutet das, sich als Systemlieferant zu profilieren.

Zur Umsetzung der Unternehmensvision benötigt Heraeus Kulzer eine Gesamtsicht auf den Kunden. Dazu muss das Unternehmen die Beziehungen zwischen Zahnärzten und Laboren ebenso berücksichtigen wie spezielle Kundentypen, etwa Zahnärzte mit eigenen Praxislaboren.

7.2   Ausgangssituation

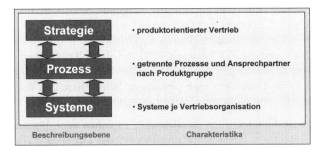

Abb. 7-2: Kurzcharakteristik

7.2.1 Strategie

Heraeus Kulzer hatte eine produktorientierte Vertriebsstruktur. Eine schematische Übersicht über die Vertriebsorganisation liefert Abb. 7-3. Für jede Produktgruppe existierten als Kontaktkanäle zum Kunden Marketing, Aussendienst und Innendienst (Auftragsannahme und telefonische Auskünfte). Innerhalb der Produktgruppen wurde zusätzlich nach Kundensegmenten (Zahnärzte und Dentallabore) unterschieden. Beim Zukauf von Unternehmen übernahm Heraeus Kulzer bestehende Vertriebsstrukturen.

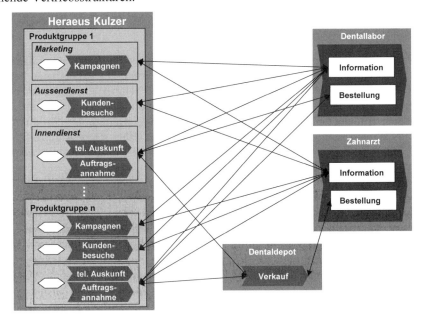

Abb. 7-3: Bisherige Vertriebsorganisation bei Heraeus Kulzer

7.2.2 Prozess

Bedingt durch die Organisationsstruktur existierten keine für alle Produktgruppen einheitlich festgelegten Abläufe. Der Kunde nahm mit seinen jeweiligen Ansprechpartnern in den verschiedenen Produktgruppen Kontakt auf, um Informationen zu beziehen, Bestellungen aufzugeben oder um zu reklamieren. Für jede Produktgruppe wurden die Waren getrennt versandt und fakturiert. Abb. 7-4 illustriert dies am Beispiel des Bestellprozesses für Dentallabore.

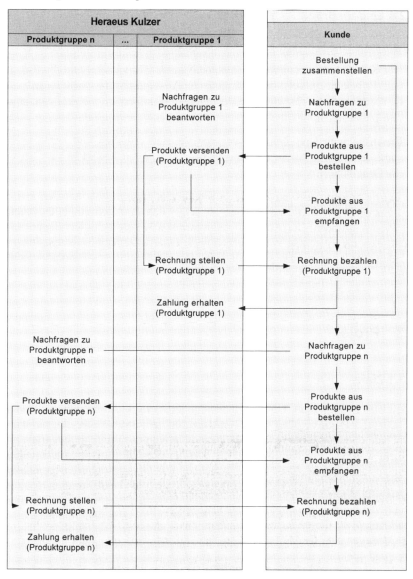

Abb. 7-4: Bisheriger Prozess (Ausschnitt Bestellung durch Dentallabore)

7.2.3 Systeme

Je nach Organisationseinheit kamen verschiedene Systeme zum Einsatz, von Microsoft Excel über verschiedene Datenbanken bis hin zu ausgefeilten Vertriebslösungen. Einige Bereiche verwalteten Kundeninformationen auch auf Karteikarten oder Notizzetteln.

7.2.4 Leidensdruck

Eine wesentliche Schwachstelle dieses Vorgehens war die Kundenansprache:

- Der Kunde hatte verschiedene Ansprechpartner für verschiedene Produktgruppen. Er bekam Besuch von verschiedenen Aussendienstmitarbeitern, gab für jede Produktgruppe eine einzelne Bestellung auf und erhielt mehrere Rechnungen und Lieferungen.

- Durch verschiedene Zukäufe war der Vertrieb räumlich und organisatorisch stark zersplittert. Allein drei Vertriebsmannschaften bewarben und betreuten die Dentallabore.

Es existierte weder ein integrierter Informationsaustausch über Kunden zwischen den einzelnen Produktgruppen noch zwischen den Funktionseinheiten innerhalb der Produktgruppen. Der Aussendienstmitarbeiter wusste beim Kundenbesuch oft nicht, dass dieser gerade vom Marketing zu einer Informationsveranstaltung eingeladen worden war oder sich kürzlich über ein bestimmtes Produkt beschwert hatte.

7.3 Projekt

7.3.1 Ziele

Nach dem Zukauf neuer Unternehmensteile initiierten Geschäftsführung und Aufsichtsrat der Heraus Kulzer GmbH im Jahr 2000 ein Strategieprojekt, um das Unternehmen neu auszurichten und die neuen Unternehmensteile zu integrieren. Das Projekt sollte die Profitabilität und die Wettbewerbsfähigkeit von Heraeus Kulzer steigern, um neue Marktanteile zu gewinnen und Umsatzwachstum zu erreichen. Als Unternehmensvision definierte Heraeus Kulzer das kundenorientierte Leitbild „Partnership first".

Die Umsetzung dieser Strategie mündete zwingend in einem Customer Relationship Management (CRM)-Projekt, in dem die strategischen Ziele heruntergebrochen und operationalisiert wurden. Die prozess- und systemtechnische Umsetzung der Vertriebsstrategie ‚One Face to the Customer' bedeutete, Kundeninformationen zu integrieren und als strategisches Kapital zu nutzen, Kontaktkanäle zu synchronisieren und mit dem Internet einen zusätzlichen Vertriebskanal einzuführen. Erklärte Ziele waren:

- Effizienzsteigerungen in allen kundenrelevanten Prozessen durch die Verzahnung der CRM-Lösung mit SAP R/3 und dem SAP Business Warehouse, die Beseitigung von nicht wertschöpfenden Tätigkeiten und reduzierte Transaktionskosten

- hohe Akzeptanz durch eine benutzerfreundliche Lösung, die sich in bestehende Prozesse integriert

- eine effektivere Marktbearbeitung durch Kundenprofile und -potenziale, Kundensegmentierung sowie die Planung, Durchführung und Auswertung segmentspezifischer Marketing-Aktivitäten.

Bereits zu Beginn definierte Heraeus Kulzer Zielgrössen, anhand derer der Projekterfolg abgeschätzt werden sollte, z.B. Kundenzufriedenheit und Kundendurchdringung (Share of wallet). Diese Zielgrössen wurden im Projektverlauf ergänzt. Zu Projektstart waren die Prozesse nicht transparent und lieferten keine quantitativen Führungsgrössen. Qualitative Ansätze (z.B. Fähigkeit zum Direktmarketing) standen daher im Vordergrund der Betrachtungen.

Das Projekt folgte aus dem Strategieprojekt bei Heraeus Kulzer und wurde nicht vorrangig unter Kostengesichtspunkten betrachtet. Die Verantwortlichen verzichteten auf die Entwicklung eines klassischen „Business Cases". Jörg Behnisch, Leiter Organisation und Informatik der Heraeus Kulzer GmbH & Co. KG und damals im Lenkungsausschuss des CRM-Projektes, ist der Überzeugung, dass die Einführung von CRM nicht ausschliesslich aus der Kostenperspektive argumentiert werden kann, sondern mit der Zielsetzung, neues Geschäft zu generieren, die Kundenzufriedenheit zu steigern oder eine angestammte Marktposition zu erhalten. Einer sauberen Zurechnung von Kosten und Nutzen ständen die komplexen Ursache-Wirkungsbeziehungen entgegen.

7.3.2 Durchführung

Das CRM-Projekt begann im Mai 2000. In zwölf Monaten setzte Heraeus Kulzer mit Unterstützung von PwC, SAP und HSY die organisatorischen und prozessualen Änderungen in Vertrieb, Servicetechnik und Marketing und deren systemtechnische Unterstützung durch mySAP CRM um. Die Aufgabenverteilung im Team illustriert Abb. 7-5.

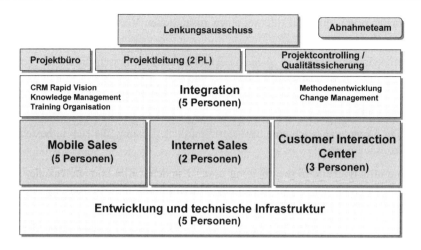

Abb. 7-5: Organisation des CRM Projekts

Das Teilprojekt ‚Mobile Sales' erforderte den grössten Personalaufwand, weil es die höchste Komplexität besass und die meisten Veränderungspotenziale bei den Anwendern besass. Eine besondere Stellung fiel dem Integrationsteam zu. Es hatte die Aufgabe, die Durchgängigkeit der CRM-Lösung sicherzustellen. Dazu gehörten unter anderem die Entwicklung und Anpassung einer CRM-Vision, die Definition des methodischen Vorgehens, das Wissensmanagement, die Schulungsvorbereitung und die Kommunikation an die Mitarbeiter.

Integrationsgesichtspunkte sprachen für das Vorgehen, die CRM-Lösung schrittweise aber gleichzeitig für alle Kontaktkanäle einzuführen, statt die Kanäle einzeln nacheinander umzustellen. Um die damit verbundene Komplexität bewältigen zu können, entwickelte das Integrationsteam ein methodisches Vorgehen aus der SAP Einführungsmethodik ASAP (Accelerated SAP) und der Methodik von PwC Consulting.

Technische Herausforderung des CRM-Projektes war die Integration von mySAP CRM und SAP R/3. Auf der fachlichen Ebene war die Einbindung des Aussendienstes erfolgskritisch. Wichtig war es, den 120 Mitarbeitern zu verdeutlichen, dass eine CRM-Lösung auch in ihrem Interesse liegt. Im Projektteam wurde zunächst über ein spezielles Anreizsystem nachgedacht, schliesslich waren die ergriffenen Kommunikationsmassnahmen und die Ausrüstung des Aussendienstes mit Laptops im Zuge der CRM-Einführung ausreichend.

7.3.3 Kritische Erfolgsfaktoren

Ein wesentlicher Erfolgsfaktor ist für Oliver Assmus, Leiter des Customer Services Centers bei Heraeus Kulzer und Projektleiter des CRM-Projektes, eine Restrukturierung der Prozesse vor Einführung der Informationssysteme. Eine akzeptierte und praxisgerechte Umsetzung setzt dabei nicht nur die Beteiligung von Fachabteilung und Mitarbeitern voraus, sondern auch die Einbeziehung des Kunden. Im Rahmen des CRM-Projekts wurden deshalb Kunden der verschiedenen Segmente besucht und ihre Bedürfnisse aufgenommen.

Erfolgskritisch ist nach Ansicht von des Leiters Organisation und IT, Jörg Behnisch, zudem die Verankerung des Customer Relationship Managements als Denkhaltung bei den Mitarbeitern. CRM ist dort erfolgreich, wo es als Führungsaufgabe und Managementsystem verstanden wird, den Wissensaustausch im Alltagsgeschäft zu fordern und zu fördern. Alle Mitarbeiter müssen auch in ihrer täglichen Arbeit vom CRM profitieren - „Einbahnstrassen" bei der Wissensteilung sind konsequent zu unterbinden. Die Mitarbeiter müssen dazu auf den Wandel ihrer Arbeitsumgebung vorbereitet werden. Das damit verbundene Change Management ist gerade beim Aussendienst von hoher Wichtigkeit, da diese Mitarbeiter bisher von Reorganisationen vergleichsweise wenig betroffen waren.

Der Projektansatz sollte nach Ansicht von Behnisch auf die Situation des Unternehmens zugeschnitten sein. Ein mittelständisches Unternehmen wie Heraeus Kulzer benötigt einen einfachen, auf das Machbare beschränkten Ansatz mit einem schrittweisen und integrierten Vorgehen. Das bedeutet die Einführung einer Lösung, die den Grobanforderungen entspricht und auf Basis eines kontinuierlichen Verbesserungsprozesses weiterentwickelt wird.

7.4   Neue Lösung

7.4.1 Strategie

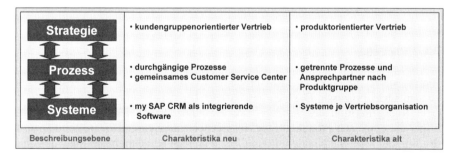

Abb. 7-6: Vergleichende Kurzcharakteristik

Heraeus Kulzer hat sich konsequent auf die Kundengruppen Dentallabore und Zahnärzte ausgerichtet. Mit der Umsetzung der Vertriebsstrategie ‚One Face to the Customer' wurden die Innenabteilungen zentralisiert. Dazu gehören Marketing, Servicetechnik und Warenversand. Das neu geschaffene Customer Service Center (CSC) integriert Auftragsannahme und telefonische Beratung. Eine Übersicht über die neue Vertriebsorganisation und ihre systemtechnische Unterstützung liefert Abb. 7-7.

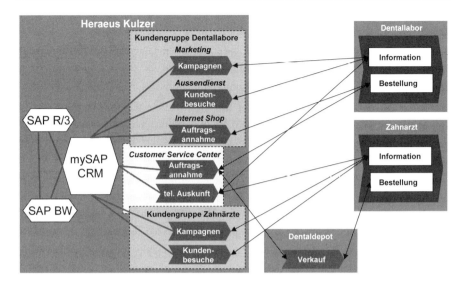

Abb. 7-7: Neue Vertriebsorganisation

Für die Dentallabore bietet Heraeus Kulzer das Internet als neuen Vertriebskanal an. Die Positionierung erfolgt nicht über die Preisgestaltung, sondern über neue Serviceangebote, wie z.B. zeitunabhängige Bestellaufgaben, Kataloge mit einer Anzeige kundenspezifischer Nettopreise oder die Möglichkeit der Erstellung von Favoritenlisten mit besonders häufig bestellten Waren. Die Bestellungen über den Internetkanal werden vor ihrer Ausführung von Mitarbeitern des CSC auf ihre Plausibilität geprüft.

7.4.2 Prozess

Wesentliches Ergebnis des CRM-Projektes ist die Integration der verschiedenen kundennahen Prozesse. Das neu geschaffene Customer Service Center führte zu einer Reorganisation des Anfrage- und Bestellprozesses der Kunden. Statt wie bisher die einzelnen Produktgruppenansprechpartner zu identifizieren und anzurufen, wendet sich der Kunde an das CSC. Für jede Kundengruppe stellt Heraeus Kulzer eine kostenlose Servicenummer bereit.

Die Mitarbeiter des CSC müssen über ein breiteres Produktwissen als bisher verfügen. Dafür fanden intensive Schulungen statt. Verstärkt werden nun auch gelernte Zahnarzthelferinnen und ähnliche Berufsgruppen im CSC eingesetzt. Detailfragen werden an Spezialisten aus den Bereichen Anwendungstechnik und Produktmanagement weitergeleitet. Einen Überblick liefert Abb. 7-8. Die Definition verschiedener Serviceregionen stellt sicher, dass der Kunde im Regelfall den gleichen Kreis von Ansprechpartnern erreicht. Sollten dort alle Leitungen besetzt sein, wird der Kunde an eine andere Serviceregion weitergeleitet. Dieses Vorgehen stellt Verfügbarkeit und Auslastung sicher und ermöglicht dennoch den Aufbau einer persönlichen Beziehung zum Kunden auch über diesen Kontaktkanal. Grosskunden werden direkt einem Ansprechpartner (Key Account Manager) zugeordnet.

Zielgruppenmarketing steht als neues Instrument für Marketingkampagnen zur Verfügung. Unterschiedliche Zielgruppen werden hier je nach Zweck dynamisch gebildet, indem beispielsweise ein bereits geäussertes Interesse oder Desinteresse des Kunden an bestimmten Produkten berücksichtigt wird. Die entsprechenden Produkte können so in kleinen massgeschneiderten Kundensegmenten beworben werden. Die Kundenansprache wird damit zielgenauer als bei der bisherigen Selektion nach Kundengruppe (Labor, Zahnarzt) und Grössenklasse.

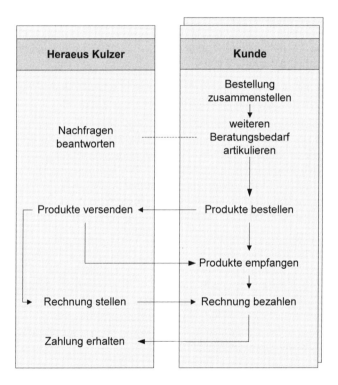

Abb. 7-8: Neuer Prozess

7.4.3 Systeme

Heraeus Kulzer unterstützt sein Customer Relationship Management systemtechnisch mit mySAP CRM (Komponenten Mobile Sales, Internet Sales, Customer Interaction Center). Die CRM-Lösung ist mit dem bestehenden ERP-System SAP R/3 verbunden. Die Auswertung von Kundendaten wird darüber hinaus durch SAP BW (Business Warehouse) unterstützt (s. auch Abb. 7-7).

Gegenüber den evaluierten Alternativen besteht der Vorteil einer einfacheren Integration in SAP R/3. Dies hat geringere Konzeptions- und Schnittstellenkosten zur Folge. Heraeus Kulzer berücksichtigte auch die Unternehmensgrösse des Herstellers und den damit verbundenen Investitionsschutz. Weitere Kriterien der Auswahlentscheidung waren Projekt- und Lizenzkosten der Softwarepakete.

Die Komponente Mobile Sales erlaubt dem Aussendienst, auf den Datenbestand des Unternehmens zuzugreifen und während der Kundenbesuche offline zu nutzen. In ihr sind ebenfalls Komponenten zum Kampagnenmanagement integriert, die vom Marketing genutzt werden.

Der mit der Komponente Internet Sales betriebene Internetkanal bietet derzeit einen deutschen und einen internationalen Shop.

Das Customer Service Center nutzt die Komponente mySAP CRM Interaction Center. Für die sechs Serviceregionen sind die Nummernkreise der Vorwahl bei der Deutschen Telekom hinterlegt, die damit die Zuordnung der Anrufer vornimmt. Für Grosskunden sind die Nummern für das Routing direkt hinterlegt. Die Computer-Telefonie-Integration erlaubt es durch Auslesen der ISDN-Nummer den Kunden bereits vor Abnahme des Hörers zu identifizieren, so dass der Mitarbeiter bei Abnahme des Hörers den Vorgang bereits auf dem Bildschirm hat.

Vollständige und aktuelle Stammdaten sind Voraussetzung für die systemtechnische Unterstützung des CRM. Die schlechte Datenqualität im Bereich der Telefonnummern führte anfänglich bei der Anruferidentifikation zu einer Trefferquote von nur 50 bis 60 Prozent. Die Mitarbeiter wurden dadurch für die Bedeutung ihrer Dateneingabe für den Nutzen des CRM-Systems sensibilisiert. Regelmässige Stammdatenauswertungen stellen zusätzlich eine gleichbleibend hohe Datenqualität sicher, so dass beispielsweise die Trefferquote bei der Anruferidentifikation auf 80 Prozent gesteigert werden konnte.

7.4.4 Wirtschaftlichkeitsbetrachtungen

Durch das CRM-Einführungsprojekt gelang es Heraeus Kulzer, die Kundenansprache massgeblich zu verbessern und gleichzeitig Transaktionskosten zu reduzieren. Das Customer Service Center kann flexibler auf Kundenanfragen reagieren und gleichzeitig besser ausgelastet werden als dies bisher der Fall war.

Die Mitarbeiter besitzen durch die Zusammenführung aller benötigten Informationen über Kunden und Produkte einen höheren Informationsstand, der ihnen eine qualitativ bessere Kundenansprache ermöglicht. Dies hat sich auf die Zufrieden-

heit und Motivation der Mitarbeiter positiv ausgewirkt. Trainingsprogramme unterstützten die Einführung des CRM-Systems und bewirkten eine Veränderung der
Denkhaltung der Mitarbeiter hin zu mehr Kundenorientierung.

Den beschriebenen Nutzenpotenzialen, deren Zielerreichung von Heraeus Kulzer
laufend durch eine interne Balanced Scorecard überprüft wird, standen Projektkos-
ten von etwa EUR 5'000 bis 10'000 je Nutzer und Anwendungsbereich gegenüber.
Die jährlichen Betriebskosten belaufen sich auf EUR 2'000 bis 3'000 je Nutzer.
Eine Übersicht über Kosten und Nutzenpotenziale liefert Abb. 7-9.

ÜBERBLICK CRM-PROJEKT	
Aufwand:	
Projekt	
Laufzeit	ca. 12 Monate
Projektteam	17 Personen
• Business	• 7 Personen
• IT	• 10 Personen
Projektkosten	EUR 5'000-10'000 je Nutzer und An- wendungsbereich
Betrieb	
Betriebskosten (ohne Internet Sales)	EUR 2'000-3'000 je Nutzer und Jahr
Durch das CRM-Projekt realisierte Potenziale[1]:	
Kunden	
Bessere Ausschöpfung des Lieferan- teils (Share of Wallet)	k.A.
Stärkere Einbindung der Kunden bei der Entwicklung der CRM- Ge- schäftsprozesse	k.A.
Prozesse	
Reduzierung der Transaktionskosten in der Auftragsabwicklung	k.A.
Höhere Flexibilität und Auslastung im Bereich des Customer Service Center	k.A.
Mitarbeiter	
Erhöhung der Mitarbeiterzufriedenheit durch besseren Informationsstand und damit qualitative Kundenansprache	k.A.
Veränderung der Denkhaltung zu mehr Kundenorientierung durch Trai- ning	k.A.

Abb. 7-9: CRM-Projekt - Aufwand und realisierter Nutzen

---

[1] Heraeus Kulzer macht keine Angaben zur quantitativen Ausprägung der Nutzendimensionen.

7.4.5 Geplante Weiterentwicklungen

Der Entwicklungspfad für CRM bei Heraeus Kulzer zeichnet eine inhaltliche und eine geographische Ausweitung der Lösung vor. Inzwischen konnten genügend Daten gesammelt werden, um auch sinnvoll analytisches CRM zu betreiben. Durch die Auswertung des Datenbestandes können beispielsweise Cross-Selling-Potenziale erkannt und genutzt werden. Derzeit werden die Prozesse und Aktivitäten im Customer Service Center neu aufgenommen. Die Vorstrukturierung der Prozesse im Rahmen des CRM-Projektes konnte nicht die im praktischen Einsatz benötigte Flexibilität bieten.

Der geographische Roll-out wird nach Grösse und Kundenverhalten (z.B. dem Interesse an hochwertigem Zahnersatz) in den einzelnen Ländern vorgenommen. Zunächst wird Heraeus Kulzer CRM in seinen europäischen Tochtergesellschaften einführen, ein Roll-out in den USA wird geprüft. Dabei ist auch ein weiteres Ausrollen des Internetkanals geplant. Für den Bereich ,Mobile Sales' wird zunächst die Konsolidierung unter den deutschen Dentallaboren abgewartet, bevor der Roll-out in Europa beginnen wird.

7.5   Einordnung in den Kontext

Ziel der neuen Unternehmensstrategie von Heraeus Kulzer ist es, Zahnärzten und Dentallaboren ein umfassendes, individuell auf den Kunden zugeschnittenes Produkt- und Serviceangebot aus einer Hand (,One Face to the Customer') zu bieten. Dazu reorganisierte Heraeus Kulzer die bis anhin produktgruppenorientierten Verkaufsteams, richtete ein Customer Service Center ein, führte die Verkaufskanäle zusammen, entwickelte in einem Data Warehouse detaillierte Kundenprofile und band den Kunden in den Verkaufsprozess ein. Das Ergebnis ist eine intensivere Kundenbindung und ein verbesserter Kundenservice sowie reduzierte Prozesskosten.

Die kundengruppenorientierte Organisation der Kontaktkanäle zum Kunden (Kanalmanagement) verbessert die Qualität anderer CRM-Teilprozesse direkt. Die Integration des *Wissens über den Kunden* erlaubt nicht nur zielgruppenspezifische Marketingkampagnen, sondern beispielsweise auch das Erkennen von Cross-Selling-Potenzialen (Opportunity Management). Im Bereich des Angebotsmanagements führen etwa die Anbindung des Aussendienstes an das CRM-System und die Eröffnung eines Internetkanals zu für den Kunden wahrnehmbare Qualitätssteigerungen und Serviceverbesserungen. Die Segmentierung nach Kundengruppen und die Einrichtung eines Customer Service Centers haben sowohl positive Wirkungen auf die Angebotserstellung als auch auf die Kundenbetreuung in der After-Sales-Phase (Servicemanagement, Beschwerdemanagement).

Die enge Verbindung von Wissensmanagement und Customer Relationship Management tritt im Fall Heraeus Kulzer insbesondere am Austausch und der Pflege von Kundendaten hervor. Nur eine Kultur der Wissensteilung ermöglicht die Realisierung von ‚One Face to the Customer'. Der Fokus bei den dafür benötigen Elementen des Wissensmanagements liegt in den Säulen Inhalt und Zusammenarbeit.

7.5.1 Erkenntnisse

Die neue Vertriebsstrategie ‚One Face to the Customer' und die damit verbundene Einführung einer CRM-Lösung bei Heraeus Kulzer reduziert die Schnittstellen in der Kundenansprache.

Das integrierte CRM-System führt das Wissen über den Kunden für alle Mitarbeiter in Marketing, Vertrieb und Service zusammen. Das erlaubt Heraeus Kulzer dem Kunden massgeschneiderte und aufeinander abgestimmte Angebote zu unterbreiten.

Der Kundennutzen liegt in einer grösseren Individualisierung. Das CSC ist durch die Einrichtung verschiedener Serviceregionen und die automatische Erkennung des anrufenden Kunden in der Lage, diesen persönlich anzusprechen. Die Beratungsqualität kann dadurch deutlich verbessert werden.

Der Internetkanal schafft Mehrwert durch personalisierte Favoritenlisten und Nettopreise. Zusätzlicher Kundennutzen wird durch die zeitunabhängige 24/7-Bestellmöglichkeit geschaffen.

7.5.2 Besonderheiten

Der Fall Heraeus Kulzer zeichnet sich durch folgende Besonderheiten aus:

• *Heraeus Kulzer versucht Wettbewerbsvorteile durch Partnernähe zu erzielen:* Dafür schafft das Unternehmen eine einheitliche Kundenschnittstelle und integriert die verschiedenen Kontaktkanäle (Multi-Kanal-Management).

• *Das CRM-Projekt setzt die neue Unternehmensstrategie um:* Das Strategieprojekt entwickelte das Firmenleitbild ‚Partnership first' und leitete daraus die Vertriebsstrategie ‚One Face to the Customer' ab. Diese Strategie wurde durch das zeitlich überlappend gestartete CRM-Projekt auf Prozess- und Systemebene konkretisiert und verankert.

• *Heraeus Kulzer führte CRM schrittweise, aber gleichzeitig auf allen Kontaktkanälen ein:* Die höhere Projektkomplexität wurde zugunsten einer besseren Kanalintegration bewusst in Kauf genommen.

Expertengespräche

Assmus, Oliver, Leiter Customer Service Center, Heraeus Kulzer GmbH & Co. KG, fachlicher Projektleiter des CRM-Projektes, Hanau, 7. August 2002

Behnisch, Jörg, Leiter Organisation und Informatik, Heraeus Kulzer GmbH & Co. KG, Mitglied des Lenkungsausschusses, Hanau, 7. August 2002

8 Content Management zur Beratungs- und Vertriebsunterstützung bei der Deutschen Post

Oliver Kutsch, Christian Balzer, Werner Dix

Einordnung in die CKM-Rahmenarchitektur

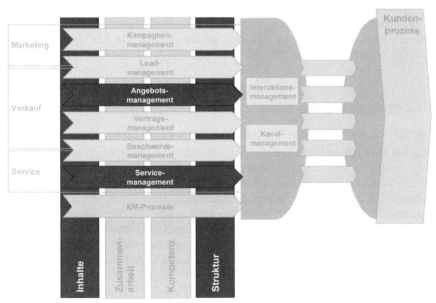

8.1   Unternehmen und Problemstellung

8.1.1 Deutsche Post World Net

Der Konzern Deutsche Post World Net (DPWN) zählt zu den grössten Logistikunternehmen der Welt. Den Kunden werden Brief-, Express- und Logistikservices, Lösungen rund um das eBusiness und unterschiedliche Finanzdienstleistungen, wie Girokonten, Privatkredite, Investmentfonds, Versicherungen, etc. geboten. Auf dem Weg zu einem weltweit führenden Logistikunternehmen verfolgt die Deutsche Post World Net eine Wachstums- und Internationalisierungsstrategie und baut dabei auf die Leistungsfähigkeit und die Einsatzbereitschaft der Mitarbeiter weltweit. Unter dem Dach Deutsche Post World Net sind die drei Marken Deutsche Post, DHL und Postbank in einem Leistungsverbund vereint [o.V. 2002].

Der nachfolgende Beitrag fokussiert sich auf den Unternehmensbereich ‚Finanz Dienstleistungen' des Konzerns Deutsche Post World Net. Innerhalb dieses Unternehmensbereichs werden unter anderem über das Filialnetz unterschiedliche Dienstleistungen der Marken Deutsche Post, DHL und Postbank vertrieben. Für den gemeinsamen Vertrieb werden die Herausforderungen für den Betrieb, wie z. B. die Bereitstellung geeigneter Transaktions- und Informationssysteme, organisatorisch innerhalb des Bereichs „Filialen" gebündelt. Abb. 8-1 gibt einen Überblick über das Unternehmen und den Unternehmensbereich ‚Finanz Dienstleistungen'.

8.1.2 Problemstellung

Mit dem weiterentwickelten Filialnetz strebt die Deutsche Post eine Neuausrichtung hin zum führenden „Dienstleistungs-Retailer" in Deutschland an. Durch eine Ausweitung der Produktpalette sollen höhere Umsätze erwirtschaftet werden, welche die vorhandenen Unterhaltskosten für den Filialbetrieb überkompensieren. Im Rahmen des darauf ausgerichteten Filialkonzepts wird den Kunden in rund 720 unternehmenseigenen Center-Filialen ein umfassendes Produktangebot von Post-, Finanz- und Telekommunikationsdienstleistungen im Sinne des ‚One Stop-Shopping" angeboten. Darüber hinaus gibt es im stationären Vertrieb zahlreiche weitere unternehmenseigene und partnerbetriebene Filialen, die eine differenzierte Produktpalette bieten [o.V. 2002].

DEUTSCHE POST WORLD NET	
Gründung	1490: Gründung des neuzeitlichen Postwesens durch Franz von Taxis 1950: Gründung der Deutschen Bundespost 1995: Gründung der Deutsche Post AG
Firmensitz	Bonn
Branche	Logistik- und Finanzdienstleistungen
Geschäftsfelder	Brief-, Express-, Logistik- & Finanzdienstleistungen
Firmenstruktur	Unternehmensbereiche: Brief, Express, Logistik, Finanzdienstleistungen Zentralbereiche: Karriere, Postforum, Post + Schule, Filialen, Konzerneinkauf, Zulagenverwaltung
Homepage	http://www.deutschepost.de
Unternehmensbereich ‚Finanz Dienstleistungen'	
Umsatz	Keine Angabe
Ergebnis	2001: Erlöse: EUR 7'604 Mio.
Marktanteil	Keine Angabe
Mitarbeiter	2001: 11'254 Mitarbeiter 2001: 45'000 Mitarbeiter in den Filialen (gerundet)
Kunden	Keine Angaben

Abb. 8-1: Unternehmensbereich ‚Finanz Dienstleistungen'
der Deutsche Post World Net AG [o.V. 2001]

Sowohl die Ausweitung des Angebots, beispielsweise um die Telekommunikationsdienstleistungen, als auch der stärkere Fokus auf eine umfassendere Betreuung und Beratung von Kunden, zum Beispiel im Finanzdienstleistungsbereich, erhöht die Anforderungen an die Mitarbeiter in den Filialen. Ausserdem hat sich die Komplexität der Vertriebsaufgaben stark erhöht. Damit diese Aufgaben von den jeweiligen Mitarbeitern erfolgreich erfüllt werden können und damit die Weiterentwicklung des Bereichs Filialen gelingt, bedarf es neben der neuen Strategie adäquater Prozesse und IT-Systeme, die diese Veränderungen ermöglichen und unterstützen. Dabei dürfen insbesondere bei der Ausgestaltung der IT-Systeme die Abhängigkeiten zu anderen Vertriebskanälen nicht vernachlässigt werden. Ziel ist die Zentralisierung und Standardisierung der IT-Landschaft hin zu einer Multikanalarchitektur – zur Unterstützung des stationären, Telefon- und Online-Vertriebes.

8.2 Ausgangssituation

Zur Umsetzung der strategischen Neuausrichtung wurde ein Grossprojekt zur Konzeption und Implementierung geeigneter Prozesse und IT-Systeme für einen effektiven Filialbetrieb aufgesetzt. Zielsetzung war eine umfassende Prozessoptimierung und der Austausch der gesamten Hard- und Software am Front und Back End-Bereich der Filialen.

Im Zusammenhang mit der Prozessoptimierung galt es auch, die Informationsflüsse von den zentralen Organisationseinheiten hin zu den Mitarbeitern in den Filialen zur Vertriebs- und Beratungsunterstützung zu verbessern und durch entsprechende Systeme zu unterstützen. Im Kontext des Customer Knowledge Managements beziehen sich die nachfolgenden Erläuterungen im Rahmen dieser Fallstudie nicht auf das Gesamtprojekt, sondern ausschliesslich auf die Optimierung der Informationsflüsse.

8.2.1 Strategie

Die Informationsversorgung der Filialmitarbeiter erfolgte zentral durch die Organisationseinheit ‚Betrieb'. Das betraf sowohl die vertriebsbezogenen Informationen über Produkte und Konditionen als auch die betriebsbezogenen Informationen, wie z. B. Verhaltens- und Verfahrensanweisungen.

8.2.2 Prozesse

Die Prozesse der Informationsversorgung gestalteten sich folgendermassen:

1. In der Regel erstellten die Mitarbeiter aus den zentralen Fachbereichen die fachlichen Informationen. Beispielsweise initiierten die Produktmanager, die dem Vertrieb innerhalb des Unternehmensbereichs ‚Finanz Dienstleistungen' der Deutschen Post World Net zugeordnet waren, Informationen über neue oder Änderungen von vorhandenen Dienstleistungen, damit diese in Verbindung mit qualifizierter Beratung durch die Mitarbeiter in den Filialen verkauft werden können. Darüber hinaus verfasste die Organisationseinheit ‚Betrieb' Informationen zur Abwicklung von operativen Tätigkeiten innerhalb der Filiale.

2. Die Organisationseinheit ‚Betrieb' hat die dezentral erstellten Informationen zentral gesammelt, inhaltlich geprüft, priorisiert und der Organisationseinheit ‚Informationsmedien Help Desk Filialen' (IHF) weitergeleitet. Die Organisationseinheit IHF bereitete die Informationen redaktionell und zielgruppengerecht auf. Zu unterscheiden waren neben Zielgruppen von Mitarbeitern innerhalb der Filialen, die sich in der Regel auf unterschiedliche Produktsegmente spezialisiert haben, auch Mitarbeiter von partner- bzw. eigenbetriebenen Filialen.

3. Im Anschluss an die Aufbereitung der Inhalte leitete die Organisationseinheit IHF die Informationen je nach Art des Dokuments weiter.

4. Die Organisationseinheit IHF stellte jedem Front End-Arbeitsplatz innerhalb der Filialen halbjährlich Filialhandbücher als Nachschlagewerk bereit. Die Inhalte wurden in elektronischer Form weitergeleitet und über eine Druckerei auf dem Postweg an die Filialen verteilt.

5. Im Gegensatz dazu haben die Filialdirektionen so genannte „Infoblätter", die für aktuelle Informationen als Übergangslösung bis zur jeweils neuen Ausgabe des Filialhandbuchs dienten, kaskadierend über die jeweiligen Filialregionen verteilt, kopiert und ebenfalls bis an jeden Front End-Arbeitsplatz weitergeleitet.

6. Obwohl diese Infoblätter auch im Sinne eines Nachschlagewerks von den Filialmitarbeitern aufbewahrt und archiviert wurden, galt die Anweisung, jedes Infoblatt zur Kenntnis zu nehmen, da auf andere Art und Weise nicht auf Änderungen aufmerksam gemacht werden konnte.

8.2.3 Systeme

Die originären Inhalte wurden üblicherweise elektronisch per Microsoft Word erstellt und per eMail an die jeweiligen Organisationseinheiten weitergeleitet. Zur Aufbereitung der Filialhandbücher nutzte die zentrale Informationsstelle auf Anforderung der Druckerei die Desktop Publishing-Software QuarkXPress. Im Gegensatz dazu wurde für die Erstellung der Infoblätter das komfortablere Microsoft Word benutzt, damit die Zeit zwischen dem Eintreffen der Information und der Veröffentlichung minimiert werden konnte. Der damit verbundene Doppelaufwand der Pflege der Informationen, die nach der Veröffentlichung per Infoblatt für die nächste Ausgabe der Filialhandbücher nochmals in QuarkXPress manuell erfasst werden musste, wurde missbilligend in Kauf genommen.

8.2.4 Leidensdruck

Die unzureichende Systemunterstützung und der damit verbundene prozessuale Mehraufwand für die Informationslieferanten und -empfänger machte die Informationsversorgung ineffektiv.

- Es bestand ein Konflikt in der Forderung nach intensiver Informationsverbreitung zur Vertriebsförderung durch den ‚Vertrieb' einerseits und der Verantwortung des Risikos der operativen Informationsüberflutung durch den ‚Betrieb' andererseits.

- Die Informationsversorgung war lediglich messbar auf Basis der Anzahl verteilter Dokumente, aber nicht im Sinne eines qualitativen Informationsverständnisses. Anzeichen für eventuelle Informationsdefizite konnten daher lediglich aus gehäuften Anfragen in den Helpdesk Filialen erkannt werden.

- Der zusätzliche Aufwand auf Seiten der Informationslieferanten lag an der mangelnden Wiederverwendbarkeit der Inhalte. Die Redakteure in der zentralen Informationsstelle mussten die Inhalte sowohl für unterschiedliche Medien als auch innerhalb der Medien für unterschiedliche Zielgruppen jeweils manuell pflegen.

- Darüber hinaus erforderte die papiergebundene Verteilung der Informationen einen hohen Koordinations- und Arbeitsaufwand.

- Die Filialmitarbeiter als Informationsempfänger hatten einen hohen Aufwand, aufgrund der mangelnden Kontextsensitivität der gelieferten Informationen. Statt in den Situationen, in denen Hilfe bei der Aufgabenabwicklung notwendig ist, kontextsensitiv auf Informationen zurückgreifen zu können, mussten sie jedes Infoblatt lesen und anschliessend ordnungsgemäss ablegen.

- Die hohe Anzahl von Infoblättern pro Woche führte zur Informationsüberflutung.

- Das manuelle Genehmigungsverfahren und die papiergebundene Verteilung der Informationen hatten einen massgeblichen Einfluss auf die Aktualität der Informationen. Durchschnittlich dauerte es fünf Tage vom Eintreffen des Rohinhalts aus den Fachabteilungen bis zum Eintreffen des zielgruppengerecht aufbereiteten Infoblattes in der Filiale.

- Neben den Arbeitsaufwänden entstanden auch hohe Material- und Druck- bzw. Kopierkosten. Die Filialhandbücher hatten je nach Zielgruppe einen Umfang von ca. 1'000 bedruckten Seiten in bis zu drei Bänden und eine Auflage von ca. 26'500 Exemplaren. Die Infoblätter, von denen pro Woche ungefähr 40 erstellt wurden, umfassten durchschnittlich knapp zwei Seiten. Sie wurden in Abhängigkeit von den Zielgruppen an rund 23'000 Front End-Arbeitsplätze verteilt.

8.3 Projekt

Zur Verbesserung der Informationsflüsse hat die Deutsche Post im Sommer 1999 das nachfolgend erläuterte Projekt umgesetzt.

8.3.1 Ziele

Im Rahmen einer Vorstudie sollte der Mehrwert einer verbesserten Informationsversorgung der Mitarbeiter in den Filialen identifiziert werden.

Im anschliessenden Projekt galt es, den in der Vorstudie ermittelten Mehrwert durch eine Ausschöpfung des Optimierungspotenzials der Informationsversorgung zu erreichen. Die Deutsche Post hat dabei primär Veränderungen auf der System-ebene gewünscht und möglichst wenige Veränderungen auf der Prozessebene als Rahmenbedingung vorgegeben, um den organisationsübergreifenden Abstim-mungsaufwand in Grenzen zu halten.

Gemäss des geschilderten Leidensdrucks sollten durch das Projekt Verbesserun-gen bei der Informationsversorgung erreicht werden, hinsichtlich der

- Reduktion des Arbeitsaufwands bei der redaktionellen Überarbeitung durch einmalige Erstellung und mehrfache Verwendung von Inhalten,

- Erhöhung der Aktualität durch Beschleunigung der Prozesslaufzeit,

- Einsparung von Arbeitsaufwänden und Materialkosten durch elektronische Übermittlung der Informationen,

- Möglichkeit zur Senkung des Risikos der Informationsüberflutung.

8.3.2 Durchführung

Die Deutsche Post hat die ehemalige PwC Consulting (im Oktober 2002 in IBM Business Consulting Services aufgegangen) beauftragt, eine Vorstudie und an-schliessend ein Projekt zur Verbesserung der Informationsversorgung der Mitar-beiter in den Filialen durchzuführen. Sowohl die Vorstudie als auch die Umset-zung wurde als Teilprojekt ‚Hilfe- und Informationsplattform' (HIP) in das Gross-projekt zur Konzeption und Implementierung geeigneter Prozesse und Systeme für einen effektiven Filialbetrieb eingebettet. In diesem Zusammenhang erfolgte im Jahr 2000 die Überführung in die Regelorganisation der neu geschaffenen Servi-ceniederlassung Retail-Systeme. Die Nähe zum Grossprojekt wurde von der Deut-schen Post explizit gewünscht, um eine weitgehende Vereinheitlichung hinsicht-lich gemeinsamer Middleware, einheitlichem Layout und ggf. kontextsensitiver Verknüpfung mit der Vertriebsplattform am Front End-Arbeitsplatz gewährleisten zu können.

IBM Business Consulting Services hat sich bereits bei der Vorstudie, insbesondere aber bei der Umsetzung des Projekts, am Vorgehensmodell gemäss Abb. 8-2 ori-entiert.

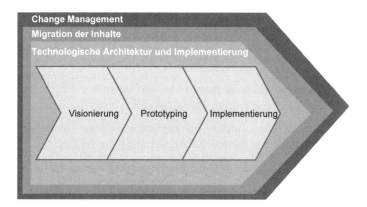

Abb. 8-2: Vorgehensmodell für das Projekt ‚Hilfe- und Informationsplattform'

Im Rahmen der Vorstudie, die in die Phase der Visionierung einzuordnen ist, hat IBM Business Consulting Services die vorhandenen Prozesse und Systeme zur Informationsversorgung der Mitarbeiter in den Filialen analysiert. Parallel dazu hat IBM Business Consulting Services ebenfalls die Anforderungen und möglichen Restriktionen an das Optimieren der Informationsversorgung in enger Zusammenarbeit mit den Verantwortlichen der Deutschen Post erhoben. Im Anschluss an die Analyse der beschriebenen Ausgangssituation hat IBM Business Consulting Services unterschiedliche Szenarien zum Optimieren der Informationsversorgung entwickelt und zur Vorauswahl gestellt. Als wesentliche Einflussfaktoren auf die Szenarioauswahl haben sich der qualitative Nutzen, die Akzeptanz bei den Anwendern, der Wartungsaufwand je Inhalt und die Ausbaufähigkeit der Lösung herausgestellt. Für das präferierte Szenario wurde nachfolgend eine ausführliche Wirtschaftlichkeitsberechnung im Sinne eines Business Cases durchgeführt, der den Mehrwert der Optimierung der Informationsversorgung quantifizierte.

Das umzusetzende Szenario umfasste die Etablierung von Content Management zur Verbesserung der Informationsversorgung sowie die Neuentwicklung, Implementierung und den Roll-Out eines geeigneten Content Management-Systems auf der von der Deutschen Post vorgegebenen Plattform Lotus Domino. Dabei wird Content Management verstanden als „systematische Sammlung, Erstellung, Speicherung und Veredelung von ... Inhalten und Mediendaten aller Art in einem einzigen, fein granulierten (logischen) Bestand" [Rothfuss/Ried 2000]. Ein entsprechendes Content Management-System bildet den gesamten Content-Lebenszyklus elektronisch ab und unterstützt zusätzlich die Kontrolle, Genehmigung, Veröffentlichung und Archivierung der Inhalte.

Nach der Auftragserteilung hat IBM Business Consulting Services unmittelbar mit den nächsten Phasen des Vorgehensmodells begonnen. Es wurde ein gemischtes Projektteam von bis zu acht Mitarbeitern der Deutschen Post und IBM Business Consulting Services gebildet. Während die externen Mitarbeiter für die Projektleitung, das Vorgehen und die Umsetzung verantwortlich waren, lag der Zuständigkeitsbereich der internen Mitarbeiter anfänglich im Wissenstransfer und später in der Entwicklung und Gewährleistung des operativen Betriebs. Im Sinne des Proto-

typings erfolgte die Entwicklung und Implementierung iterativ. Es wurden frühzeitig erste Versionen des Content Management-Systems bereitgestellt, die im
Laufe des Projekts kontinuierlich verbessert und um weitere Funktionalitäten erweitert wurden.

Dieses Vorgehen hat sowohl innerhalb des Projekts als auch bei den betroffenen
Mitarbeitern wie z. B. den Redakteuren in der zentralen Organisationseinheit IHF
durch erste anschauliche und nutzbare Ergebnisse schnell Vertrauen bezüglich der
Vorgehensweise und der Content Management-Lösung geschaffen. Das Vertrauen
und die Zuverlässigkeit in der Kommunikation hat die Akzeptanz gefördert, die
intensive Organisationseinheiten übergreifende Zusammenarbeit erleichtert und
den Prozess des Change Managements massgeblich gefördert.

Zur Übersicht über die bereitgestellten Versionen inklusive der wesentlichen Anpassungen dient Abb. 8-3.

Jahr		Version	Inhalt
2000	2. Quartal	1.0	Autorensystem
	4. Quartal	2.0	Intranetsystem
2001	2. Quartal	2.1	Layoutumstellung Intranet
	3. Quartal		Roll-Out an die Front End-Systeme
	4. Quartal	3.0	Liveschaltung an den Front End-Systemen
			Implementierung erweiterter Suchfunktionen
Übergabe der Anwendung in den Regelbetrieb			
2002	2. Quartal	3.1	Erweiterung in der Autorenversion
	4. Quartal	4.0	Umstellung auf XML
			Kontextsensitive Hilfefunktion

Abb. 8-3: Übersicht über die bereitgestellten Versionen im Projektverlauf

8.3.3 Kritische Erfolgsfaktoren

Folgende kritischen Erfolgsfaktoren waren im Rahmen der Projektabwicklung zu
berücksichtigen:

- Die kombinierte Zielsetzung, das Content Management-System als Hilfe- und
  Informationsplattform einzusetzen, hat den Mehrwert des Projekts nachhaltig
  erhöht. Unabhängig von der einmaligen Erstellung des Content sollten die Mitarbeiter in den Filialen die Informationen über unterschiedliche Wege bis hin
  zur kontextsensitiven Verknüpfung mit der zugrundeliegenden Vertriebsplattform einsehen können. Gewohnte Strukturen bei der Aufbereitung der Inhalte
  sollten vorerst beibehalten werden, damit die Veränderungen im Sinne der Akzeptanz kein Übermass annehmen konnten.

- Aufgrund der Einbindung des Projekts ‚Hilfe- und Informationsplattform'
  (HIP) in ein Grossprojekt war ein sehr fokussiertes und zielstrebiges Projekt-

vorgehen notwendig. Auf diese Weise konnte verhindert werden, dass die zahlreichen Unsicherheiten und Unwägbarkeiten des Grossprojekts, beispielsweise in Form von Abhängigkeiten zu anderen Teilprojekten, einen grösseren negativen Einfluss auf den Projektverlauf und -erfolg hatten.

- Die Entwicklung des Content Management-Systems auf Basis einer offenen Systemplattform sollte vermeiden, dass Anpassungen der Anforderungen auf Basis von Abhängigkeiten zum Grossprojekt zu einem K.O.-Kriterium wurden, sondern stetig umgesetzt werden konnten.

8.4   Neue Lösung

Unter Bezug auf die gesetzten Ziele und die damit verbundenen Rahmenbedingungen gab es vergleichsweise wenige Veränderungen im Bereich Strategie und Prozesse. Stattdessen ist die neue Lösung primär gekennzeichnet von umfassenden Neuerungen auf der Systemebene (s. Abb. 8-4).

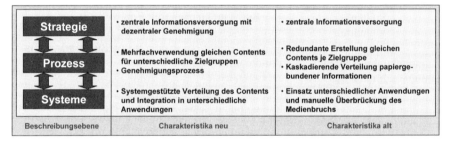

Abb. 8-4: Kurzcharakteristik

8.4.1 Strategie

Im Vergleich zur Ausgangssituation hat sich die Strategie kaum verändert. Die Informationsversorgung der Filialmitarbeiter erfolgte weiterhin zentral. Allerdings ist die Rollenverteilung angepasst worden, da durch das Content Management eine stärkere organisatorische Trennung zwischen der Erstellung, Aufbereitung und Verteilung möglich ist. Während die Informationen weiterhin dezentral erstellt werden, ist der ‚Betrieb' bei der Informationsversorgung mittlerweile nur noch für die Priorisierung und Aufbereitung der Informationen zuständig. Für die elektronische Verteilung und das Layout des Content gemäss Corporate Design- und Corporate Identity-Vorgaben ist die Serviceniederlassung ‚Retail-Systeme' verantwortlich. Die inzwischen gegründete ‚Deutsche Post IT-Solutions' (ITS) übernimmt die softwaretechnische Entwicklung des Systems. Das Konfliktpotenzial bezüglich der Intensität der Informationsversorgung zwischen Betrieb und Ver-

trieb wird mit der neuen Lösung deutlich reduziert, weil der manuelle Aufwand
für den Umgang mit den papiergebundenen Informationen weitgehend entfallen
ist.

8.4.2 Prozesse

Die veränderte Rollenverteilung führt zu geringfügigen Prozessanpassungen (s.
Abb. 8-5).

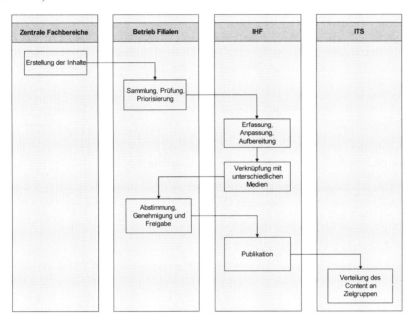

Abb. 8-5: Prozesse neu

1. Die Mitarbeiter in den zentralen Fachbereichen sind weiterhin für die originäre
   Erstellung der Inhalte der Informationen für die Mitarbeiter in den Filialen zuständig.

2. Nach der zentralen Sammlung, Prüfung und Priorisierung werden die Informationen durch die Organisationseinheit IHF im Content Management-System nur
   einmalig in Form von einzelnen Textbausteinen erfasst, bzw. angepasst und redaktionell aufbereitet. Anschliessend werden die erstellten Textbausteine je
   nach Zielgruppe mit den unterschiedlichen Medien verknüpft.

3. Die Abstimmung innerhalb der Redaktion und die Genehmigung durch so genannte ‚Reviewer' erfolgt strukturiert mittels eines elektronisch gestützten Ge-
   nehmigungsprozesses.

4. Durch die abschliessende Freigabe werden die Informationen für unterschiedliche Zielgruppen zur Verteilung bereitgestellt.

5. Für den Betrieb der neuen Lösung inklusive zugehöriger Schnittstellen zu anderen Systemen ist die Deutsche Post ITS verantwortlich. Daher wird von dort aus der Content an die unterschiedlichen Zielgruppen elektronisch über die jeweiligen Schnittstellen verteilt.

6. Der Arbeitsaufwand für die Ablage von papiergebundenen Informationen je Arbeitsplatz entfällt für die Informationsempfänger.

8.4.3 Systeme

Basierend auf den üblichen Content Management-Funktionalitäten zur Abdeckung des Content-Lebenszykluses hat die Deutsche Post zusätzliche Anforderungen an spezifische Systemfunktionalitäten gestellt, von denen nachfolgend eine Auswahl aufgelistet ist:

- Umfassende Suchefunktionalitäten unter besonderer Berücksichtigung des Offlinebetriebs.

- Vielseitige Navigationsmöglichkeiten über diverse Kategorien bei gleichzeitiger Beibehaltung der Kapitelstruktur der Filialhandbücher.

- Stichtagsbezogene Publikation von einzelnen Content-Objekten bis hin zu ganzen Kapiteln inklusive jeweiliger Unterkapitel.

- Unternehmensspezifische Redaktions- und Genehmigungsprozesse.

- Rollenbasierte Zugriffssteuerung für unterschiedliche Anwender (Autoren, Reviewer, Administratoren, etc.) und zur Differenzierung von Zielgruppen (Mitarbeiter in eigenbetriebenen Filialen, in Fremdbetriebenen Filialen, Intranetanwender, etc.).

- Parallele Benutzung des Contents für Handbücher und als Hilfesystem für die Front End-Arbeitsplätze.

Von der Content-Erstellung bis zur Verteilung sind verschiedene IT-Bereiche des Grosskonzerns involviert, die jeweils über eigene Applikationsstandards verfügen. Die Basis für das Content Management-System stellt ein IBM/Lotus Domino R5-Serversystem dar. Der Lotus Notes-Client wird nur von den Redakteuren zur Aufbereitung des Content in der Organisationseinheit IHF benötigt. Durch Workflows werden die Redaktions- und Genehmigungsprozesse systemtechnisch gestützt. Nach der Aufbereitung des Content werden die Daten auf die zentralen Lotus-Domino-Server repliziert und somit zum Zugriff bzw. zur Verteilung an unterschiedliche Zielgruppen bereitgestellt. Wie Abb. 8-6 verdeutlicht, werden folgende Zugriffe auf den Content unterschieden:

- Der Zugriff im Intranet erfolgt direkt auf den Lotus Domino Server. Dieser stellt die entsprechenden Daten zur Verfügung, die es erlauben, den Content in dynamisch generierten HTML-Seiten im Internet Explorer des Benutzers anzeigen zu lassen.

- Die wesentlichen Zielgruppen der Mitarbeiter in den Filialen greifen über ca. 22'000 Front End-Arbeitsplätze offline auf den Content zu. Die Front End-Arbeitsplätze sind autonome Systeme, die in der Regel mittels einer ISDN-Wählverbindung an das Netzwerk der Deutschen Post angeschlossen sind. Über die Middleware Riposte der Firma Escher Group Ltd. werden die Offline-Web-Clients nachts vollautomatisch durch ein Pull-Verfahren mit Content beliefert. Unterschieden wird zwischen Erstbelieferung und den täglich zur Verfügung gestellten Updates. Letztere beinhalten neben neuem und verändertem Content auch Löschungen.

- Des Weiteren wird der Content täglich per Replikation und ODBC-Datenbank-Export in das Call Center-System des zentralen Helpdesks für die Filialen übertragen. Ziel ist es, die Call Center-Agenten adäquat zu informieren, um fachliche Fragen fundiert beantworten zu können.

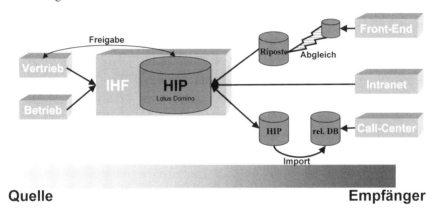

Abb. 8-6: Überblick über die verwendete Systemarchitektur

Die Erstellung der Inhalte wird, abgesehen von dem intranetbasierten Genehmigungsprozess, nicht weiter durch das neue Content Management-System unterstützt.

Abgelegt und aufbereitet werden die Inhalte in Form von einzelnen Content-Objekten, die dem klassischen Container-Prinzip von Lotus Domino-Datenbanken entsprechen. Ausgangspunkt sind eigenständige Content-Objekte, die mit Hilfe von Verknüpfungen in einen inhaltlichen Kontext gebracht werden. Der Aufbau der Anwendung lässt sich daher anhand einer Bottom-Up-Struktur erklären (s. Abb. 8-7).

Das einzelne Content-Objekt wird als Modul bezeichnet und umfasst beispielsweise einen Textbaustein, Grafiken, Tabellen oder ähnliches. Einzelne Module werden in so genannten „Abschnittsübersichten" aggregiert. Die Inhalte speziell gekennzeichneter Module in den Abschnittsübersichten stellen gleichzeitig die Inhalte für die Hilfe der Schalteranwendung dar. Durch Zuordnung von Kapitelebenen füllen die Abschnittsübersichten die Kapitelstruktur. Den einzelnen Kapitelebenen können verschiedene Attribute wie Kategorien, Filialformen, Anweisungsnummern, Quellen oder Zugriffsrechte hinzugefügt werden. Insbesondere werden hier die Erscheinungstermine und Gültigkeitsdauern gespeichert, über die eine automatische Publikation von Inhalten gesteuert wird. Diese Attribute werden zusätzlich genutzt, um den Mitarbeitern eine einfache Übersicht über Veröffentlichungen der letzten Tage zu ermöglichen. Ebenso ist über die integrierte Suchfunktion eine Abfrage von Publikationen zu einem Thema innerhalb eines frei wählbaren Zeitraums möglich. Diese Suchfunktionen stehen im Intranet, wie auch an den offline Front End-Arbeitsplätzen im vollem Umfang zur Verfügung.

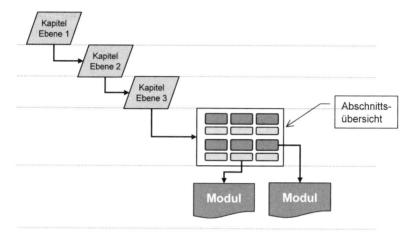

Abb. 8-7: Verdeutlichung der Bottom-Up-Struktur des Content

Aufgrund des Aufbaus ist es möglich, auf Anpassungswünsche bezüglich der Struktur einzelner Kapitel bis hin zur Gesamtstruktur flexibel reagieren zu können. Lediglich die Kapiteltiefe von drei Ebenen ist fixiert, was sich in der Praxis als vorteilhaft herausgestellt hat.

Bei der Verteilung des Content werden die Mitarbeiter in den Filialen je nach Filialform in unterschiedliche Zielgruppen unterteilt. Folglich muss der Content segmentiert werden, um zielgerichtet an die Front End-Arbeitsplätze je Filialform verteilt werden zu können. Die Eigenart des erläuterten Offline-Zugriffs macht es erforderlich, dass der Content auf jedem Front End-Arbeitsplatz redundant vorgehalten werden muss. Um diese jeweils zu übermittelnde Datenmenge so gering wie möglich zu halten, wird der Content von dem zugrundeliegenden Layout getrennt. Gerade der Einsatz von Content Management-Systemen ermöglicht diese Trennung zwischen Struktur, Darstellung und Inhalt und stellt so bedarfs- und benutzergerechte Sichten bereit [Jablonski/Meiler 2002]. Eine Layoutbeschreibung liegt an allen Front End-Systemen einheitlich in Form von CSS vor, so dass nur noch die XML-Strukturinformationen und -Daten übermittelt werden müssen. Somit kann im Vergleich zu einer kompletten HTML-Seite eine Reduzierung des Datenvolumens von bis zu 30% erreicht werden.

Die hardwaretechnische Ausstattung der Front End-Arbeitsplätze mit 12"-Touch-Screen-Monitoren stellte ganz besondere Anforderungen an das Layout und die Navigationsstruktur der Anwendung. So wurden eigens für diese Anwendung Designrichtlinien entwickelt, die mittlerweile für alle weiteren Front End-Anwendungen Gültigkeit bekommen sollen. Der Screenshot (s. Abb. 8-8) gibt einen Eindruck von den Besonderheiten des Layouts. Besonders markant ist hierbei die Button-Grösse.

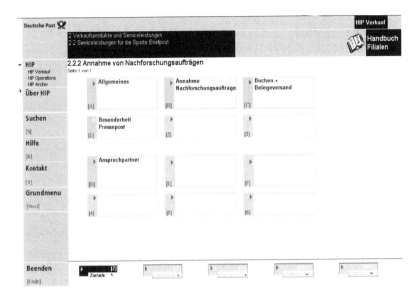

Abb. 8-8: Layout der Anwendung

Die Darstellung im Intranet gleicht derjenigen am Front End-Arbeitsplatz. Die Navigation über Buttons wirkt sich jedoch im Intranet nachteilig auf die Übersichtlichkeit aus. Eine Änderung des Layouts wurde bisher aufgrund des Wiedererkennungseffekts nicht in Erwägung gezogen. In Bezug auf die Akzeptanz der Intranetpräsenz wird jedoch zukünftig eine Anpassung als notwendig angesehen.

Bei der Call Center-Anwendung wird das Layout nicht genutzt, da der Content unmittelbar in eine Wissensdatenbank einfliesst. In der Datenbank sind verschiedenste Handlungsempfehlungen und allgemeine Hinweise aus unterschiedlichsten Quellen zu finden.

8.4.4 Wirtschaftlichkeitsbetrachtung

Die nachfolgenden Erläuterungen beschränken sich im Wesentlichen auf den Nutzen, da die Deutsche Post nur in Ausnahmefällen Aussagen zu Kosten macht (s. Abb. 8-9).

Durch eine umfassende Zielerreichung unter Berücksichtigung der kritischen Erfolgsfaktoren des Projekts können die angestrebten Nutzenpotenziale durch die ‚Hilfe- und Informationsplattform' in weiten Teilen ausgeschöpft werden:

- Beschleunigung der Prozesslaufzeit von fünf auf weniger als einen Tag von der Erstellung bis zur Bereitstellung der Information, so dass unter Einsatz des Content Management-Systems tagesaktuelle Informationen an die Mitarbeiter in den Filialen übermittelt werden können.

- Der Arbeitsaufwand bei der redaktionellen Überarbeitung durch einmalige Erstellung und mehrfache Verwendung des Content ist bei gleichzeitiger Erhöhung der Servicequalität deutlich reduziert worden.

- Die Betriebskosten für die Informationsversorgung der Mitarbeiter in den Filialen haben sich bezüglich der Materialkosten und der Arbeitsaufwände für die Verteilung verringert. Ein Teil der Einsparungen wird allerdings durch erhöhte Netz- und Verbindungskosten für den Datentransfer kompensiert.

- Für die Mitarbeiter in den Filialen reduziert sich der Aufwand für die Ablage und die Suche von Informationen durch die bereitgestellten komfortablen Suche- und Navigationsmechanismen. Ausserdem erlauben die kontextsensitive Verknüpfung und die Möglichkeit von unmittelbaren Korrekturen des Content eine Verringerung der Informationen, was erneut Arbeitsaufwand spart. Zusätzlich wird das Risiko der Informationsüberflutung gesenkt.

- Die Erweiterbarkeit der Lösung hat bereits dazu beigetragen, dass der Kreis der Informationsempfänger um weitere Zielgruppen ausgebaut werden konnte. Auf diese Weise dient das Content Management-System nicht nur den Mitarbeitern in den Filialen, sondern auch den Intranet-Anwendern, Call-Center-Agenten und zukünftig noch weiteren geplanten Zielgruppen.

ÜBERBLICK CONTENT MANAGEMENT ZUR BERATUNGS- UND VERTRIEBSUNTERSTÜTZUNG BEI DER DEUTSCHE POST
Aufwandskategorien:
Projektkosten
• In- und externe Mitarbeiter
• Projektinfrastruktur
• Veränderungs-, Schulungs- und Einarbeitungsaufwand
Investitionskosten
• Hardware
• Software
Betriebskosten
• Wartung
• Netz- bzw. ISDN-Verbindungskosten
Kosten für Pflege des Content
Nutzenkategorien:
Beschleunigung der Prozesslaufzeit
• Höhere Aktualität
Reduktion der Arbeitsaufwände
• Zur redaktionellen Überarbeitung
• Manuelle Ablage und Suche papiergebundener Informationen
Qualitätsverbesserung
• Servicequalität
Risikoreduktion
• Vor Informationsüberflutung
Senkung der Betriebskosten
• Materialkosten

Abb. 8-9: Content Management – Aufwands- und Nutzenkategorien

8.4.5 Geplante Weiterentwicklungen

Neben der kontinuierlichen Erweiterung der Zielgruppen der Informationsversorgung ist die Anpassung der Anwendung an das definierte Intranet Layout geplant. Zur Ausweitung der Akzeptanz im Intranet möchte die Deutsche Post neben dem Layout für die Touch-Screen-Nutzung eine zusätzliche Layoutvorlage für eine übliche Steuerung der Anwendung mit der Maus bereitgestellten. Darüber hinaus wird ein Kommunikationsweg angedacht, über den die Mitarbeiter in den Filialen Feedback bezüglich der Art der Aufbereitung und Verständlichkeit der Informationen geben können. Somit wären qualitative Messungen des Informationsverständnisses möglich und Informationsdefizite könnten noch schneller beseitigt werden. Unabhängig davon wird die Informationsaufbereitung mittels Einsatz von Hyperlinks und veränderter Navigation kontinuierlich den neuen Medien angepasst.

8.5   Einordnung in den Kontext

Durch den Titel wird bereits deutlich, dass die dargestellte Fallstudie sich primär mit den Säulen ‚Content Management' der KM-Sicht der CKM-Rahmen- architektur befasst. Zusätzlich werden Aspekte bezüglich der Strukturierung, Na- vigation und Suche angesprochen. In der CRM-Sicht der CKM-Rahmen- architektur ist die Fallstudie in die Prozesse Angebots- und Servicemanagement einzuordnen. Zusammenfassend geht es um die Informationsversorgung der 45'000 Mitarbeiter in unternehmenseigenen und Partner-Filialen. Diese sollen in die Lage versetzt werden, den Kunden die Dienstleistungen der Deutsche Post, in Verbindung mit umfassender und kompetenter Beratung, verkaufen zu können.

8.5.1 Erkenntnisse

Die Fallstudie Deutsche Post illustriert die Potenziale des Content Managements. Durch eine verbesserte Systemunterstützung und leicht veränderte Prozesse kann die Informationsversorgung einer grossen Anzahl von Mitarbeitern des stationären Vertriebskanals bei verringerten Kosten signifikant beschleunigt und verbessert werden.

Die Mehrfachverwendung von einmalig erstelltem Content für unterschiedliche Zielgruppen ist möglich und reduziert die Prozesskosten und den Arbeitsaufwand.

Ein zielgerichteter Einsatz von Content Management führt nicht nur zu einer ta- gesaktuellen und kontextsensitiven Informationsversorgung, sondern verringert auch die Informationen auf das notwendige Mass. Loseblattsammlungen mit Hin- weisen über Änderungen von Themen, die für den Einzelnen ggf. keine Relevanz haben, können vermieden werden und tragen zur Reduktion der Informationsüber- flutung bei.

Eine offene Systemplattform und die Nutzung von Standards, wie z. B. die Exten- sible Markup Language (XML) für den Datenaustausch ermöglichen eine rasche Erweiterung der Nutzerkreise durch Anbindungen an andere Systeme. Dies erhöht den Nutzen zusätzlich.

8.5.2 Besonderheiten

Zu den Besonderheiten der dargestellten Fallstudie zählt die Grössendimension der Zielgruppen, die mittels des Content Management-Systems Informationen erhalten. Dabei ist zu berücksichtigen, dass diese Lösung der 45.000 Informationsempfänger keinen unternehmensweiten Standard der Deutschen Post darstellt, sondern ausschliesslich für den Bereich Filialen innerhalb des Unternehmensbereichs ‚Finanz Dienstleistungen' gültig ist.

Die systemtechnischen Besonderheiten liegen in der Offline-Fähigkeit, die durch eine nächtliche Content-Verteilung über eine Middleware gewährleistet wird. Auch das Touch-Screen-Layout und die Navigationsstrukturen können nur eingeschränkt auf andere Unternehmen übertragen werden.

Die Einbindung eines Content Management-Projekts als Teilprojekt in ein Grossprojekt ist ebenfalls unüblich. Die Abhängigkeiten zur parallel angestrebten neuen Vertriebsplattform haben diese Organisation erforderlich gemacht.

9 Projektportal bei der Winterthur Versicherungen

Stefan Kremer, Gerold Riempp

Einordnung in die CKM-Rahmenarchitektur

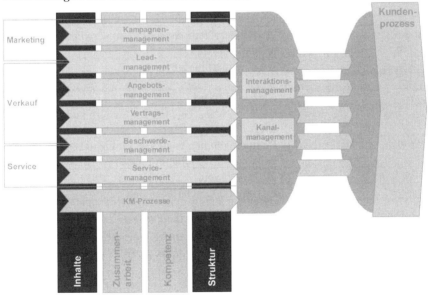

9.1   Unternehmen und Problemstellung

9.1.1 Unternehmen – Die Winterthur Versicherungen AG

Die Winterthur Life & Pensions bietet im Einzellebensbereich Versicherungen zum Schutz von Angehörigen im Todesfall und zur Sicherung der Altersversorgung von Privatpersonen weltweit an. Sie agiert dabei als eigenständiger Geschäftsbereich im Verbund der Credit Suisse Group, in welche die Winterthur Versicherungen AG seit 1997 integriert ist.

WINTERTHUR LIFE & PENSIONS	
Gründung	1923, seit 1997 Teil der Credit Suisse Group
Firmensitz	Winterthur
Branche	Lebens- und Altersvorsorgeversicherung
Geschäftsfelder	Lokale und international bedarfsgerechte Sicherheits- und Vorsorgelösungen für Privat- und Unternehmenskunden
Firmenstruktur	Gehört zur Credit Suisse Group, Credit Suisse Financial Services
Homepage	www.winterthur-leben.ch
Umsatz	CHF 8,713 Mrd.
Ergebnis	CHF 763 Mio. (Gewinn vor Steuern und Minderheiten)
Marktanteil	Prämienvolumen von CHF 17,4 Mrd.; in der Schweiz an 2. Stelle, in Europa an 10. Stelle
Mitarbeiter	7'400 weltweit
Kunden	Privat- und Geschäftskunden

Abb. 9-1: Kurzportrait der Winterthur Life & Pensions (Stand Ende 2001)

9.1.2 Problemstellung

Lebens- und Altersvorsorgeversicherungen sind Produkte mit einer Laufzeit von mehreren Jahrzehnten. Die Vertragsbedingungen jedes einzelnen Versicherungsvertrages werden dabei zum Zeitpunkt des Abschlusses mit dem Versicherungsnehmer festgelegt und gelten i.d.R. für die gesamte Laufzeit.

Neuverträge werden mit den jeweils aktuellen Standardkonditionen abgeschlossen, im Versicherungsportfolio bleiben aber weiterhin die bis dahin geschlossenen alten Versicherungsverträge enthalten. Letztere, in der Versicherungsbranche als

‚Closed Blocks' bezeichneten Altverträge, sind bei der Winterthur Life & Pensions aufgrund der dynamischen Marktentwicklung und einer zunehmenden Globalisierung in den letzten Jahren stark angewachsen.

Zur Reduktion der damit verbundenen erheblichen Verwaltungskosten initiierte Winterthur Life & Pensions die Initiative ‚Management of Closed Blocks' (McB) mit dem Ziel, Verwaltungsprozesse, versicherungsmathematische Modelle und informationstechnische Systeme zur Bewirtschaftung der Altverträge sukzessive zu vereinfachen und zu vereinheitlichen. Diese Standardisierung ist jedoch im Regelfall nur länderspezifisch möglich, da unterschiedliche Rechtsvorschriften zu beachten sind. Gleichwohl können viele Erfahrungen der einzelnen McB-Projekte auf andere übertragen werden.

Die Konsolidierung der bisherigen Strukturen wird durch ein Kernteam von ca. 25 Personen getragen. Das Team besteht aus Spezialisten, die besondere Kompetenzen in den Bereichen Verwaltungsprozesse, versicherungs-mathematische Modelle und informationstechnische Systeme aufweisen (sogenannte ‚Centers of Competence') und als interne Berater die McB-Projekte in den einzelnen Ländern durchführen. Ein McB-Consultant betreut dabei i.d.R. parallel mehrere McB-Projekte in unterschiedlichen Ländern und wird durch lokale Spezialisten der jeweiligen Landesgesellschaft unterstützt.

Die McB-Consultants, welche sich an häufig wechselnden Standorten in ganz Europa aufhalten, müssen zu jeder Zeit auf das Wissen der anderen Kollegen zurückgreifen können. Der Wissensaustausch erfolgt hauptsächlich dokumentenbasiert. Die Effektivität der McB-Initiative hängt dabei auch von der schnellen Verfügbarkeit der Arbeitsergebnisse (z.B. Prozessbeschreibungen) für die unmittelbar Beteiligten, wie auch für andere interessierte Projektmitglieder, ab.

Ziel des in diesem Beitrag vorgestellten bilateralen Projekts mit Mitarbeitern des Kompetenzzentrums Customer Knowledge Management (CC CKM) des Instituts für Wirtschaftsinformatik der Universität St.Gallen (IWI-HSG) und der Projektinitiative ‚Management of Closed Blocks' der Winterthur Versicherungen war die Unterstützung der Durchführung von McB-Projekten. Im Mittelpunkt stand dabei der Aufbau eines Portals auf Basis einer Standardsoftware für den internationalen Zugriff zum Auffinden, Erstellen und Überarbeiten von Projektdokumenten, Vorlagen und Berichten. Der vorliegende Fall fokussiert somit auf die Integration der Säulen ‚Inhalt' und ‚Struktur' der CKM-Rahmenarchitektur. Die Kunden des Portals sind die Mitarbeiter des Unternehmens. Daher konzentriert sich Wissensmanagement in diesem Beispiel primär auf das *Wissen für die Kunden*, welches in expliziter Form über ein Portal als Wissensmanagementplattform bereitgestellt wird.

9.2 Ausgangssituation

9.2.1 Strategie

Die strategische Zielsetzung der McB-Initiative ist das effiziente Management von ‚Closed Blocks' durch eine Analyse, Konsolidierung und Migration von Informationstechnologischen (IT) Altsystemen. Zu Beginn stand für die Durchführung dieses umfassenden Projekts keine Wissensmanagementplattform zur Unterstützung der Projektmitglieder zur Verfügung (s. Abb. 9-2).

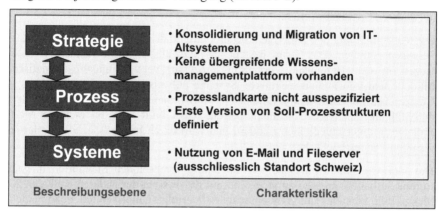

Abb. 9-2: Kurzcharakteristik des bisherigen Ansatzes

9.2.2 Prozesse

Eine Prozesslandkarte (s. Abb. 9-3) war zu Beginn der McB-Inititative bereits vorhanden, welche Leistungsprozesse (‚Value Adding Processes'), Unterstützungsprozesse (‚Support Processes') und Steuerungsprozesse (‚Management Processes') enthielt. Mit den Leistungsprozessen der Analyse (‚Transparency'), Neugestaltung der Prozesse (‚Process Reengineering') und Migration von Altsystemen auf einheitliche Plattformen (‚System Migration') sollten die Ziele des McB-Projekts erreicht werden. Bei den Unterstützungsprozessen waren bereits Platzhalter für Wissensmanagement (‚Knowledge Management, Communication, Portal Development') enthalten.

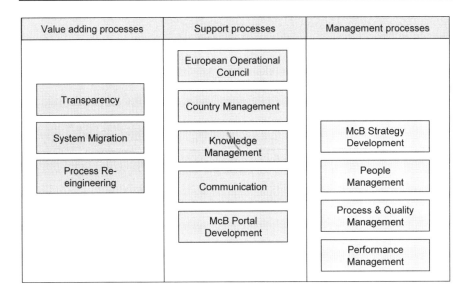

Abb. 9-3: McB Prozesslandkarte (Stand Anfang 2001)

Es stellte sich jedoch heraus, dass die bisherige Prozesslandkarte für die praktische Anwendung in der Projektdurchführung nicht detailliert genug war. Darüber hinaus hatten die ersten durchgeführten Projekte wiederum Rückwirkungen auf die ursprünglichen Prozessschritte, die berücksichtigt werden mussten.

9.2.3 Systeme

Auf der Systemebene stand den McB-Consultants das eMail-System Microsoft Outlook 98/Exchange sowie ein Fileserver zur Verfügung, auf den ausschliesslich vom Standort Schweiz zugegriffen werden konnte.

9.2.4 Leidensdruck

In der frühen Projektphase konnte der Wissensaustausch innerhalb des McB-Projekts systemtechnisch durch den Austausch von eMails unterstützt werden. Hier bekommt jeder Empfänger die Unterlagen wie Vorlagen, Statusberichte oder Projektreports einzeln zugeschickt. Zu den Problemen beim Versand von Projektinformationen per eMail gehören jedoch die Verwendung unterschiedlicher Versionen eines Dokuments und die Gefahr, dass einzelne Mitarbeiter (z.B. nach Neueintritt) nicht über alle relevanten Unterlagen verfügen. Daneben wirkt sich die hohe Netzbelastung negativ auf die Geschwindigkeit des Datentransfers aus. Der Informationsaustausch über den Fileserver war nur innerhalb der Schweiz möglich und somit im internationalen Rahmen der McB-Inititate nicht verwendbar.

Neben dem Dokumentenaustausch waren zeitnahe Informationen über den Status der einzelnen McB-Projekte für das zentrale Projektmanagement unverzichtbar. Voraussetzung für Wiederverwendbarkeit und Vergleichbarkeit war die Definition eines einheitlichen Vorgehensmodells für alle McB-Projekte, dessen Struktur im verwendeten System abgebildet ist. Diese Anforderung konnten weder durch eMail noch durch eine Fileserverstruktur zufriedenstellend abgedeckt werden.

Aufgrund der zunehmenden und wiederholten Nachfragen aus den beteiligten Ländern nach projektspezifischen Informationen und der erwarteten Entwicklung des Wissensaufkommens mit der McB-Initiative entschied sich die Projektleitung im November 2000 für den Aufbau eines Projektportals im Winterthur Intranet. Die Plattform 'McB-Portal' sollte allen Beteiligten (Projektzentrale, Projektteams und projektexternen Anspruchsgruppen) das von ihnen benötigte Wissen prozessorientiert zur Verfügung stellen.

9.3 Projekt

9.3.1 Ziele

Das Portalkonzept wurde im Sinne eines wissensorientierten Portals in Zusammenarbeit mit dem CC CKM des IWI-HSG mit folgenden Zielen erstellt:

- Abbildung und Unterstützung aller Leistungsprozesse (s. Abb. 9-3) sowie der Mehrheit der Unterstützungs- und Steuerungsprozesse im Portal.

- Zentrale Bereitstellung einer Projektmethode, die als Vorlage für die Abwicklung einzelner Prozesse, Phasen, Aktivitäten und Aufgaben innerhalb der verschiedenen Projekte verwendet werden kann (sogenannte 'Blueprints').

- Auswertungs- und Reportingmöglichkeiten zur Darstellung von Projektstati.

- Dezentrales Einstellen und Bearbeiten der Inhalte von allen internationalen Standorten aus.

- Flexible Erweiterbarkeit sowie adäquate Vergabe von Zugriffsberechtigungen.

Da die Winterthur Life & Pensions mit Opentext Livelink bereits eine leistungsfähige Intranetplattform besass, entschied man sich von Projektbeginn an für die Anpassung und Erweiterung des vorhandenen Intranets „LifeLink" an die spezifischen Anforderungen von McB.

9.3.2 Durchführung

Abb. 9-4 gibt eine erste Übersicht über die Projektphasen des McB-Portals bis Juli 2001. Während dieser Zeit gehörten dem Kernteam ca. 20 Mitarbeiter mit vertieften Kenntnissen in Versicherungsprozessen und -mathematik sowie IT-Systemen an.

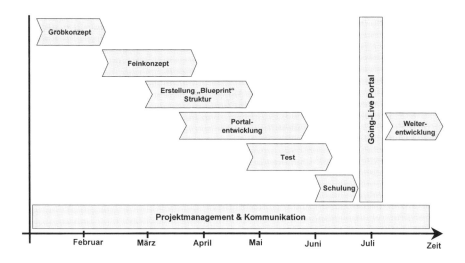

Abb. 9-4: Projektphasen des McB-Portals

Phase Grobkonzept

Zu Projektbeginn erstellte das Projektteam in mehreren Workshops eine Anforderungsanalyse mit Betreibern und Anwendern des zukünftigen Portals. Dabei wurden die in Abb. 9-5 aufgeführten Prozesse, Leistungen und Informationsbedarfe identifiziert und in einem Grobkonzept dargestellt.

Das Projektteam spezifizierte in Workshops die Leistungsprozesse über Anwendungsfallanalysen ('Use Case Analysis') aus und bildete sie in einer Projektmethode mit den hierarchischen Stufen Prozess, Phase, Aktivität und Aufgabe ab.

Auf organisatorischer Ebene verankerte der Leiter der McB-Initiative die aktive Beteiligung am Wissensmanagement in den Zielvereinbarungen und Beurteilungen für seine Mitarbeiter. Die Zielerreichung belegte er im Zuge eines 'Management by Objectives' mit Gehaltsboni. Durch eine Gruppierung der McB-Consultants mit bestimmten Aufgabenschwerpunkten in den 'Centers of Competence' (Prozesse, Versicherungsmathematik und Systeme) schuf er den Rahmen für Wissensaustausch und -entwicklung mit kurzen Wegen. Im Sinne einer Matrix bestimmte er zusätzlich für jeden Leistungsprozess einen Prozessverantwortlichen ('Process Owner') sowie für die landesspezifischen Projekte Länderverantwortliche („Country Relationship Manager'). Damit baute er eine vernetzte Struktur der McB-Consultants auf.

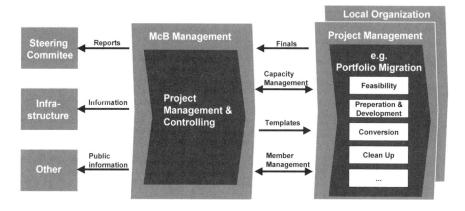

Abb. 9-5: Prozessarchitektur der McB-Inititative

Der ‚Knowledge Officer' integrierte in die Projektmethode sogenannte ‚After Action Reviews' am Ende der jeweiligen Phasen, in deren Rahmen die vorangegangene Arbeit strukturiert reflektiert werden sollte. Die Ergebnisse sollten allen McB-Consultants bereitgestellt sowie zur Verbesserung der Projektmethode genutzt werden. Weiterhin baute er Trainings für die Projektmethode und die kommende Wissensmanagementplattform auf.

Zur Erfassung der Mitarbeiterfähigkeiten initiierte der Leiter der McB-Initiative ein Selbst-Einschätzungs-Verfahren, mit dem die McB-Consultants ihre einschlägigen Kenntnisse nach Dauer der Erfahrung und erreichtem Niveau einstufen und halbjährlich aktualisieren.

Phase Feinkonzept

Parallel zum Feinkonzept wurde aus ersten Erfahrungen der ‚Blueprint' für weitere Projekte abgeleitet. Zentraler Bestandteil des erarbeiteten Feinkonzepts war der Entwurf zur Strukturierung der Benutzerschnittstelle des McB-Portals, dargestellt in Abb. 9-6.

Jede Phase innerhalb eines McB-Leistungsprozesses wird durch die im Arbeitsbereich („Project Workspace') dargestellten Inhalte und Funktionen unterstützt. Neben Vorlagen („Templates') und Beispieldokumenten legen die Mitarbeiter auch ihre derzeitigen Arbeitsunterlagen („Working Documents') sowie fertige Berichte („Finals') ab. Im unteren Bildschirmbereich ist ein sogenannter ‚Knowledge Corner' vorgesehen, in dem auf weitere interessante Dokumente verwiesen werden kann. Am rechten Bildschirmrand ist ein direkter Aufruf der gleichen Projektphase in einem anderen Land vorgesehen. Weiterhin befinden sich dort eine Anzeige von ausgewiesenen Experten bzw. Prozessverantwortlichen. Ergänzt wird der rechte Bereich um eine Diskussionsforum.

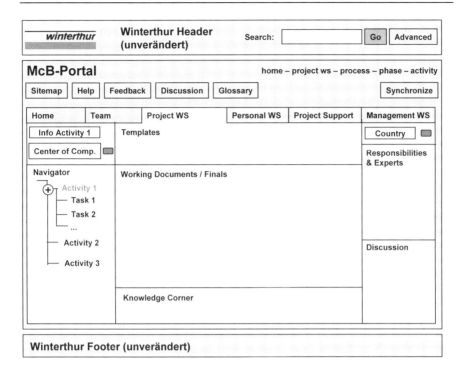

Abb. 9-6: Entwurf zur Strukturierung der Benutzerschnittstelle des McB-Portals

Die prozessspezifische Navigation wird durch den Navigator im linken Bild-schirmbereich weiter verfeinert. Hier ist die direkte Ansteuerung von Aktivitäten und auch einzelnen Aufgaben innerhalb einer Phase vorgesehen, zu denen jeweils Vorlagen, Beispieldokumente, Arbeitsunterlagen und Ergebnisse angezeigt werden. Somit bildet das Navigationskonzept vollständig die Bestandteile des ‚Blueprints' ab.

Da zu Projektbeginn bereits feststand, dass Opentext Livelink die technische Platt-form für das McB-Portal bilden würde, achtete das Projektteam schon in der Phase des Feinkonzepts auf einen Abgleich der Vorstellungen mit den technischen Möglichkeiten. Zu diesem Zweck führten die Projektbeteiligten der Winterthur und des IWI-HSG zwei Besprechungen mit technischen Ansprechpartnern der Firma Opentext durch, um die Umsetzbarkeit des Konzepts frühzeitig zu prüfen. Auch die abschliessende Datenmodellierung, welche die im Portal abzubildenden Informationsobjekte (z.B. Vorlagen, Beispieldokumente, Arbeitsunterlagen und Ergebnisse) hinsichtlich ihrer Eigenschaften und Methoden festlegt, erstellten die Beteiligten unter Berücksichtigung der Möglichkeiten und Restriktionen von Opentext Livelink. Resultat war die Spezifikation eines objektorientierten Modells mit einer Superklasse ‚McB InfoObject' sowie verschiedener Subklassen, u.a. eines universellen Containers (‚McB_Document') für die Aufnahme von Doku-menten. Dieser enthielt alle prozessrelevanten Attribute, z.B. für Prozess, Phase, Aktivität und Aufgabe (Attribute McB_IO_Process, _Phase, _Activity und _Task) (s. Abb. 9-7).

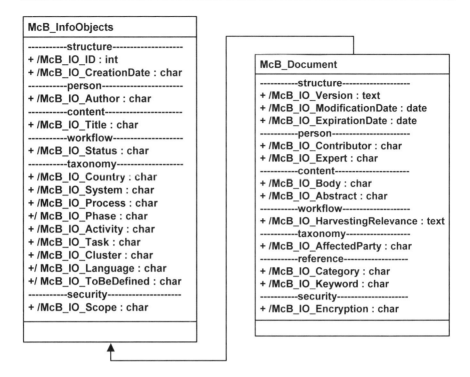

Abb. 9-7: Ausschnitt aus dem Objekt- und Datenmodell für das McB-Portal

Durch diese Mehrfachklassifizierung von Informationsobjekten, z.B. nach Prozess, nach Phase, nach Land oder nach Autor sind im Portal unterschiedliche Sichten und Strukturierungen möglich. Darüber hinaus können diese Informationsobjekte auch über attributbasierte Suchanfragen gefunden werden.

Phase Portalentwicklung

Aufgrund der in den vorherigen Projektphasen erarbeiteten Ergebnisse und Vorlagen konnte die technische Portalentwicklung durch den Systemanbieter Opentext innerhalb von 25 Personentagen erfolgen.

Phase Schulungen

Die anschliessenden Schulungen der Mitglieder des Kernteams erfolgten zweistufig. Zum einen wurde ein bereits in der Winterthur bestehendes Schulungsangebot für die Plattform Opentext Livelink genutzt, das im wesentlichen den technischen Umgang mit dem System umfasst. Die so geschulten Mitarbeiter wirkten als Multiplikatoren in ihren Projekten, um ihr erworbenes Wissen an andere Projektmitglieder weiterzugeben. Darüber hinaus erfolgten für neue Mitarbeiter ein- bis zweistündige Einführungsveranstaltungen durch den McB-Portal-Verantwortlichen. Für den täglichen Umgang mit dem McB-Portal wurde ein Benutzerhandbuch erstellt.

9.3.3 Kritische Erfolgsfaktoren

Für Anwender und Betreiber existierten zu Projektbeginn folgende kritische Faktoren für den Erfolg des McB-Portals:

- Für die Anwender war die Verwendung einer vorgegebenen Projektmethode und dazugehöriger Vorlagen für die Projektdurchführung sowie der weltweite Zugriff auf Dokumente wichtig.

- Aus Sicht der Betreiber stand eine hohe Benutzerakzeptanz und Anwendung der Plattform im Vordergrund. Eine zeitnahe Realisierung mit geringem Implementierungsaufwand sollte durch die Verwendung des vorhandenen Systems Opentext Livelink gewährleistet sein.

9.4 Das McB-Projektportal

9.4.1 Strategie

Der Austausch von Projektdokumenten aller beteiligten Mitarbeiter erfolgt seit dem ersten Produktivbetrieb im Juni 2001 primär über das McB-Portal als strategische Wissensmanagementplattform (s. Abb. 9-8).

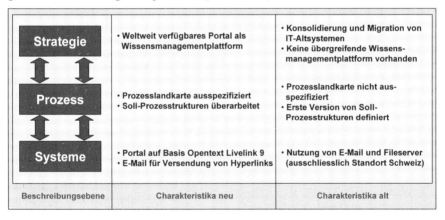

Abb. 9-8: Kurzcharakteristik der neuen Lösung

9.4.2 Prozesse

Die Anwender erstellen im Rahmen ihrer Projektarbeit Dokumente. Im Anschluss an die Pflege der Metadaten auf Basis des implementierten Datenmodells fügen sie Dokumente in ihren jeweiligen Arbeitsbereich ('Project Workspace') bei der entsprechenden Aktivität ein. Für die prozessorientierten Attribute des Datenmodells (McB_IO_Process, -Phase, -Activity, -Task, s. Abb. 9-7) gibt es eine zentrale Taxonomie (standardisierte, hierarchische Stichworte) sowie eine Eingabeüberprüfung.

Durch die kontinuierliche Reflexion und Verbesserung der Projektmethode ('Blueprints') hat sich die Prozesslandkarte der McB-Initiative deutlich verändert. Die McB-Consultants haben aufgrund eines regen, strukturierten Wissensaustausches die ursprünglichen drei auf sechs Leistungsprozesse ausdifferenziert und inhaltlich deutlich modifiziert. Durch die konsequente Nutzung und kontinuierliche Weiterentwicklung wurde beispielsweise der Leistungsprozess 'Portfolio Migration' bereits achtmal durchlaufen und in der Folge der dazugehörige 'Blueprint' verbessert. Weiterhin haben der Leiter der McB-Initiative sowie der 'McB Knowledge Officer' die Unterstützungs- und Führungsprozesse reduziert und vereinfacht (s. Abb. 9-9).

Value adding processes	Support processes	Management processes
Operations Assessment		
Transparency		
Portfolio Migration	Knowledge Management	McB Strategy Development
Business Process Improvement	Communication	People Management
CBex Target Identification & Evaluation	Tools	Performance Measurement
Acquisition Integration		

Abb. 9-9: McB Prozesslandkarte (Stand Ende 2002)

Die Wiederverwendbarkeit von bewährten Strukturierungen einzelner Projekte sind in den 'Blueprints' zusammengefasst. Neue Projekte können auf Basis dieser Soll-Struktur angelegt werden. Auch für bereits angelegte Projekte kann eine Aktualisierung auf Basis eines 'Blueprints' erfolgen, sofern in den einzelnen Phasen innerhalb von Projekten noch keine Anpassungen vorgenommen worden sind.

Die Benutzer des McB-Portals können darüber hinaus einzelne Prozessschritte ausblenden, die für sie nicht relevant sind.

'After Action Reviews' zur strukturierten Reflexion und Verbesserung finden mindestens nach dem Abschluss einer Projektphase und nach einem Projektabschluss statt.

9.4.3 Systeme

Das McB-Portal wurde auf Basis des in der Winterthur vorhandenen Systems Opentext Livelink (Release 9) entwickelt. Die Einstiegsseite in das Portal wurde separat mit den Web Content Management System Obtree erstellt, da die grafischen Darstellungsmöglichkeiten von „LifeLink" für die Gestaltung einer geographischen Landkarte zur Auswahl einzelnen Länder nicht ausreichten.

Die im Rahmen der Anforderungsanalyse erarbeitete Prozesslandkarte ist als Navigationsstruktur im McB-Portal implementiert und bietet einen Einstiegspunkt zur prozessorientierten Navigation im Portal (s. Abb. 9-10).

Über eine einblendbare Navigationsübersicht (,Quick Navigator') können gezielt einzelne Prozesse, Phasen, Aktivitäten und Aufgaben angesteuert werden.

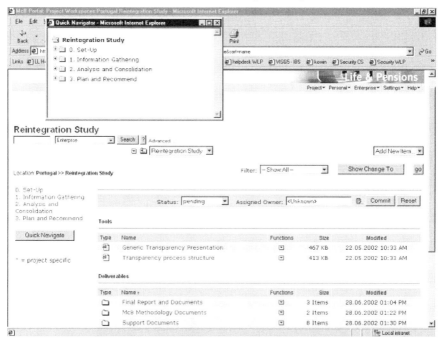

Abb. 9-10: Prozessorientierte Navigation im McB-Portal

Das McB-Portal bietet die Möglichkeit, aus einem aktuellen Prozesschritt heraus direkt in den korrespondierenden Prozesschritt in einem anderen Projekt zu wechseln. Dadurch wird der Vergleich von mehreren Projekten und die Wiederverwendung von Unterlagen erleichtert.

Suchanfragen sind im gesamten Portal unter Berücksichtigung der Benutzerberechtigungen sowohl im Volltext als auch attributbasiert möglich. Der Suchraum kann zusätzlich auf bestimmte Projekte eingeschränkt werden (s. Abb. 9-11).

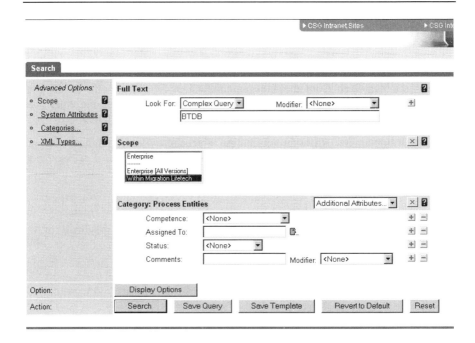

Abb. 9-11: Erweiterte Suchanfragemaske

Auf die im Grobkonzept vorgesehene Anzeige von Experten bzw. Prozessverantwortlichen wurde aufgrund der bereits ausreichend vorhandenen Transparenz verzichtet. Bei Bedarf erfolgt die Identifikation von Know-how Trägern über eine
gezielte Ansprache der jeweiligen Länderverantwortlichen ('Country Manager').

Das McB-Portal ist zum Zeitpunkt dieses Artikels in der dritten verbesserten
Version in Betrieb. Die wesentlichen Optimierungsmassnahmen waren dabei:

• Die Erstellung von Projektarbeitsräumen ist nun auch auf ausgewählten Teilen
  der Soll-Struktur ('Blueprint') möglich. Bestandteile, die ein Projektmanager
  nicht in seinem Projekt benötigt, können von Beginn an ausgelassen werden.

• Das Kopieren von kompletten Projekten oder einzelnen Bestandteilen auf einen
  lokalen Rechner, um die Dokumente und Vorlagen auch ohne aktive Netz-
  werkverbindung zu „LifeLink" zu nutzen.

• Die Anpassung des Reportings an geänderte Anforderungen, so dass ein
  Projektmanager jetzt eine vollständige Übersicht über den Stand seines Projekts
  bis auf die Ebene des Arbeitsschrittes sowie der verfügbaren Dokumente hat.

9.4.4 Wirtschaftlichkeitsbetrachtung

Im Oktober 2002, nach mehr als eineinhalb Jahren Betrieb, beinhaltet das McB-Portal mehr als 5'000 Dokumente und wird in 21 Projekten in 9 europäischen Ländern eingesetzt. Dabei dient es ca. 25 McB-Consultants sowie ca. 130 Mitarbeitern der Landesgesellschaften als zentrale Wissensmanagementplattform.

Durch die konsequente Nutzung und kontinuierliche Weiterentwicklung wurde beispielsweise der Prozess ‚Portfolio Migration' bereits achtmal angewendet bzw. verbessert.

Über eine jährliche Kundenzufriedenheitsumfrage bei 25 bis 30 Kunden der McB-Initiative wird zur Performance-Messung ein Index ermittelt. In diesem sind alle Services von McB enthalten, auch das McB-Portal. Die Umfrageergebnisse werden ausgewertet, Massnahmen vorgeschlagen und mit den internen Kunden diskutiert.

Der Realisierungsaufwand für das McB-Portal liegt unter 100 Personentagen. Aufgrund der bereits vorhandenen Plattform „LifeLink" lag der eigentliche Entwicklungsaufwand für das McB-Portal bei nur 25 Personentagen.

9.4.5 Geplante Weiterentwicklungen

Aufgrund der bisherigen Erfahrungen in der Anwendung des McB-Portals sind weitere Entwicklungen bereits geplant:

* Vereinfachung der derzeitigen Portaloberfläche, um die Orientierung im Portal zu erleichtern.

* Verminderung der Zugriffszeiten auf Dokumente, die derzeit auf die beschränkte Bandbreite des zur Verfügung stehenden Netzwerks zurückzuführen ist.

* Direkte Speicherung von Dokumenten im McB-Portal aus Office-Anwendungen, z.B. Microsoft Word, heraus.

9.5   Einordnung in den Kontext

9.5.1 Erkenntnisse

Die wesentlichen Erkenntnisse aus der in diesem Fall umgesetzten Portal Lösung sind:

- *Konsequente Prozessorientierung von Navigation und Suche*: Die durchgängige Orientierung der Navigationsstruktur und der Suchfunktionen an den täglichen Abläufen der Mitarbeiter macht die Oberfläche des McB-Portals leicht erschliessbar. Durch die Abbildung der Geschäftsprozesse als primäre Navigationsstruktur ist eine anwendergerechte Bündelung und Präsentation der im Portal gespeicherten Inhalte sichergestellt. Dies wurde möglich durch ein einheitliches Datenmodell mit prozess- und themenorientierten Metadaten sowie einer zumindest teilweise zentralen Taxonomie.

- *Klare Rollen und Verantwortlichkeiten*: Die Rollen und Verantwortlichkeiten für McB waren im Projekt klar verankert. Debriefings, ,After Action Reviews' und die Erstellung von Erfahrungsberichten waren fester Bestandteil der Projektarbeit. Auch die Verbesserung der Prozesse ist im Rahmen der Mitarbeitergespräche ein Beurteilungskriterium und dadurch organisatorisch verankert.

- *Aktuelle Informationen*: Die Ablage von Vorlagen, Checklisten, Erfahrungsberichten aus Projekten und Anleitungen erleichtert die Arbeit in jedem weiteren Projekt. Prozesse zur Pflege und Aktualisierung helfen, die Vorlagen dauerhaft anwenden zu können.

- *Fortlaufende Optimierung*: Nach dem ersten Produktivbetrieb im Juni 2001 stellte sich heraus, dass die vorgeschlagene Soll-Gliederungsstruktur im Portal zu detailliert war. Die Mitarbeiter konnten nicht mehr exakt festlegen, welche ihrer Dokumente sie sinnvollerweise in welchem Ordner ablegen sollten. Ein Strukturierungsvorschlag für das Ablegen und Auffinden von Vorlagen und Dokumenten im Portal war zwar gewünscht, sollte jedoch nicht zu tief und detailliert sein. Die Gliederungsstruktur wurde daraufhin vereinfacht. Zusätzlich wurden die Möglicheiten für Offline-Arbeit ohne Verbindung zum System und die Erstellung von Reports verbessert.

9.5.2 Besonderheiten

Folgende Charakteristika des Projekts sind besonders bemerkenswert:

- *Konsequentes Vorgehen*: Die strukturierte Ableitung von Funktionalitäten aus Strategie und Prozessen, die Dokumentation der Anforderungen und Umsetzungsvorgaben in Grob- und Feinkonzept mit Planung von Benutzerschnittstelle, Datenmodell und Taxonomie haben sich als erfolgreich erwiesen. Die im McB-Projekt gemachten Erfahrungen könnten auch in weiteren Bereichen der Winterthur genutzt werden.

- *Nutzung des vorhandenen Systems*: Die Anpassung und der Ausbau der in der Winterthur vorhandenen Plattform Opentext Livelink hat es ermöglicht, schnell eine lauffähige Lösung zu implementieren. Durch die direkte Anwendbarkeit im Betrieb wurde der Nutzen für die Beteiligten vom Start des Portals an erkennbar. Eine leistungsfähige Wissens-managementplattform konnte dadurch ohne grosse Integrations-schwierigkeiten „aus einem Guss" bereitgestellt werden.

10 Knowledge Engineering & Management bei der Deutschen Telekom

Malte Geib, Liesel Pusacker

Einordnung in die CKM-Rahmenarchitektur

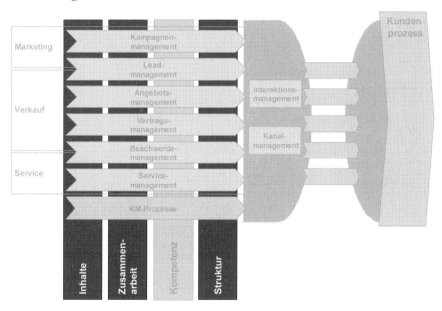

10.1 Unternehmen und Problemstellung

10.1.1 Unternehmen

Die Deutsche Telekom AG (Telekom) entstand 1995 durch die Privatisierung eines staatseigenen Betriebs und ist heute der grösste Telekommunikationsanbieter in Deutschland mit weiteren Beteiligungen im Ausland. Die Hauptgeschäftsfelder der Telekom sind Festnetzdienste, Mobilfunk, Internet-Zugänge, Netzinfrastrukturservices und IT-Services für Geschäftskunden (s. Abb. 10-1).

DEUTSCHE TELEKOM AG	
Gründung	Privatisierung 1995
Firmensitz	Bonn
Branche	TIMES (Telekommunikation, Informationstechnologie, Multimedia, Entertainment, Sicherheitsdienstleistungen)
Geschäftsfelder	Festnetz, Mobilfunk, Internet, IT-Services
Firmenstruktur	Konzernstruktur mit vier Tochter-Divisionen: T-Com (Festnetz), T-Mobile (Mobilfunk), T-Online (Internet), T-Systems (IT Services)
Homepage	www.telekom.de
Umsatz	EUR 39,2 Mrd. (3. Quartal 2002)
Ergebnis	EBITDA: EUR 11,4 Mrd. / Ergebnis: EUR –4,2 Mrd. (3. Quartal 2002)
Marktanteil	Mobilfunk: 41% / Internet: 42% (Deutschland, 2001)
Mitarbeiter	256'000 (3. Quartal 2002)
Kunden	Festnetz: 57,3 Mio. / Mobilfunk: 76,2 Mio. / Internet: 11,8 Mio. (weltweit, 3. Quartal 2002)

Abb. 10-1: Kurzportrait der Deutschen Telekom AG

Die Telekom ist in eine Konzernstruktur mit einer Konzernzentrale und vier Tochterdivisionen gegliedert (s. Abb. 10-2). Die Konzernzentrale führt den Konzern strategisch. Drei Divisionen (T-Mobile, T-Online, T-Systems) sind in eigener unternehmerischer Rechtsform mit dem Konzern verbunden; die Division T-Com ist der Konzernzentrale angegliedert. Insbesondere die Divisionen T-Mobile und T-Systems bestehen aus einem Zusammenschluss einzelner Firmen, die die Telekom im Zuge der zunehmenden Globalisierung des Konzerns hinzugewonnen hat und die teilweise rechtlich selbständig sind. Langfristiges Ziel ist die Entwicklung dieser Unternehmen zu vier homogen auftretenden Divisionen unter dem Dach des Konzerns.

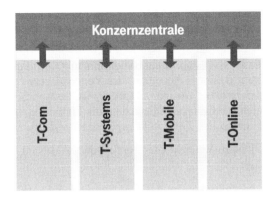

Abb. 10-2: Firmenstruktur der Deutschen Telekom AG

10.1.2 Problemstellung

Durch eine Reihe von unternehmensexternen und –internen Faktoren ist es für die Telekom eine strategische Notwendigkeit, Wissensmanagement-Aktivitäten durchzuführen:

Externe Faktoren:

- Die Menge und Komplexität der verfügbaren Informationen nehmen zu. Die Informationsflut führt dazu, dass relevante Informationen schwer zu finden sind.

- Produktlebens- und Innovationszyklen verkürzen sich.

- Immaterielle Werte (z.B. Patente, Know-how) machen einen immer höheren Anteil des Unternehmenswertes aus.

- Globalisierung und Internationalisierung in der Telekommunikation schreiten voran.

Interne Faktoren:

- Die Intensivierung von Aktivitäten im Rahmen von Unternehmensakquisitionen und -zusammenschlüssen erfordert eine Vernetzung des Wissens fusionierender Unternehmen und der vier Divisionen.

- Reorganisationen erfordern häufig Versetzungen von Mitarbeitern. Deswegen ist eine Bestandssicherung von Wissen in den einzelnen Bereichen des Unternehmens wichtig.

- Experten sind oft in der Organisationsstruktur nicht auffindbar.

- Die Organisationsstrukturen werden zunehmend dezentraler und flacher.

In den einzelnen Divisionen und Tochterunternehmen existiert eine Vielzahl unterschiedlicher Wissensmanagement-Initiativen, die spezifische Herausforderungen adressieren. Aufgrund der hohen Relevanz des konzernweiten Wissensmanagements wird dieses von einer Organisationseinheit ‚Corporate Knowledge' innerhalb der ‚Telekom Business Academy' des Vorstandsbereiches Personal koordiniert. Aufgabe der Telekom Business Academy ist die Managemententwicklung, aber auch die Durchführung von Aktivitäten zur Förderung der Exzellenz aller Mitarbeiter. Die strategischen Ziele von Corporate Knowledge sind im Einzelnen:

1. Steigerung des Unternehmenswertes durch Bewahrung und Verbesserung von Kernkompetenzen.

2. Steigerung der Produktivität durch Effizienzsteigerungen in den Geschäftsprozessen, indem den Mitarbeitern das zur Problemlösung notwendige Wissen am richtigen Ort zur Verfügung gestellt wird.

3. Steigerung der Innovationsfähigkeit durch die systematische Kombination und Bewirtschaftung existierenden Wissens und eine Verbesserung der Innovationsprozesse durch die Bereitstellung des richtigen Wissens am richtigen Ort.

4. Steigerung der Aktionsgeschwindigkeit und der Dienstleistungsqualität durch die systematische Nutzung von Unternehmens- und Kundenwissen.

Als ein Schwerpunkt für die Durchführung von Wissensmanagement-Aktivitäten wurde das Intranet der Telekom identifiziert. Das bestehende Intranet ist die primäre Quelle für dokumentiertes Wissen innerhalb der Telekom. Es wird von Unternehmensbereichen und einzelnen Mitarbeitern genutzt, um Informationen anderen Mitarbeitern zur Verfügung zu stellen und um Informationen zu suchen.

Ziel des konzernweiten Wissensmanagements ist es, das Intranet als Plattform für den konzernweiten Wissensaufbau und -austausch einzusetzen. Schwerpunkte der Aktivitäten sind die thematische Strukturierung des Intranets und die Vereinheitlichung der Suche über die Intranet-Inhalte, die Standardisierung des Content Managements und die Unterstützung der Zusammenarbeit durch die Nutzung von Collaboration Tools (z.B. Projekträume, Diskussionsforen, gemeinsame Dokumentenablagen).

Mit Bezug zur CKM-Rahmenarchitektur aus Kapitel 2 lassen sich diese Zielsetzungen in die Bereiche *Struktur*, *Inhalte* und *Zusammenarbeit* einordnen. Hauptfokus dieser Fallstudie ist die Zusammenarbeit, d.h. die Unterstützung der Zusammenarbeit von Wissensnetzwerken, Projekten und Teams durch Collaboration Tools.

10.2 Ausgangssituation

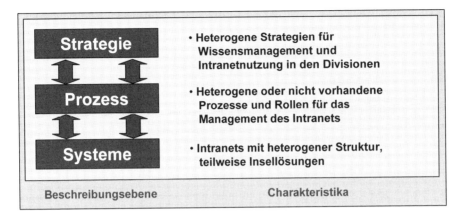

Abb. 10-3: Kurzcharakteristik der Ausgangssituation

10.2.1 Strategie

In den einzelnen Divisionen der Telekom bestand schon vor Etablierung von ‚Corporate Knowledge' die Notwendigkeit, Wissensmanagement-Initiativen durchzuführen. Ebenso bestanden Initiativen in einigen der hinzugewonnenen Unternehmen. Dadurch kam es zu einer Vielzahl paralleler Wissensmanagement-Initiativen mit ähnlichen Zielsetzungen. Eine konzernweite Strategie für das Wissensmanagement existierte nur in groben Zügen. Gleiches galt für die Intranet-Strategie: Die einzelnen Intranets wurden divisionsspezifisch eingesetzt und hatten somit unterschiedliche Ausprägungen (s. Abb. 10-3).

10.2.2 Prozesse

Die Prozesse für das Management des Intranets hatten divisionsspezifische Ausprägungen. Insbesondere fehlten in einigen Divisionen und Tochterunternehmen klar definierte Prozesse und Rollen für das Content Management, die Strukturierung des Intranets und die Zusammenarbeit in Wissensnetzwerken.

10.2.3 Systeme

Durch die historisch gewachsene, divisionale Unternehmensstruktur und das Wachstum des Intranets im Zuge der zunehmenden Globalisierung des Konzerns hatte das Intranet eine heterogene und dezentrale Struktur. Einzelne Tochterunternehmen betrieben Intranets, auf die nicht alle Mitarbeiter der Telekom Zugriff hatten. In den einzelnen Tochterunternehmen wurden verschiedene Content Management-Systeme, Portal-Lösungen und vereinzelt auch Collaboration Tools eingesetzt. Dabei handelte es sich jedoch häufig um Insellösungen, die spezifischen Einzelaufgaben dienen sollten.

10.2.4 Leidensdruck

Das historische Wachstum des Intranet führte zu einem Mangel an organisatorischen Richtlinien und definierten Prozessen und Rollen. Dadurch kam es in einigen Tochterunternehmen zu unkontrolliertem Wachstum des Intranets mit der Folge, dass relevantes Wissen „verschüttet" wurde. Die Nutzung des Intranets wurde zusätzlich durch seine heterogene und dezentrale Struktur erschwert:

- Die konzernweit einheitlichen Richtlinien für Corporate Identity und Corporate Design (CI/CD) im Intranet liessen grossen Spielraum. Seitengestaltung und Navigation waren deshalb häufig heterogen.

- Es existierten zwar mehrere übergeordnete Suchmaschinen über den grössten Teil der Intranet-Inhalte, sie erzeugten jedoch häufig nicht die gewünschten Suchergebnisse.

- Dokumente, die zu einem bestimmten Themenkomplex gehören, waren häufig nicht über ein themenorientiertes Portal zugreifbar, sondern mussten manuell zusammengesucht werden. Wissensträger oder Gruppen von Wissensträgern zu einem Themenkomplex, die einen Überblick über das verfügbare Wissen im Konzern haben, waren häufig nicht im Intranet repräsentiert und schwierig aufzufinden.

- Der Einsatz vieler heterogener Systeme für das Wissensmanagement (z.B. Content Management-Systeme, Portale, Collaboration Tools) mit ähnlichem Funktionsumfang verursachte hohe Lizenz- und Integrationskosten.

Der zeitraubende Zugriff auf dokumentiertes Wissen und relevante Wissensträger erzeugte Ineffizienzen in der betrieblichen Wertschöpfungskette:

- Mitarbeiter verbrachten erhebliche Zeit mit der Suche nach dem benötigten dokumentierten Wissen oder nach den Wissensträgern.

- Das Fehlen eines übergreifenden Managements fachlicher Themen erschwerte den Austausch von Wissen zwischen unterschiedlichen Organisationseinheiten und Mitarbeitern. Grundlagendokumente waren häufig nicht allgemein verfügbar; ein mehrsprachiges Glossar, das es ermöglicht, das Verständnis von Begriffen zu vereinheitlichen, wurde häufig nicht über das Intranet kommuniziert.

- Unterschiedliche Organisationseinheiten entwickelten redundante Ansätze zur Lösung vergleichbarer Problemstellungen, ohne in einen konstruktiven Dialog zu treten.

10.3 Projekt

10.3.1 Initiierung und Ziele

Im Februar 2002 wurde das Projekt T-KEM (Telekom Knowledge Engineering & Management) vom Vorstand initiiert, das die angesprochenen Herausforderungen adressieren sollte. Das Projekt entstand als Zusammenschluss unterschiedlicher Einheiten der Konzernzentrale mit Zielen, die sich gegenseitig ergänzten, und unter Beteiligung der Divisionen: Wesentlicher Treiber war das *Informationsmanagement*, dessen Ziel es war, die Standardisierung des Intranets und die prozessorientierte Informationsbereitstellung voranzutreiben. Ziel der *Konzernkommunikation* war die thematische Strukturierung und CI/CD-gerechte Gestaltung des Intranets sowie die einheitliche Kommunikation über das Intranet. Die Organisationseinheit ‚Corporate Knowledge' hatte das Ziel, die Eignung von Wissensnetzwerken für den Wissensaufbau und -austausch in der Telekom zu erproben und unterschiedliche Formen der Zusammenarbeit (Wissensnetzwerke, Projekte, Teams) durch die Bereitstellung von Konzepten, Methoden und Best Practices zu unterstützen.

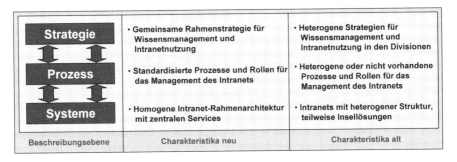

Abb. 10-4: Kurzcharakteristik der Zielsituation

Auf der strategischen Ebene sollte unter der Beteiligung der Divisionen ein strategischer Rahmen für das Wissensmanagement in der Telekom erarbeitet werden. Gleichzeitig sollten konzernweit einheitliche Richtlinien für die Nutzung des Intranets entwickelt werden (s. Abb. 10-4). Ziel auf der Prozessebene war die konzernweite Einführung von Prozessen und Rollen für das Management des Intranets. Auf der Systemebene wurden die Ziele einer durchgängigen Infrastruktur für das Intranet und einer einheitlichen Intranet-Rahmenarchitektur mit zentralen Services verfolgt.

10.3.2 Durchführung

Das Projekt wurde ursprünglich mit drei Teilprojekten aufgesetzt, die jeweils unter der Leitung der beteiligten Bereiche standen (s. Abb. 10-5). Die Gesamtprojektleitung wurde vom Leiter der Einheit ‚Corporate Knowledge' übernommen, da Corporate Knowledge den Auftrag hat, das konzernweite Wissensmanagement zu koordinieren. Die Projektlaufzeit bis zur Einführung eines Piloten wurde auf 2,5 Jahre festgelegt.

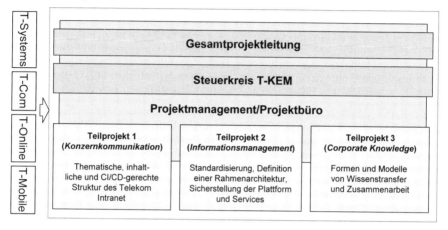

Abb. 10-5: T-KEM Projektorganisation

Die Koordination der Teilprojekte wurde durch einen Steuerkreis sichergestellt, der aus dem Gesamtprojektleiter, den Teilprojektleitern und dem Konzernbetriebsrat zusammengesetzt war. Die vier Divisionen wurden in das Projekt miteinbezogen, indem in den Teilprojekten je ein Vertreter jeder Division an inhaltlicher Arbeit in Arbeitsgruppen und an Abstimmungen teilnahm. Neben den Divisionen wurden an der inhaltlichen Arbeit in den Teilprojekten die Bereiche *Organisation/Prozesse* und *Unternehmenskultur* der Konzernzentrale beteiligt, da durch die Notwendigkeit zur Einführung von neuen Rollen und Prozessen sowie einer Änderung der Unternehmenskultur deren Aufgabengebiete berührt wurden. Schliesslich wurde ein Projekt-Lenkungsausschuss eingesetzt, der aus Vertretern der Divisionen und dem Personalvorstand des Konzerns zusammengesetzt war.

Vor Beginn des Projektes wurde ein Projektrahmen entwickelt, auf dessen Basis die Ziele, Aufgaben und Schnittstellen der einzelnen Teilprojekte bestimmt wurden. Ziel des Teilprojektes 1 war die Erstellung eines detaillierten Styleguides zur CI/CD-gerechten Gestaltung des Intranets sowie die Erstellung einer themenbasierten Struktur (Taxonomie) für das Intranet. Teilprojekt 1 war ausserdem verantwortlich für die Definition von fachlichen Anforderungen an ein Content Management System (CMS) für das Intranet, das als Konzernstandard in der gesamten Telekom eingesetzt werden sollte. Ziel des Teilprojektes 3 war die Konzeption von Rollen und Prozessen zur Einführung und Unterstützung von Wissensnetzwerken (insbesondere Communities of Practice), die Erstellung eines Leitfadens für Wissensnetzwerke sowie die Definition von fachlichen Anforderungen an eine

Arbeitsumgebung für Wissensnetzwerke, Projekte und Teams im Intranet. Ziel des Teilprojektes 2 war die Auswahl benötigter Systeme, die Durchsetzung von Konzernstandards und eine erste Pilotierung. Ein CMS sollte auf Basis von Anforderungen der jeweiligen Fachseiten der Divisionen und unter enger Mitwirkung von Teilprojekt 1 ausgewählt werden. Aufgrund der Anforderungen von Teilprojekt 3 sollte eine Arbeitsumgebung für Wissensnetzwerke, Projekte und Teams ausgewählt werden. Zusätzlich sollte eine konzernweite Suchmaschine sowie ein Mitarbeiterportal, in dem die Intranet-Systeme integriert werden sollten, etabliert werden (s. Abb. 10-6).

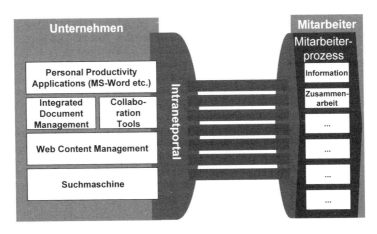

Abb. 10-6: Ziel auf der Systemebene: Mitarbeiterportal mit zentralen Services

10.3.3 Herausforderungen und derzeitiger Stand

Der Gesamtprojektleiter nennt als Herausforderung vor allem die zunehmende Komplexität des Projektes aufgrund der verschiedenen Zielsetzungen der beteiligten Bereiche, die es zu koordinieren galt. Die Projektorganisation setzt dabei voraus, dass der Projektleiter nicht nur koordinatorisch Einfluss nehmen kann, sondern Entscheidungen auch in den Teilprojekten durchsetzen kann.

Die Zusammenarbeit mit den Divisionen erforderte einen hohen Abstimmungsaufwand. Die in den Teilprojekten beteiligten Mitarbeiter der Divisionen wurden über funktionale Zuständigkeiten ermittelt und waren häufig nicht mit den notwendigen Kompetenzen ausgestattet, um die im Projekt T-KEM getroffenen Entscheidungen in den einzelnen Divisionen umzusetzen. Ausserdem waren teilweise zentrale Ansprechpartner für das Projekt in den Divisionen nicht vorhanden. Die Divisionsstruktur mit rechtlich selbständigen Tochterunternehmen sorgt auch dafür, dass die Standardisierung von Prozessen, Rollen und Systemen sehr zeitintensiv ist, da ein sehr hoher Abstimmungsaufwand erforderlich ist.

Im ersten Halbjahr 2002 wurden die folgenden Meilensteine erreicht: Auf Basis der Anforderungen aus der Konzernkommunikation und den Divisionen wurde ein CMS als Konzernstandard ausgewählt. Für die Systeme zur Unterstützung der Zusammenarbeit von Wissensnetzwerken, Projekten und Teams konnten Anforderungen definiert werden, die in einen Konzernstandard münden sollen. Ein ganzheitliches Prozess- und Rollenmodell wurde für die Arbeit im Intranet erstellt, insbesondere für das Content Management (Redaktions- und Kommunikationsprozesse), für die Zusammenarbeit im Intranet sowie für Steuerungs- und Serviceaufgaben. Für die Einführung und Begleitung von Gruppen, die mit Unterstützung durch das Intranet arbeiten, wurde ein Vorgehensmodell entwickelt. In Kapitel 10.4 werden einige dieser Ergebnisse für das Teilprojekt 3 beschrieben.

10.3.4 Kritische Erfolgsfaktoren

Von der Gesamt- und Teilprojektleitung werden die folgenden kritischen Erfolgsfaktoren für das Gelingen des Projektes genannt:

- Für die Kommunikation der Projektziele in den Konzern und für die Möglichkeit der Eskalation bei Abstimmungsschwierigkeiten ist Top-Management Bewusstsein und Unterstützung für das Projekt notwendig.

- Aufgrund der hohen Komplexität des Projektes und die grosse Zahl an beteiligten Bereichen ist eine vor Projektbeginn klare und abgestimmte Definition der Ziele und Schnittstellen der einzelnen Teilprojekte sowie die Kommunikation einer gemeinsamen Sprache (Glossar) wichtig.

- Um die Motivation der Projektbeteiligten zu steigern und die verschiedenen Bereiche und Divisionen zum Einbringen von personellen Ressourcen für das Projekt zu bewegen, sollte der Nutzen für alle Beteiligten deutlich kommuniziert werden.

- Aufgrund der langen Projektlaufzeit und der strategischen Ausrichtung sollten möglichst schnell sichtbare Erfolge nachgewiesen werden, um die Motivation der Beteiligten zu erhalten. Ebenso ist ein permanentes Marketingkonzept zur Projektbegleitung erforderlich, um Projektziele und Ergebnisse innerhalb des Unternehmens zu kommunizieren.

10.4 Unterstützung der Zusammenarbeit über das Intranet

In diesem Kapitel werden Arbeit und Ergebnisse des T-KEM Teilprojektes 3 vertieft. Ziel des Teilprojektes 3 war die Unterstützung von bestehenden informellen Netzwerken in der Telekom, insbesondere von Communities of Practice (CoP), und die Unterstützung von Projekten und Teams bei ihrer verteilten Arbeit über das Intranet.

Dazu wurde unter anderem ein Prozess- und Rollenmodell sowie ein Leitfaden zur Einführung und Unterstützung von CoP erstellt. Weiterhin wurden fachliche Anforderungen an eine Arbeitsumgebung für CoP, Projekte und Teams im Intranet definiert und ein Konzept für die Erfolgsmessung von CoP ausgearbeitet. Im Folgenden wird der derzeitige Stand des Teilprojektes beschrieben.

10.4.1 Strategie

Der Bereich ‚Corporate Knowledge' bildet eine Beratungsstelle für CoP, Projekte und Teams, die Unterstützung bei der verteilten Arbeit benötigen. Ziel von Corporate Knowledge ist die Unterstützung dieser Gruppen, z.B. durch die Durchführung von Schulungen und Coaching für die verteilte Arbeit und die Verbreitung von Erfahrungen und internen Best Practices. Weiterhin soll Corporate Knowledge die organisatorische Verankerung von CoPs vorantreiben. Freiheiten der Divisionen und Tochterunternehmen bei der Initiierung und der Arbeit in CoP, Projekten und Teams bleiben hiervon unberührt. Corporate Knowledge bietet zusätzlich Unterstützung bei der Initiierung neuer CoPs an, die auch konzernweit agieren können. Dadurch soll der Wissensaustausch und –aufbau innerhalb der Telekom verbessert werden.

10.4.2 Rollen und Prozesse

Für die Unterstützung der Zusammenarbeit in CoP, Projekten und Teams wurde ein Rollen- und Prozessmodell entwickelt, das Bestandteil des T-KEM Gesamtprozessmodells ist (s. Abb. 10-7). Damit soll sichergestellt werden, dass sowohl auf Prozess- als auch auf Systemebene (Portal) eine Integration der mit der Arbeit im Intranet verbundenen Aufgaben stattfindet.

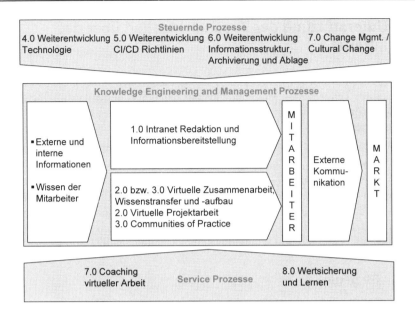

Abb. 10-7: T-KEM Prozessmodell

Im Folgenden wird das Rollen- und Prozessmodell für Zusammenarbeit, Wissens-transfer und –aufbau über virtuelle Medien (Intranet) beschrieben (Prozesse 2.0 und 3.0 im T-KEM Gesamtprozessmodell). Die Unterscheidung zwischen virtuel-ler Projektarbeit (Prozess 2.0) und CoP (Prozess 3.0) wurde gewählt, da diese bei-den Formen der Zusammenarbeit sich im Grad ihrer Formalisierung stark unter-scheiden. Eine CoP ist ein weitgehend von den Mitgliedern bestimmter und unbe-fristeter Verbund von Praktikern mit vergleichbaren Arbeitsfeldern zum Aus-tausch und Aufbau von Experten- und Erfahrungswissen über persönlichen Kon-takt oder über virtuelle Medien [s. Wenger 1997]. Dagegen ist ein Projekt ein be-fristeter und durch Managementauftrag legitimierter Zusammenschluss von Prak-tikern, Experten und ggf. Kunden in einem Projektteam zur Erreichung eines klar definierten Projektzieles. Die „virtuelle" Projektarbeit ergänzt persönliche Treffen und Workshops durch Zusammenarbeit über virtuelle Medien. Dieser Unterschied in der Formalisierung schlägt sich in der Notwendigkeit unterschiedlicher Rollen und Prozesse für die virtuelle Zusammenarbeit nieder.

Rollen

Die erarbeiteten Rollen für virtuelle Zusammenarbeit, Wissenstransfer und -aufbau unterteilen sich in Rollen für die Arbeit in CoPs (Community-Manager, Themenleiter, Community-Mitglied, Community-Koordinator), Rollen für die Arbeit in Projekten und Teams (Projektleiter, Projektmitglied) und übergreifende Rollen, die für beide Organisationsformen relevant sind (Gast, Systemadministra-tor, Coach für virtuelles Arbeiten, eBibliothekar) (s. Abb. 10-8).

Community-Manager	Der Community-Manager baut eine Community inhaltlich und organisatorisch auf und leitet sie. Zu seinen Aufgaben gehören die Anpassung und *fachliche* Administration des virtuellen Raumes (Strukturierung, Benutzerverwaltung, etc.). Dafür benötigt er Fachwissen über die Nutzung des virtuellen Raumes.
Themenleiter	Der Themenleiter ist für die inhaltliche Koordination eines bestimmten Teilthemas der Community verantwortlich. Dadurch unterstützt und entlastet er den Community-Manager. Zu seinen Aufgaben gehören die Strukturierung eines Teilbereichs des virtuellen Raumes (Dokumentenablage, Diskussionsforen, etc. für das Teilthema) sowie Moderation und Aufbereitung von relevantem Wissen.
Community-Mitglied	Ein Community-Mitglied trägt aktiv zu Wissensaustausch und Wissensaufbau innerhalb der Community bei. Dazu gehört z.B. die Einstellung von relevanten Dokumenten und die Beteiligung an Diskussionen im virtuellen Raum.
Community-Koordinator	Der Community-Koordinator ist für die übergreifende Koordination der Communities zuständig. Er prüft die Community-Ideen und sichert damit Relevanz für das Unternehmen und Überschneidungsfreiheit.
Projektleiter	Der Projektleiter bzw. Teamleiter leitet ein Projekt bzw. Team. Zu seinen Aufgaben gehören die Anpassung und *fachliche* Administration des virtuellen Projektraumes (Strukturierung, Benutzerverwaltung, etc.). Dafür benötigt er Fachwissen über die Nutzung des virtuellen Raumes.
Projekt-Mitglied	Ein Projekt- bzw. Teammitglied ist Mitarbeiter im Projekt bzw. Team und arbeitet somit aktiv im virtuellen Raum mit.
Gast	Ein Gast hat Interesse an bestimmten Inhalten im virtuellen Raum (z.B. Projektpläne, Protokolle), arbeitet jedoch nicht aktiv mit, und kann deshalb lesenden Zugriff auf bestimmte Teilbereiche des virtuellen Raumes erhalten. Beispiele sind Community-Interessenten, der Projekt-Sponsor oder der Projekt-Steuerkreis.
System-Administrator	Der System-Administrator ist für die technische Administration des virtuellen Raumes zuständig. Er verrichtet alle Aufgaben, für die detailliertes technisches Fachwissen über die genutzten Systeme notwendig ist.
Coach für virtuelles Arbeiten	Der Coach für virtuelles Arbeiten unterstützt die Nutzer des virtuellen Raums (Community-Manager, Community-Mitglieder, Projekt- und Teamleiter, Projekt- und Teammitglieder, Gäste) beim Aufbau, Auflösen und Arbeiten mit dem virtuellen Raum. Dies kann in Form von Schulungen, Meetings (z.B. Unterstützung beim Kick-off) oder bei der täglichen Arbeit stattfinden.
eBibliothekar	Der eBibliothekar legt dokumentiertes digitales Wissen im Unternehmen strukturiert ab und stellt es denjenigen Mitarbeitern zur Verfügung, die es benötigen. Zu seinen Aufgaben gehören Aufbau und Pflege einer Ablagestruktur (Taxonomie bzw. Ontologie). Weiterhin ist er für die Qualitätssicherung der eingestellten Dokumente verantwortlich, indem er die Dokumente auf Zielgruppenadäquanz und Einhaltung von Qualitätsrichtlinien überprüft. Die eingestellten Dokumente können z.B. aus Communities, Projekten und Teams kommen (Best practices, Lessons learned, Fachwissen).

Abb. 10-8: Rollen in der virtuellen Zusammenarbeit

Zusätzlich zu diesen kurzen Rollenbeschreibungen wurde eine kurze Beschreibung der Aufgaben und Anforderungen jeder Rolle erarbeitet. Um eine möglichst genaue Verknüpfung der einzelnen Rollen mit den Aufgaben aus den Prozessen zu gewährleisten, wurde mit Hilfe eines IMZED-Codes (Information, Mitwirkung, Zustimmung, Entscheidung, Durchführung) festgelegt, welche Rolle in welcher Form (Information, Mitwirkung, etc.) an einer Aufgabe beteiligt ist.

Prozesse

Obwohl Projekt und CoP unterschiedliche Organisationsformen sind, lassen sich im Hinblick auf die Zusammenarbeit in virtuellen Arbeitsumgebungen Gemeinsamkeiten erkennen. Bei beiden Organisationsformen gibt es eine Startphase, in der ein virtueller Arbeitsraum aufgebaut werden muss, eine Arbeitsphase sowie eine Abschlussphase, in der Ergebnisse konsolidiert und gesichert werden und der virtuelle Arbeitsraum aufgelöst wird (s. Abb. 10-9).

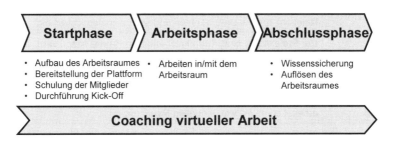

Abb. 10-9: Prozessrahmen für virtuelle Zusammenarbeit,
Wissenstransfer und -aufbau

Versucht man jedoch, die einzelnen Phasen für ein Projekt bzw. eine CoP detaillierter zu beschreiben, so ergeben sich schnell einige Unterschiede aufgrund der unterschiedlichen Zielsetzungen beider Organisationsformen. Ergebnis der Prozesskonzeption für die virtuelle Zusammenarbeit in Projekten und CoPs bei der Telekom waren zwei detaillierte Prozessmodelle, in denen der Prozessrahmen – bestehend aus Startphase, Arbeitsphase und Abschlussphase – in drei Ebenen detailliert wird. Abb. 10-10 und Abb. 10-11 zeigen die beiden Prozessmodelle in vereinfachter Form, detailliert in zwei Ebenen.

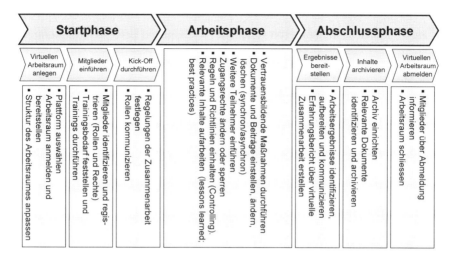

Abb. 10-10: Prozessmodell für die Projekt- und Teamarbeit

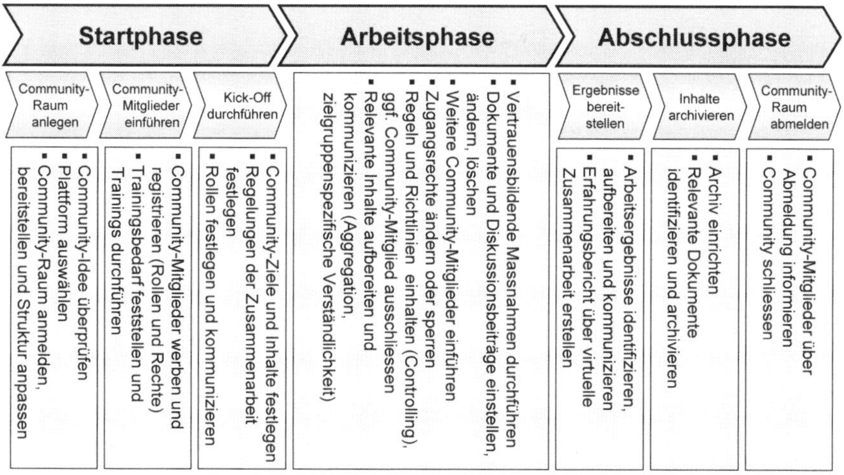

Abb. 10-11: Prozessmodell für die Arbeit in Communities of Practice

In einem weiteren Schritt werden Rollen- und Prozessmodell mit dem Steuerkreis des Gesamtprojektes abgestimmt. Die Modelle unterstützen die folgenden drei Ziele:

- Erstellung eines Vorgehensmodells zur Unterstützung von Projekten durch virtuelle Arbeitsräume und zur Unterstützung des Aufbaus und Betriebs von CoPs.

- Ableiten von Anforderungen an Systeme zur Unterstützung der Zusammenarbeit (Collaboration Tools).

- Etablierung von Rollen und Prozessen durch die Einheit *Organisation und Prozesse*, um die Einrichtung von verteilten Projekten und CoPs zu ermöglichen.

Vorgehensmodell

Aus dem Rollen- und Prozessmodell wurde ein Vorgehensmodell für die Begleitung neuer Arbeitsformen abgeleitet (s. Abb. 10-12). Das Vorgehensmodell ist eine idealtypische Darstellung zur Einführung und Begleitung von Gruppen, die in neuen virtuellen Arbeitsformen arbeiten. Es beschreibt die einzelnen Arbeitsschritte zur Einführung und erfolgreichen Begleitung der neuen Arbeitsformen. Dabei umfasst das Gesamtvorgehen nicht nur den eigentlichen Lebenszyklus einer Arbeitsform, sondern auch die gesamten Vorbereitungen, Feedback und Lernen sowie internes Marketing.

Das abgebildete Vorgehen stellt nur den Rahmen für die Umsetzung dar und lässt sich auf die Bedürfnisse der einzelnen Organisationseinheiten anpassen. Die Beschreibungen der einzelnen Schritte beinhalten Empfehlungen und Hilfen für die Pilotierung. Jede Organisationseinheit kann die Empfehlungen bedarfsgerecht auf ihre Bedürfnisse anpassen.

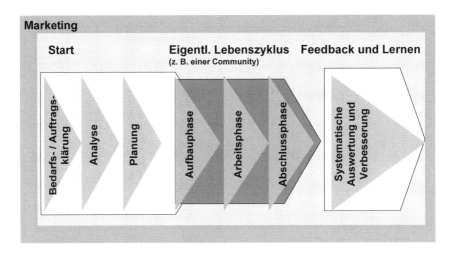

Abb. 10-12: Vorgehensmodell für die Begleitung neuer Arbeitsformen

Die ersten drei Phasen (Start) umfassen den Erstkontakt eines Interessenten, der eine neue Arbeitsform aufbauen möchte, mit einer Unterstützungseinheit (z.B. ‚Corporate Knowledge'), die Umfeldanalyse von Kultur, IT und Organisation, die Ableitung von Massnahmen und die Erstellung eines Realisierungskonzeptes. Der eigentliche Lebenszyklus der neuen Arbeitsform umfasst dann die drei Phasen *Aufbauphase*, *Arbeitsphase* und *Abschlussphase*. Diese Phasen entsprechen dem Prozessmodell aus diesem Kapitel. Die Phase der systematischen Auswertung und Verbesserung beinhaltet abschliessend die systematische Auswertung von Erfahrungen und die Einbindung dieser Erfahrungen in einen kontinuierlichen Verbesserungsprozess.

10.4.3 Systeme

Die Bereitstellung und Anpassung von Systemen zur Unterstützung der Zusammenarbeit (Collaboration Tools) hat wesentlichen Einfluss auf den Erfolg räumlich verteilter Projektteams und CoPs. Dabei muss insbesondere darauf geachtet werden, dass die spezifischen Arbeitsprozesse eines Teams oder einer CoP umfassend unterstützt werden.

Erste Erfahrungen mit Collaboration Tools wurden in der Telekom zunächst mit einer Intranet-basierten Eigenentwicklung gemacht, dem Knowledge Management-Portal (KM-Portal, s. Abb. 10-13). Dieses System, betreut von ‚Corporate Knowledge', hat die folgenden Ziele:

- Schaffung von Bewusstsein für die Relevanz von Wissensmanagement innerhalb der Telekom und Vernetzung von Wissensmanagement-Experten.

- Sammlung und Verbreitung von relevanten Dokumenten zum Thema Wissensmanagement, insbesondere Best Practices.

- Schaffung von Diskussionsmöglichkeiten (Online-Foren) zum Thema Wissensmanagement.

- Unterstützung von Communities of Practice durch die Bereitstellung von Möglichkeiten zur Diskussion (Online-Foren) und strukturierten Dokumentenablagen.

Das KM Portal diente als Ad-Hoc-Lösung der Erprobung von Prozessen und Organisationsformen der virtuellen Zusammenarbeit. Auf Basis der Erfahrungen mit diesem System und den Anforderungen der Divisionen sollte ein Standardsoftware-System ausgewählt werden, das als konzernweiter Standard zur Unterstützung der virtuellen Zusammenarbeit eingesetzt werden soll.

Zur Definition der Anforderungen wurde ausgehend von den gemachten Erfahrungen, Best Practices sowie der Rollen- und Prozessbeschreibung für virtuelle Projekte und CoPs ein fachlicher Anforderungskatalog entwickelt, der die folgenden Punkte umfasst:

- *Teamwork-Funktionalitäten:* Definition von virtuellen Räumen, in denen Funktionalitäten für die Zusammenarbeit innerhalb eines Projektes, Teams bzw. einer CoP zusammengefasst werden können (z.B. Diskussionsforen, Dokumentenablage, Conferencing).

- *Dokumentenmanagement:* Definition von strukturierten Dokumentenablagen mit gängigen Dokumentenmanagement-Funktionalitäten.

- Diskussionsforen.

- *Messaging und Collaboration:* Awareness & Instant Messaging (AIM) mit der Möglichkeit der gleichzeitigen Bearbeitung von Dokumenten (Application Sharing) und Nutzung von Audio- und Video-Konferenzen.

- *Allgemeine Funktionen:* Notifikation bei Änderungen im virtuellen Raum, Protokollierung, integrierte Suche.

- *Technische Architektur:* Schnittstellen zu gängigen Systemen (MS Office, Portal-Software, LDAP), ausreichende Skalierbarkeit und Entwicklungsunterstützung, Rollen-basiertes Berechtigungssystem, ausreichende Sicherheit.

Abb. 10-13: Knowledge Management Portal

Bei der Definition von Anforderungen mussten die folgenden Rahmenbedingungen beachtet werden:

- Die Collaboration Tools sollen in das Mitarbeiterportal (Intranetportal) integriert werden. Die einfache Integrationsfähigkeit, auch mit den anderen Systemen (Web Content Management System, Personal Productivity Applications, Suchmaschine, vgl. Abb. 10-6), ist sicherzustellen.

- Es wird ein Best Practice-Ansatz verfolgt, d.h. es werden vor allem die besten innerhalb der Telekom eingesetzten Systeme betrachtet und möglichst eins dieser Systeme als konzernweiter Standard etabliert. Damit wird erreicht, dass bereits Wissen und Erfahrungen über das System vorhanden sind.

Es soll eine Lösung geschaffen werden, die möglichst viele der benötigten Collaboration-Funktionalitäten integriert zur Verfügung stellt, um späteren Integrationsaufwand gering zu halten.

10.4.4 Wirtschaftlichkeitsbetrachtung

Die Herausforderung bei der Wirtschaftlichkeitsbetrachtung von Massnahmen des Wissensmanagements liegt darin begründet, dass komplexe Ursache-Wirkungsketten zwischen durchgeführten Wissensmanagement-Massnahmen und dem Nutzen für das Unternehmen existieren. Beispielsweise kann die Steigerung des Wissens der Mitarbeiter eine Qualitätssteigerung in Produkten und Dienstleistungen bewirken, was wiederum zu höheren Umsätzen führen kann. Kausale Zusammenhänge können jedoch häufig nur mit hohem Aufwand festgestellt werden, da auf die betrachteten Grössen (z.B. Qualität der Produkte) neben dem Wissensmanagement auch andere Faktoren Einfluss haben.

Da diese Herausforderung auch bei der Wirtschaftlichkeitsbetrachtung von Communities of Practice auftaucht, hat sich die Telekom entschlossen, den Nachweis der generellen Einsetzbarkeit und des Nutzens durch die Evaluation eines Pilotprojektes unter Einsatz eines prototypischen Systems zu erbringen. Gleichzeitig werden erfolgreiche bestehende CoPs, virtuelle Projekte und Teams evaluiert und Erfahrungen und Vorgehensweisen weitergegeben (Nutzung interner Best Practices).

Zur Erfolgsmessung von CoPs wurde das folgende Konzept erarbeitet, das auf unterschiedlichen Ebenen der Erfolgsmessung basiert (s. Abb. 10-14) [s. McDermott 2002]. Das Konzept kann insbesondere auch zur Erfolgsmessung bestehender CoPs eingesetzt werden.

In der Deutschen Telekom konnten zunächst die folgenden Zielgruppen und Motive für die Erfolgsmessung identifiziert werden:

- *Top-Management:* muss wissen, ob Wissensnetzwerke einen Mehrwert für das Unternehmen leisten, um über Investitionen für Wissensnetzwerke zu entscheiden.

- *Fachlich Vorgesetzte von Teilnehmern eines Wissensnetzwerkes:* müssen wissen, ob die Teilnahme in Wissensnetzwerken für ihre Mitarbeiter sinnvoll ist, um zu entscheiden, ob diese daran teilnehmen dürfen.

- *Corporate Knowledge:* muss wissen, welche Wissensnetzwerke im Unternehmen besonders erfolgreich sind, um deren Erfahrungen und Vorgehensweisen im Unternehmen weitergeben zu können.

- *Wissensnetzwerk-Manager:* muss wissen, welche Themen für die Mitglieder des Wissensnetzwerks besonders interessant sind, welche Mitglieder sich beteiligen und welche nicht, um die Aktivitäten innerhalb eines Wissensnetzwerkes zu steuern.

- *Mitarbeiter der Deutschen Telekom:* möchten wissen, welche Wissensnetzwerke die meisten Aktivitäten haben bzw. den meisten Nutzen für sie stiften, um zu entscheiden, an welchen Wissensnetzwerken sie teilnehmen sollen.

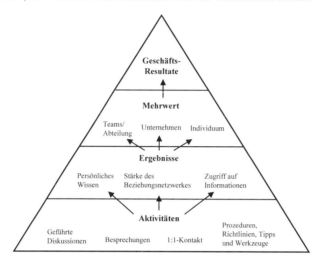

Abb. 10-14: Ebenen der Erfolgsmessung von Communities of Practice

Auf der untersten Ebene werden zunächst *Aktivitäten* gemessen, z.B. die Anzahl der Diskussionen oder Mitglieder in virtuellen Arbeitsräumen. Zu berücksichtigen sind hier auch Kontakte der Teilnehmer über andere Medien (z.B. Telefon). Solche Kenngrössen sind einfach zu ermitteln und können Aufschluss geben über die Gesundheit eines Wissensnetzwerkes. Sie sagen jedoch nichts aus über den Wert eines Wissensnetzwerkes für ein Unternehmen. Nichtsdestotrotz können sie wichtige Anhaltspunkte sein für die Entscheidungen von Wissensnetzwerk-Managern und Mitarbeitern der Deutschen Telekom.

Aktivitäten in Wissensnetzwerken resultieren meist in Verbesserungen in mindestens einem der drei folgenden Gebiete *(Ergebnisse)*:

- *Persönliches Wissen*: Wenn Mitglieder Ideen austauschen, vergrössern sie gegenseitig ihr persönliches Wissen.

- *Stärke des Beziehungsnetzwerkes*: Mitglieder lernen, wer was weiss, und bilden durch ihre Interaktionen vertrauensbasierte und andauernde Beziehungen.

- *Zugriff auf Informationen*: In Wissensnetzwerken werden häufig Dokumente von Mitgliedern publiziert, so dass andere Mitglieder darauf leichten Zugriff haben.

Da es sich bei den Ergebnissen um qualitative Grössen handelt, muss durch Interviews oder (elektronische) Umfragen unter den Mitgliedern eines Wissensnetzwerkes bestimmt werden, wie stark das Wissensnetzwerk dazu beigetragen hat, das persönliche Wissen, die Stärke des Beziehungsnetzwerkes und den Zugriff auf Informationen für die Mitglieder zu verbessern. Durch die Untersuchung von Ergebnissen kann der unmittelbare Einfluss von Wissensnetzwerken gut transparent gemacht werden. Über den Mehrwert für das Unternehmen sagen diese Grössen jedoch noch nichts aus.

Mehrwert wird generell auf drei unterschiedlichen Ebenen erzeugt:

1. *Individuum*: Der Zugriff auf Informationen und Mitglieder, die schnell Probleme lösen können, spart den Teilnehmern oft Zeit.

2. *Team/Organisationseinheit*: Teams können häufig Zeit sparen oder die Durchlaufzeit von Aktivitäten verringern, weil sie neue Ideen und Informationen von Mitgliedern eines Wissensnetzwerkes erhalten.

3. *Division/Gesamtunternehmen*: Der grösste Wert für ein Unternehmen ist häufig weniger sichtbar, aber wichtiger als Kosteneinsparungen: Wissensnetzwerke tragen dazu bei, organisatorische Fähigkeiten zu entwickeln, z.B. können in einem Wissensnetzwerk neue Produkte entwickelt werden oder Kernkompetenzen erhalten werden.

Der Mehrwert eines Wissensnetzwerkes ist schwierig zu messen, weil er für die unterschiedlichen Beteiligten variiert. Ein wichtiges Instrument zur Messung des Mehrwertes ist die Durchführung von strukturierten Interviews mit den Beteiligten. Dabei müssen auf allen Ebenen Beteiligte interviewt werden, d.h. Mitglieder des Wissensnetzwerkes, Bereichsleiter und Manager der Division bzw. des Gesamtunternehmens.

Von entscheidender Bedeutung für den Erfolg eines Messsystems ist, dass die Komplexität so gering wie möglich gehalten wird und dass der Nutzen einer Messung grösser ist als die Kosten. Aufgrund dessen wurden zunächst nur die in Abb. 10-15 genannten Messgrössen als relevant festgelegt.

Diese Messgrössen sollen in einem Pilotprojekt genutzt werden, um die Anwendbarkeit des Messsystems zu verifizieren.

Um die drei Ebenen zu verbinden, sollen *Success-Stories* erstellt werden, die die Messungen aus den drei Ebenen *Aktivitäten*, *Ergebnisse* und *Mehrwert* beinhalten und sie in einen plausiblen Zusammenhang bringen. Damit sollen Top-Management, Führungskräfte und Mitarbeiter überzeugt werden, dass die CoPs wertschöpfend arbeiten.

Kritischer Erfolgsfaktor (KEF) für Aktivitäten	Key Performance Indicator (KPI)	Zielgruppen
Gesamtaktivität in Wissensnetzwerken	Anzahl an Wissensnetzwerken	Corporate Knowledge
Anzahl aktiver Mitglieder eines Wissensnetzwerkes	Anzahl an (unterschiedlichen) Mitgliedern, die sich im vergangenen Monat eingeloggt haben	Wissensnetzwerk-Manager, Mitarbeiter, Corporate Knowledge
Anzahl neu eingestellter Dokumente	Anzahl an Dokumenten, die im vergangenen Monat eingestellt wurden	Wissensnetzwerk-Manager, Mitarbeiter
Anzahl genutzter Dokumente	Anzahl an Dokumenten, die im vergangenen Monat heruntergeladen wurden	Wissensnetzwerk-Manager, Mitarbeiter
Antwortzeit auf Diskussionsbeiträge	Durchschnittliche Zeit, die vergeht, bis auf einen neuen Diskussionsbeitrag geantwortet wird	Wissensnetzwerk-Manager, Mitarbeiter
Kritischer Erfolgsfaktor (KEF) für Ergebnisse	**Interview-Frage**	**Zielgruppen**
Vergrösserung des persönlichen Wissens	„Wie stark hat das Wissensnetzwerk dazu beigetragen, Ihr persönliches Wissen zu vergrössern?" (sehr stark - ... – gar nicht)	Wissensnetzwerk-Manager, Mitarbeiter, Corporate Knowledge, fachlich Vorgesetzte
Aufbau eines Beziehungsnetzwerkes	„Wie stark hat das Wissensnetzwerk dazu beigetragen, Ihr Beziehungsnetzwerk zu verbessern?" (sehr stark - ... – gar nicht)	Wissensnetzwerk-Manager, Mitarbeiter, Corporate Knowledge, fachlich Vorgesetzte
Zugriff auf Informationen	„Wie stark hat das Wissensnetzwerk dazu beigetragen, Ihren Zugriff auf relevante Informationen zu verbessern?" (sehr stark - ... – gar nicht)	Wissensnetzwerk-Manager, Mitarbeiter, Corporate Knowledge, fachlich Vorgesetzte
Kritischer Erfolgsfaktor (KEF) für Mehrwert	**Interview-Frage**	**Zielgruppen**
Mehrwert für Individuen	„Was war der Wert des Wissensnetzwerkes für Sie als Individuum?" „Können Sie den Wert in Zahlen beschreiben, z.B. gesparte Zeit, gesparte Reisekosten?" „Welcher Anteil dieses Wertes kam direkt durch das Wissensnetzwerk zustande? Wie hoch sind die Chancen, dass dieser Wert auch ohne das Wissensnetzwerk erzielt worden wäre?" „Wie sicher (in %) sind Sie sich über Ihre Schätzungen?"	Wissensnetzwerk-Manager, Mitarbeiter, Corporate Knowledge, fachlich Vorgesetzte, Top-Management (aggregierte Werte)

Mehrwert für Teams/ Organisationseinheiten	„Was war der Wert des Wissensnetzwerkes in Ihrem Team/in Ihrer Organisationseinheit?" „Können Sie den Wert in Zahlen beschreiben, z.B. gesparte Kosten, verringerte Durchlaufzeit, verbesserte Qualität der Entscheidungsfindung oder verringertes Risiko?" „Welcher Anteil dieses Wertes kam direkt durch das Wissensnetzwerk zustande? Wie hoch sind die Chancen, dass dieser Wert auch ohne das Wissensnetzwerk erzielt worden wäre?" „Wie sicher (in %) sind Sie sich über Ihre Schätzungen?"	Wissensnetzwerk-Manager, Corporate Knowledge, fachlich Vorgesetzte, Top-Management (aggregierte Werte)
Mehrwert für Divisionen/Unternehmen	„Was war der Wert des Wissensnetzwerkes für die Division/das Unternehmen?" „Können Sie den Wert in Zahlen beschreiben, z.B. neue Produktentwicklungen, Ausnutzung von Marktchancen?" „Welcher Anteil dieses Wertes kam direkt durch das Wissensnetzwerk zustande? Wie hoch sind die Chancen, dass dieser Wert auch ohne das Wissensnetzwerk erzielt worden wäre?" „Wie sicher (in %) sind Sie sich über Ihre Schätzungen?"	Wissensnetzwerk-Manager, Corporate Knowledge, Top-Management (aggregierte Werte)
Kritischer Erfolgsfaktor (KEF) für Kosten	**Key Performance Indicator (KPI)**	**Zielgruppen**
Personalkosten zur Betreuung des Wissensnetzwerkes	Zeitaufwand des Wissensnetzwerk-Managers (Moderators), Zeitaufwand für Einrichtung, Pflege und Betreuung der technischen Infrastruktur	Wissensnetzwerk-Manager, Corporate Knowledge, Top-Management (aggregierte Werte)
Infrastrukturkosten	Software-Lizenzkosten, Wartungsverträge, Hardware-Kosten für Server	Wissensnetzwerk-Manager, Corporate Knowledge, Top-Management (aggregierte Werte)
Kosten für sonstige Massnahmen	Schulungsmassnahmen der Teilnehmer, physische Treffen	Wissensnetzwerk-Manager, Corporate Knowledge, Top-Management (aggregierte Werte)

Abb. 10-15: Messgrössen für die Erfolgsmessung von Communities of Practice

10.4.5 Geplante Weiterentwicklungen

1. In einem Pilotprojekt werden die erarbeiteten Konzepte (Rollen- und Prozessmodell, Leitfaden für CoPs, Erfolgsmessung) auf ihre Praxistauglichkeit evaluiert und wenn nötig angepasst werden.

2. Ist dies geschehen, sollen CoPs, Projekte und Teams bei ihrer Arbeit über virtuelle Medien innerhalb der gesamten Telekom unterstützt werden. Zusätzlich
   benötigte Rollen (z.b. Community Manager) sollen eingeführt und bestehende
   Rollen angepasst werden.

3. Ein wichtiges Ziel ist weiterhin die Auswahl und Einführung von Collaboration
   Tools als Unternehmensstandard und die Integration in das Mitarbeiterportal.

4. Die Konzepte, Prozesse und Systeme sollen kontinuierlich auf ihren Beitrag zur
   Zielerreichung hin analysiert werden, und es soll eine iterative Optimierung
   stattfinden.

10.5 Einordnung in den Kontext

Die Deutsche Telekom AG verfolgt mit dem Projekt T-KEM den Ansatz, verschiedene Wissensmanagement-Systeme in einem Mitarbeiterportal integriert zur
Verfügung zu stellen. Das Mitarbeiterportal soll Systeme für das Management und
den einfachen Zugriff auf explizites Wissen (Content Management Systeme,
Suchmaschine) enthalten. Gleichzeitig sollen Collaboration Tools zur Unterstützung der Zusammenarbeit und des Austausches von implizitem Wissen integriert
werden. Als weitere Komponente sind Anwendungen für den Arbeitsgebrauch
(z.B. MS Word, Outlook) vorgesehen. Damit soll jedem Mitarbeiter ein integrierter Arbeitsplatz über das Intranet zur Verfügung gestellt werden, der die wesentlichen Arbeitskomponenten enthält. Wissensmanagement konzentriert sich in diesem Beispiel primär auf *Wissen für den Kunden* (hier der Mitarbeiter).

Mit Bezug zur CKM-Rahmenarchitektur erfolgt in diesem Beispiel eine Integration der Aspekte *Inhalt*, *Zusammenarbeit* und *Struktur*. Der Aspekt der Zusammenarbeit wird in diesem Beitrag besonders ausführlich behandelt. Die Telekom plant
hier die konzernweite Einführung und Unterstützung von neuen Arbeitsformen,
z.B. Communities of Practice.

10.5.1 Erkenntnisse

Wichtige Erkenntnisse, die während der bisherigen Laufzeit des Projektes gemacht wurden, sind:

- *Vorgabe von Rahmenstandards:* Aufgrund der verschiedenen Anforderungen
  aus den unterschiedlichen Divisionen müssen die Vorgaben und Standards fle-

xibel gehalten werden. Für alle drei Ebenen *Strategie, Prozesse* und *Systeme* müssen Rahmenregelungen gefunden werden, die ein notwendiges Mass an Standardisierung garantieren, die Divisionen in ihrer Handlungsfreiheit aber nicht zu stark einschränken.

- *Nutzung von Best Practices:* Die Telekom hat aufgrund ihrer Grösse einen weiten Erfahrungsschatz im Einsatz unterschiedlicher Methoden und Systeme des Wissensmanagement. Es hat sich bewährt, auf bestehende Methoden und Systeme, mit denen gute Erfahrungen gemacht wurden, für die Standardisierung zurückzugreifen, weil das benötigte Wissen bereits im Konzern vorhanden ist und dadurch Kosten gespart werden können.

- *Hoher Koordinationsaufwand*: Ein derartig umfassendes Projekt mit vielen beteiligten Bereichen erfordert einen sehr hohen Koordinationsaufwand. Zur Minimierung des Aufwandes sollte eine klare Definition der Ziele und Schnittstellen der einzelnen Teilprojekte erfolgen, eine gemeinsame Sprache (Glossar) etabliert werden sowie Nutzen und Fortschritte des Projektes im Rahmen eines integrierten Marketingkonzeptes kommuniziert werden.

10.5.2 Besonderheiten

Das Projekt hat die folgenden Besonderheiten:

- *Konzernweiter Fokus:* Ziel des Projektes ist die Schaffung eines konzernweiten Rahmens für Wissensmanagement und die Nutzung des Intranet in der gesamten Deutschen Telekom AG.

- *Divisionale Unternehmensstruktur:* Der Konzern Deutsche Telekom AG besteht aus vier eigenständigen Divisionen mit vielen Tochterunternehmen. Diese Organisationsstruktur bedingt im Rahmen eines konzernweiten Projektes ein präzises Projektmanagement und aufwändige Koordination.

- *Starke Integration:* Im Rahmen des Projektes sollen verschiedene, bisher eigenständige Prozesse und Systeme in einem zentralen Rahmen integriert werden. Der hohe Grad an Standardisierung und Integration führt ebenso zu hohem Koordinationsaufwand.

- *Hohe Komplexität:* Konzernweiter Fokus, divisionale Unternehmensstruktur und starke Integration führen dazu, dass das Projekt eine ausserordentlich hohe Komplexität hat.

11 Potenzialbewirtschaftungssystem bei der Helsana – Skill Management als kundenorientiertes Human Resource Instrument

Henning Gebert, Oliver Kutsch, Pia Jaggi

Einordnung in die CKM-Rahmenarchitektur

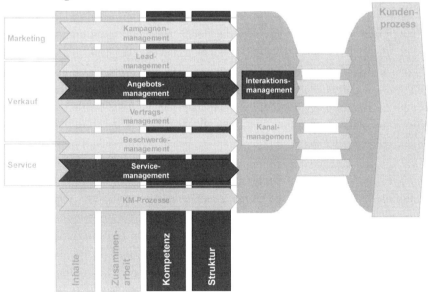

11.1 Unternehmen und Problemstellung

11.1.1 Helsana

Die Helsana entstand im Jahre 1997 durch den Zusammenschluss der beiden
Schweizer Krankenversicherungen Helvetia und Artisana. Das Unternehmen ist
mit einem Prämienertrag von CHF 3,5 Mrd. und über 1,4 Mio. Versicherten in
Bezug auf die Gesamtversichertenzahl (Stand 2001) der führende Krankenversicherer in der Schweiz (s. Abb. 11-1). Das Angebot der Helsana richtet sich an Privatkunden, Familien bilden einen besonderen Schwerpunkt, sowie an Firmen und
Verbände. Das Unternehmen versteht sich als Qualitätsführer, der unter dem
Schlagwort „gesunde Ideen" kundenorientierte Versicherungsdienstleistungen anbietet. Die 1'600 Mitarbeitenden in kundennahen Prozessen bilden die Basis für
einen landesweit persönlichen Service und grosse Kundennähe in allen Sprachre-
gionen der Schweiz.

HELSANA	
Gründung	1997 durch Zusammenschluss (Gründung Helvetia 1900 als Verein; Gründung Artisana 1952)
Firmensitz	Zürich
Branche	Versicherungen
Geschäftsfelder	Krankenversicherung, Unfallversicherungen
Firmenstruktur	Private Aktiengesellschaft (79% Verein Helvetia, 21% Verein Artisana) mit vier Organisations-bereichen: Privatkunden, Firmenkunden, Finan-zen/Dienste, Informations- und Technologieservice
Homepage	http://www.helsana.ch
Versicherungsprämie	2002: CHF 3'824 Mio.
Unternehmensergebnis	2002: CHF 40 Mio.
Marktanteil (Schweiz)	19% der Versicherten
Mitarbeiter	2002: 2'335
Kunden (Schweiz)	2002: über 1,4 Mio.

Abb. 11-1: Kurzportrait der Helsana

11.1.2 Problemstellung

Die 1997 vollzogene Fusion der beiden unabhängigen Krankenversicherungen Helvetia und Artisana zur Helsana führte zu einer Reorganisation aller Geschäftsbereiche. Die Konzernleitung strukturierte das neue Unternehmen in vier Organisationseinheiten. Mitarbeitende mit Marketing-, Vertriebs- und Serviceaufgaben bildeten die an den beiden primären Zielgruppen ausgerichteten *Organisationseinheiten Privatkunden (PK)* und *Firmenkunden (FK)*. Mit etwa 1'600 Personen umfassen PK und FK 69% der gesamten Helsana Belegschaft. Die beiden *Organisationseinheiten Finanzen/Dienste (FD)* und *Informations- und Technologieservice (ITS)* erbringen die zum Betrieb des Unternehmens notwendigen Unterstützungsprozesse.

Die gewählte prozessorientierte Organisationsstruktur repräsentierte die Geschäftsstrategie der Helsana. Während die beiden kundenorientierten Geschäfteinheiten persönliche und qualitativ hochwertige Versicherungsdienstleistungen erbringen sollten, wurden die unterstützenden Organisationseinheiten an der kosteneffizienten Bereitstellung notwendiger innerbetrieblicher Dienstleistungen gemessen. Die Führungskräfte des in der Organisationseinheit Finanzen/Dienste angesiedelten Human Resource Management (HR) reagierten auf diese Anforderungen der Konzernleitung mit einer umfassenden Neuordnung ihres Bereichs. Durch die Einführung umfassender Unterstützung mit Informationstechnik sollten die geforderten Effizienzsteigerungen erreicht werden.

Die Neugestaltung der Informationstechnik löste im HR eine Diskussion über die zukünftige Ausrichtung der Leistungserbringung aus. Während das operative Human Resource Management eine zentralisierte, administrativ fokussierte HR-Organisation favorisierte, sprach sich das strategische Human Resource Management für eine aktive Unterstützung in den Bereichen Personalentwicklung, Personalgewinnung und Personaleinsatz aus. Das strategische HR begründete seine Position mit einer nachweisbaren Veränderung der Kundenanforderungen im Bereich der Krankenversicherungen: Krankenversicherungsprodukte waren in der Schweiz lange Zeit einer gesetzlich festgelegten Standardisierung unterworfen. Seit 1996 ist der Gesundheitsmarkt in der Schweiz im Bereich der obligatorischen Krankenpflegeversicherung (OKP) teilreguliert, in weiten Bereichen gelten marktwirtschaftliche Grundsätze. Dies führte zu einer erheblichen Differenzierung der Produktpalette. Versicherungsnehmende forderten zunehmend auf ihre Bedürfnisse angepasste, kostengünstige Versicherungsangebote. Die Erbringung individueller, kostengünstiger Dienstleistungen in einem immer komplexeren Produktumfeld entwickelte sich zur zentralen Aufgabe der Mitarbeitenden in kundenorientierten Prozessen. Zur Bewältigung dieser Herausforderungen benötigten die Mitarbeitenden ein umfassenderes, flexibleres Fachwissen. Ohne ein Instrument zur Sichtbarmachung und Steuerung des erforderlichen Fachwissens auf Unternehmensebene wäre die Helsana nicht in der Lage, auf Kompetenzengpässe und deren negativen Auswirkungen auf den Geschäftserfolg, zu reagieren.

11.2 Ausgangssituation

Die Idee durch zielgerichtetes Management von geschäftsrelevantem Fachwissen (Kompetenz-Management, engl. Skill(s) Management) die Leistungsfähigkeit eines Unternehmens zu erhöhen wurde bereits in den sechziger und siebziger Jahren des vorigen Jahrhunderts diskutiert [s. Gilbert 1978]. In den Zeiten weitgehend staatlicher Regelung der Krankenversicherungsbranche in der Schweiz und aufgrund fehlender IT-Unterstützung stufte die HR-Führung in der Helvetia und Artisana das unternehmensweite Management von Fachwissen als nicht vorrangig ein. Viele der ursprünglichen Konzepte scheiterten an den Kosten für die Erhebung und Pflege der Datenbasis. Erst die allgemeine Verfügbarkeit von Personalcomputern (PCs) an allen Arbeitsplätzen und der Einzug der Web-Technologie in die Unternehmen gegen Ende der neunziger Jahre schuf die Voraussetzungen für ein kosteneffizientes, unternehmensweites Kompetenz-Management (vgl. [Houtzagers 1999, 28], [Probst et al. 2000, 39ff.]). Zu diesem Zeitpunkt erfolgte die Personalentwicklung, Personalgewinnung und Personaleinsatz in der Helvetia und Artisana noch im Rahmen traditioneller HR-Ansätze (s. Abb. 11-2).

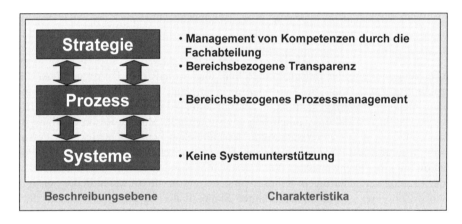

Abb. 11-2: Kurzcharakteristika Helvetia und Artisana
Kompetenz-Management (alt)

11.2.1 Strategie

Die Linienvorgesetzten waren im Rahmen ihrer Führungsaufgaben für die Entwicklung des Fachwissens der Mitarbeitenden verantwortlich. Operative HR-Mitarbeitende unterstützten sie bei dieser Aufgabe. Ein Management explizit beschriebener, individueller Kompetenzen von Mitarbeitenden wurde weder in der Personaleinsatzplanung noch in der Personalentwicklung durchgeführt.

Die Transparenz über vorhandene Kompetenzen war auf die persönlichen Kenntnisse der Führungskräfte und der sie unterstützenden HR-Mitarbeitenden beschränkt. Die fehlende Standardisierung erschwerte die Kommunikation des bestehenden Fachwissens über die Grenzen der Organisationseinheit hinaus.

11.2.2 Prozesse

Das Fachwissen der Mitarbeitenden wurde indirekt über die Einsatzplanung und das Ausbildungsmanagement beeinflusst. Ein unternehmensweit gültiger Standard für die Strukturierung von Ausbildungsangeboten und Stellenanforderungen und deren Auswirkungen auf die Wissensbasis der Helvetia und Artisana war nicht vorhanden.

11.2.3 Systeme

Die Informationstechnik unterstützte nur einen geringen Teil der HR-Prozesse. Die Erstellung von Ausbildungsangeboten und Stellenbeschreibungen erfolgte auf Basis von Vorlagen mit Office-Software des Unternehmens Microsoft. Das Management von Fachwissen wurde nicht durch Informationstechnik unterstützt.

11.2.4 Leidensdruck

Mit der Öffnung des Krankenversicherungsmarktes in der Schweiz und der Fusion zur Helsana stiegen die Anforderungen der kundenorientierten Bereiche an das Kompetenz-Management. Vor allem das Management der Bereiche Vertrieb und Service in PK und FK begann die interne Transparenz über das Fachwissen der Mitarbeitenden mittels manuell gepflegter Kompetenzlisten zu erhöhen. Neben der Explikation der Sprachkenntnisse waren die Linienvorgesetzten besonders an einer Übersicht über das Fachwissen von Mitarbeitenden in Bezug auf spezielle Versicherungsprodukte und Vertragsformen interessiert.

Neben der Verbesserung des Kompetenz-Managements im eigenen Bereich strebten PK- und FK-Linienmanager zunehmend eine unternehmensweite Transparenz über bestimmte Kompetenzen an. Die Verfügbarkeit dieser Informationen würde die organisationseinheitsübergreifende Lösung von Problemen erleichtern und eine effektivere interne Stellenbesetzung ermöglichen (s. [Gebert/Kutsch 2003], [Green 1999]). Der bisher hohe Koordinationsaufwand der Führungskräfte in beiden Bereichen würde durch eine Prozessverbesserung erheblich gemindert werden. Unterstützt wurde dieses Anliegen auch durch die Projektmanager der Helsana, deren unternehmensweite Suche nach Projektmitgliedern ähnliche Anforderungen wie die innerbetriebliche Stellenbesetzung aufweist.

Die Führung des HR-Bereichs sah in der Einführung eines unternehmensweiten Managements von Fachkompetenzen die Möglichkeit, das Potenzial der Mitarbeitenden flexibler und zielgerichteter zu managen. Gleichzeitig könnten die heterogenen HR-Prozesse in den Bereichen Personaleinsatz, Personalentwicklung und

Personalgewinnung auf Basis unternehmensweit gültiger Kompetenzdefinitionen vereinheitlicht werden.

11.3 Projekt PBS

Die Führung des Human Resource Management begann mit dem Ausbau der IT-Unterstützung des eigenen Bereichs 1998. Zielsetzung des Projekts *Personal-Informations-System (PIS)* war die Vereinheitlichung wesentlicher HR-Prozesse auf Basis einer unternehmensweiten Standardsoftwarelösung. Das im Jahr 1999 geplante und 2000 gestartete Teilprojekt *Potenzialbewirtschaftungssystem – Skill Management (PBS)* sollte ein informationstechnisches Instrument zum unternehmensweiten Management relevanter Kompetenzen von Mitarbeitenden der Helsana realisieren.

Aufgabenträger des Projekts PBS war das strategische Human Resource Management. Das im Rahmen des Projekts PIS eingeführten HR-System bildete die Basis für die geplante PBS-Applikation. Die Pflege und Entwicklung des gesamten HR-Systems oblag aufgrund eines Verwaltungsratsbeschlusses zum Datenschutz nicht der Helsana ITS sondern dem externen Dienstleister „Five Informatik AG". Eine Geschäftsführerin dieses Unternehmens, die bereits in den anderen PIS-Teilprojekten mitwirkte und für die technische Umsetzung verantwortlich war, übernahm die technischen Anpassungen für das Kompetenz-Management System des Projekts PBS. Für die Entwicklung der PBS-Prozesse und zur Unterstützung der Aufnahme relevanter Kompetenzen wurde die Unternehmensberatung „The Information Management Group" (IMG) verpflichtet. Unterstützung in konzeptionellen und fachlichen Bereichen sowie den kontinuierlichen Vergleich der Lösungen mit bestehenden Best Practices erwartete sich die Helsana vom Institut für Wirtschaftsinformatik der Universität St. Gallen (IWI-HSG), mit der sie im Rahmen des Kompetenzzentrums Customer Knowledge Management (CC CKM) zusammenarbeitet. Insgesamt umfasste das Projektteam aus Sicht der Helsana durchschnittlich fünf interne und vier externe Projektmitglieder, die alle zu einem Teil ihrer Arbeitszeit für PBS abgestellt wurden.

Das strategische Human Resource Management stimmte mit der Konzernleitung zwei wichtige Rahmenbedingungen ab. Da das Instrument neben den Facheinheiten auch von HR genutzt werden sollte, wurde die *Aufnahme von Fachkompetenzen* durch die Aufnahme von *personenbezogenen Informationen*, z.B. Kontaktinformationen, und für das Human Resource Management *relevanten Sozialkompetenzen*[1], wie z.B. Teamfähigkeit und Eigeninitiative, ergänzt. Auf die Speicherung von gehaltsbezogenen Informationen wurde bewusst verzichtet. Neben der Ausweitung der Datenbasis legte die Konzernleitung die *Freiwilligkeit der Teilnahme an PBS durch individuelle Entscheidungen der Mitarbeitenden* fest. Die Einverständniserklärung erfolgte schriftlich und wurde Teil der Personalakte. Mit einer

---

[1] Sozialkompetenzen werden innerhalb der Helsana als Kernkompetenzen bezeichnet.

Nichtteilnahme waren keine negativen Konsequenzen verbunden. Nichtteilnehmende Mitarbeitende waren jedoch über PBS-gestützte Dienstleistungen nicht identifizierbar und konnten somit evtl. im Falle schneller Entscheidungen, z.B. im Rahmen einer Aufgabenübertragung oder Projektbesetzung, übergangen werden.

11.3.1 PBS Dienstleistungen

Auf der Basis der Rahmenbedingungen und den Anforderungen der Fachabteilungen definierte das Projektteam die Dienstleistungen von PBS:

* Die Kompetenzprofile von Mitarbeitenden sollen berechtigten Personen übersichtlich und vollständig bereitgestellt werden.

* Mittels einer Suchfunktionalität müssen Mitarbeitende und Führungskräfte anderer Bereiche auf Basis ihrer Kompetenzen identifizierbar sein und anschliessend direkt oder über ihre Vorgesetzten kontaktiert werden können.

* Kompetenzprofile müssen zum Zwecke der Organisationsentwicklung zu Kompetenzlandkarten aggregiert werden können.

Das Human Resource Management fügte weitere Dienstleistungen hinzu:

* Die Kompetenzprofile müssen im Rahmen bestehender HR-Prozesse, z.B. dem jährlichen Mitarbeitergespräch und der Stellenbesetzung, einsetzbar sein.

* Um die Entwicklung von Kompetenzen der Mitarbeitenden verfolgen zu können, müssen die Veränderungen im Zeitablauf in einem Kompetenz-Profil ersichtlich werden.

* Die Kompetenzen müssen zur Unterstützung und Kontrolle von Ausbildungsmassnahmen und Stellenbesetzungen verwendet werden können.

11.3.2 PBS Skill Tree

Die beschriebenen Anforderungen und Ziele bestimmten die für das Kompetenz-Management benötigte Datenbasis, die im Projekt als ‚Skill Tree' (Kompetenzbaum) bezeichnet wurde. Aufgrund der beschriebenen erweiterten Anforderungen umfasste der Skill Tree neben Fachkompetenzen auch Informationen zu Qualifikationen, Erfahrungen und Sozialkompetenzen (s. Abb. 11-3).

Das Projektteam konnte die für die Helsana relevanten Informationen für die Bereiche Ausbildung, interne/externe Qualifikationen, Sprachen/Erfahrungen und Kernkompetenzen mit einem Aufwand von etwa acht Personentagen ermitteln. Die Bereiche Sprachen/Erfahrungen und Kernkompetenzen beinhalteten weniger als 30 Eigenschaften und lagen bereits zu grossen Teilen standardisiert vor. Der

Aufbau der Bereiche Ausbildung und Qualifikationen wurde an den Helsana Ausbildungsbereich übertragen.

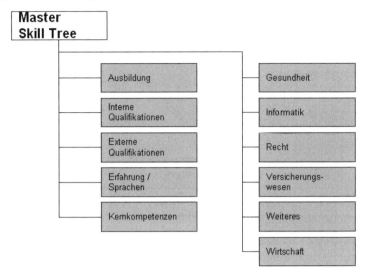

Abb. 11-3: Struktur Helsana Skill Tree

Die Identifikation und Definition der für die Helsana relevanten Fachkompetenzen stellte eine grössere Herausforderung dar. Um die Anzahl verwendeter Begriffe zu begrenzen, definierte das PBS-Team drei Kriterien zur Evaluation von Fachkompetenzen:

- *Relevanz:* Eine relevante Kompetenz ist für Erreichung der Ziele der Helsana, vorgegeben durch die Aufgaben und Dienstleistungen innerhalb der Organisationsbereiche, unverzichtbar. Kenntnisse der Versicherungsmathematik erfüllen dieses Kriterium, während Kenntnisse der Astronomie es nicht erfüllen.

- *Relative Statik:* Das Erlernen und die Erweiterung von relativ statischen Kompetenzen erfordert einen fest definierten Zeitraum intensiver Auseinandersetzung. Die Entwicklung der Kompetenz Chirurgie erfordert beispielweise Jahre. Die Entwicklung der Kompetenz Javascript-Programmierung erfordert hingegen Wochen.

- *Relative Knappheit:* Knappe Kompetenzen sind nicht für alle Mitarbeitenden jederzeit verfügbar. Die Kompetenz „Schweizer Staatsrecht" erfüllt dieses Kriterium. Die Kompetenz „Lesen und Schreiben" erfüllt dieses Kriterium jedoch nicht.

Auf der Basis des Kriterienkatalogs entwickelte das Projektteam eine mehrstufige hierarchische Fachkompetenzstruktur. Als Ordnungskriterium diente die „Relative Statik". Fachkompetenzen mit höherem Lernaufwand stehen in der Skill Tree-Struktur über Fachkompetenzen mit geringerem Lernaufwand. Dadurch konnte sichergestellt werden, dass später eine Aggregation der Fachkompetenzen in einer

Kompetenzlandkarte den „Wert" einer Kompetenz im Bezug auf die Kosten der Ausbildung sinnvoll widerspiegelte.

Das PBS-Projektteam begann mit der Analyse der Fachkompetenzen bei den Bereichen ‚Managed Care' und ‚Informations- und Technologie Service' (ITS). Beide Organisationseinheiten wurden aufgrund ihrer besonderen Struktur ausgewählt. Während die ITS spezialisiertes, komplexes und aus Sicht der Helsana relativ standardisiertes Fachwissen aufwies, bildete das ebenfalls komplexe Fachwissen der als interne Beratung tätigen Organisationseinheiten Managed Care einen Querschnitt durch das gesamte Unternehmen ab. Trotz der Unterschiedlichkeit der Organisationsheinheiten erkannten die Moderatoren beim Erstellen des Skill Tree Ähnlichkeiten im Profilumfang. Die Anzahl relevanter Fachkompetenzen schien wesentlich von der Anzahl der Mitarbeitenden einer analysierten Organisationseinheit und deren Aufgabenprofil abhängig. Bei Organisationseinheiten mit heterogenen Aufgabenbereichen pendelte sich die Anzahl relevanter Fachkompetenzen mit zunehmender Organisationsgrösse bei der Anzahl der Mitarbeitenden ein. Bei Organisationsheinheiten mit homogeneren Aufgabenbereichen, z.B. im Vertrieb, sollte dieser Faktor deutlich unter eins liegen. Der Gesamtaufwand für die Analyse der Fachkompetenzen einer Organisationseinheit betrug etwa fünf Personentage.

11.3.3 Zuordnung und Bewertung von Kompetenzen

Neben dem Aufbau des Skill Tree musste das PBS-Team die zulässigen Zuordnungen und Bewertungen von Kompetenzen definieren. Personen und Stellenbeschreibungen konnten alle Arten von Kompetenzen aufweisen. Organisationseinheiten wurden durch Zusammenfassen individueller Kompetenzprofile ausschliesslich Fachkompetenzen zugeordnet. Die Zuordnung von Kompetenzen zu Personen, Stellen und Organisationseinheiten konnte bewertet oder unbewertet erfolgen. Das Projektteam entschied sich, für die Bewertung ordinale Schemata zu verwenden. Ordinale Bewertungsmasse bilden eine Hierarchie zwischen einzelnen Bewertungsstufen, ohne deren Abstand zueinander zu definieren. Die Verwendung dieser Bewertungsmethode ermöglichte im Rahmen des Kompetenz-Management die Einstufung der Kompetenzen eines Individuums vorzunehmen, ohne eine umfassende Vergleichbarkeit von Kompetenzprofilen zu ermöglichen. Die mathematischen Nachteile der Aggregation ordinaler Bewertungsskalen bei der Erstellung von Kompetenzlandkarten für Organisationseinheiten wurden bewusst in Kauf genommen, da die resultierenden statistischen Ungenauigkeiten im strategischen Entscheidungsumfeld als vernachlässigbar angesehen wurden.

Während Qualifikationen unbewertet (besitzt, besitzt nicht) zugeordnet werden, besitzen die anderen Kompetenzarten mehrstufige Bewertungsraster. Sozialkompetenzen wurden in fünf Stufen von „Übertrifft die Anforderungen in aussergewöhnlichem Umfang" bis „Erfüllt die Anforderungen in wesentlichen Punkten nicht" bewertet. Die Bewertung von Fachkompetenzen erfolgte in vier Stufen (s. Abb. 11-4).

Kompetenzstufe	Benennung	Erklärung
1	Ausgebildet	Der Mitarbeitende hat im Bereich des Skills Wissen formal oder durch Erfahrung erworben und ist in der Lage, Herausforderungen mit Unterstützung zu lösen.
2	Fachmann	Der Mitarbeitende hat im Bereich des Skills mindestens 6 Monate Erfahrung gesammelt und ist in der Lage, Herausforderungen selbständig zu lösen.
3	Experte	Der Mitarbeitende weist umfassendes Wissen auf dem Gebiet auf. Er ist in der Lage augrund seiner Erfahrung auch schwierige Herausforderungen zu lösen und trägt aktiv zur Wissensweitergabe bei.
4	Mentor	Der Mitarbeitende weist eine mehrjährige Erfahrung im Bereich des Skills auf und wird ausserhalb der Helsana als wesentlicher Wissensträger anerkannt. Er entwickelt den Skill im Rahmen ihrer Arbeit weiter und wirkt dabei normativ auf ihr Umfeld ein.

Abb. 11-4: Bewertungsraster für Fachkompetenzen (Skills)

Der duale und im Verlauf der Kompetenzsteigerung sich ändernde Schwerpunkt der Definitionen wurde bewusst gewählt. Neben dem Nachweis von fachlicher Fertigkeiten auf dem Gebiet der Kompetenz spielte die Bereitschaft, diese im Rahmen der Aufgabenlösung einzusetzen, eine wesentliche Rolle. Diese zunehmend verhaltensorientierten Anforderungen der Helsana an Kompetenzträger mit hoher ausgewiesener Expertise drückt sich in den Definitionen für die Kompetenzstufen Experte und Mentor aus.

Um die Eingabe und Pflege des Kompetenzprofils sowie alle relevanten PBS-Dienstleistungen jedem Mitarbeitenden dezentral zugänglich zu machen, entschied sich das Projektteam für den Aufbau einer webbasierten Lösung. Die Verantwortung der Erstellung des Kompetenz-Profils lag dabei bei den einzelnen Mitarbeitenden. Die dezentrale Erstellung und Pflege stellte aus Sicht des Projektteams die kostengünstigste Alternative dar. Durch die Integration einer Kompetenzanalyse durch den Vorgesetzten/HR-Vertreter in das Mitarbeitergespräch wurde eine intersubjektive Komponente hinzugefügt. Die elektronische Bestätigung des Kompetenzprofils wurde in Form einer digitalen Zertifizierung der Inhalte hinzugefügt. Diese war bis zur nächster Änderung des Profils gültig. Im Falle einer Anpassungen des Kompetenzprofils ausserhalb des Mitarbeitergesprächs konnten Mitarbeitende die Zertifizierung auch direkt elektronisch beim Vorgesetzten anfordern.

11.3.4 Pflege- und Führungsprozesse

Im Rahmen eines Organisationskonzepts definierte das PBS-Team eine Prozessarchitektur für das Kompetenz-Management. Die bestehenden Geschäftsprozesse und deren Unterstützungsprozesse im HR-Bereich bildeten den Ausgangspunkt. Unterschiedliche Projektteams erarbeiteten in moderierten Workshops die Nutzungs-, Pflege- und Führungsprozesse für das Kompetenz-Management. Unter Führung der IMG-Berater spezifizierte das Team neben der Ablauforganisation auch Auswirkungen auf die Aufbauorganisation. Die Aufgabenübersichten und die Definition der Vernetzungsstellen[2] zu anderen Organisationseinheiten bildeten die Grundlagen zur Ressourcenkalkulation für den Betrieb und die Pflege der Helsana Kompetenz-Management-Lösung.

Da die Nutzungsprozesse im Kontext des PBS Prototypen detailliert werden (s. Kapitel 11.4.2), konzentrieren sich die folgenden Abschnitte auf die Beschreibung der Pflege- und Führungsprozesse.

Die Pflegeprozesse dienen der Erstellung und regelmässigen Anpassung der Kompetenz-Management-Komponenten an die sich verändernden Bedürfnisse und Gegebenheiten der Helsana. Zu den wesentlichen Kompetenz-Management-Komponenten zählen der Skill Tree, das Bewertungsraster für die Fachkompetenzen und die Interaktionsschnittstellen, die das Skill Management System seinen Benutzern zur Verfügung stellt. Die Pflegeprozesse umfassen zudem das Management des Kennzahlensystems, des Anreizinstrumentariums und des Berechtigungskonzepts für die Kompetenz-Management-Lösung.

Die Steuerung und das Controlling des Kompetenz-Managements ist Aufgabe der Führungsprozesse. Basierend auf den Strategie- und Budgetvorgaben, den erhobenen Kompetenz-Management-Kennzahlen und dem Feedback der Mitarbeitenden werden regelmässig Massnahmen abgeleitet, die eine kontinuierliche Optimierung des Kompetenz-Managements sicherstellen.

Im Rahmen der aufbauorganisatorischen Regelungen definierte das Projektteam ein fachliches und ein technisches Gremium, um Anforderungen bzgl. Veränderungen und Pflege des Kompetenz-Management zu validieren, priorisieren und zu verabschieden. Neben der zentralen Führungsstruktur stellen Skill Management-Agenten (SkM-Agenten) die Nähe des Kompetenz-Managements zu den Facheinheiten sicher. Diese Rolle wurde von jeweils einem Vertreter der Bereiche Marketing, Vertrieb und Service ausgeübt.

11.3.5 Feldtest und Projektstand

Die Erweiterung der für das Projekt PIS geschaffenen informationstechnischen Lösung erfolgte parallel zum konzeptionellen Aufbau des Kompetenz-Managements. Der erste operative PBS-Prototyp wurde Ende des Jahres 2001 fertiggestellt. Um das Projekt gegenüber den Facheinheiten transparenter darstellen zu können, entschied sich das Projektteam im Frühjahr 2002 für einen ersten Testlauf. Im Rahmen mehrerer Feldtests konnten die Teilnehmenden das System befüllen und die bereits implementierten Funktionen verwenden. Neben Mitarbeitenden aus den Bereichen Informatik und Managed Care wurden auch die zuständigen Personen für Datenschutz und IT-Sicherheit, sowie Mitarbeitende aus den

---

[2] Der Begriff ‚Vernetzungsstelle' bezeichnet in der Helsana die Schnittstelle zwischen mehreren Rollen auf personenbezogener Ebene. Der Begriff Schnittstelle wird nur im Bereich der Informationstechnik als Verbindungspunkt zwischen zwei Systemen eingesetzt.

HR-Organisationseinheiten eingeladen. Die Rückmeldungen der Teilnehmenden waren sehr positiv. Alle Mitarbeitenden bestätigten das Potenzial des Systems im Bezug auf ihre tägliche Arbeit und bewerteten den Nutzen der bisherigen Funktionen durchschnittlich mit "Gut bis Sehr Gut".

Aufgrund der Anregungen des Feldtests beschloss das Projektteam, auf dem Weg zur Produktivanwendung, die Dienstleistungen der PBS-Applikation mittels Demonstrationen bei den Führungskräften der Facheinheiten abschliessend zu spezifizieren. Zwei PBS-Projektmitglieder erhoben im Rahmen einer zweitägigen Interviewphase die detaillierten Anforderungen von neun Fach- und Führungskräften aus den Bereichen Vertrieb, Organisation, operatives Human Resource Management, Projektmanagement und Kommunikation. Die konsolidierten Ergebnisse dienten als Basis zur Finalisierung der PBS-Funktionen. Aufgrund einer geänderten Prioritätssetzung innerhalb der Helsana konnten diese Funktionen bislang noch nicht umgesetzt werden.

11.3.6 Herausforderungen und Erfolgsfaktoren

Während der zweijährigen Projektdauer musste das Projektteam eine Reihe von Herausforderungen überwinden. Die notwendigen internen Personalressourcen konnten nur eingeschränkt zur Verfügung gestellt werden. Die Belastung durch Linienaufgaben und die damit verbundene geringe zeitliche Flexibilität bei der Erfüllung von Projektaufgaben liessen sich nur schwer mit den hohen konzeptionellen Anforderungen des Kompetenz-Management-Projekts vereinbaren.

Die alle Mitarbeitenden betreffende, sensible Themenstellung erforderte eine umfassende Kommunikation und belastete die Ressourcensituation. Die beteiligten Projektmitglieder mussten zudem feststellen, dass vor Fertigstellung des Prototypen die Ziele und der Umfang von PBS projektexternen Mitarbeitenden nur schwer vermittelbar waren.

Die Existenz eines operativen PBS-Prototypen und dessen hohe Akzeptanz ist einer Reihe wesentlicher Erfolgsfaktoren zuzuschreiben:

- Die mit der Konzernleitung abgestimmten strategischen Zielsetzungen schufen klare Rahmenbedingungen für das Projekt. Das PBS-Team konnte sich von Beginn an auf die Umsetzung der Lösung konzentrieren.

- Die Kompetenz und Erfahrung der einzelnen Projektteilnehmer ermöglichte eine weitgehend dezentrale Arbeit. Häufig waren nur zwei Personen an der Erarbeitung eines Teilergebnisses beteiligt, welches dann in der folgenden Projektbesprechung in das Gesamtkonzept eingebunden wurde. Auf diese Weise wurde die Kommunikation bei der Entwicklung von Konzepten und der Softwarelösung auf das Wesentliche reduziert.

- Ungeachtet der Komplexität des Themas, gelang es dem Projektmarketing relevante Personen über den gesamten Projektzeitraum mit Informationen über die geplante Kompetenz-Management-Lösung zu versorgen. Dies erhöhte die Bereitschaft der Kritiker zu einem konstruktiven Dialog.

11.4 Der PBS-Prototyp

Der PBS-Prototyp ist das Ergebnis der vom PBS-Projektteam entwickelten Kompetenz-Management-Lösung. Flankiert wird das auf Standardsoftware aufsetzende Skill-Management-System durch ein prozessorientiertes Bewirtschaftungs- und Pflegekonzept (s. Abb. 11-5).

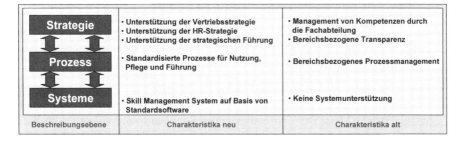

Abb. 11-5: Kurzcharakteristika Helsana Kompetenz-Management (neu)

11.4.1 Strategie

Die Kompetenz-Management-Lösung bietet jeder der drei im Unternehmensleitbild der Helsana definierten strategischen Ausrichtungen spezifische Unterstützungsdienstleistungen an:

* *Unterstützung kundennaher Prozesse:* Das primäre Ziel der Helsana ist das „Arbeiten für zufriedene Kundinnen[3]". Die kundennahen Prozesse (Marketing, Vertrieb und Service) des Dienstleisters tragen dabei einen wesentlichen Teil zur Wahrnehmung durch den Kunden bei. Die Möglichkeit, im Tagesgeschäft Mitarbeitende mit benötigten Kompetenzen zeitnah zu identifizieren, *erhöht* die *Flexibilität* dieser Prozesse *gegenüber Kundenanforderungen.* Durch direkte Bereitstellung benötigter Expertise können Leistungen *schneller, qualitativ hochwertiger* und *zielgerichteter* erbracht werden. Gleichzeitig *reduziert* eine effiziente kompetenzorientierte Aufgabenallokation die *Gesamtbelastung* der Belegschaft.

---

[3] Die Mehrheit der Kunden und Mitarbeitenden der Helsana sind Frauen. Die Helsana verwendet aus diesem Grund bei personenbezogenen Begriffen grundsätzlich die weibliche Form.

- *Unterstützung der Unternehmensflexibilität:* Die 1996 eingeführte teilweise Liberalisierung des Gesundheitsmarktes der Schweiz setzte die im hohen Masse betroffenen Krankenkassen einem beständigen Veränderungsdruck aus. Die Helsana definiert aus diesem Grund die Transformation zu einem auf Dauer „innovative[n] und veränderungsbereite[n] Unternehmen" als strategische Zielsetzung. Diese Flexibilität muss das Unternehmen sowohl marktseitig durch innovative Produkte und kundenorientierte Dienstleistungen als auch ressourcenseitig durch effektives Management der eigenen Kernkompetenzen und der Lernfähigkeit der Unternehmensorganisation beweisen. Bei ressourcenorientierten Entscheidungen übernimmt das Kompetenz-Management dabei eine wichtige Rolle. Im Gegensatz zu marktorientierten Entscheidungen fehlt ressourcenorientierten Strategien häufig eine solide Datenbasis. Durch die Bereitstellung aggregierter und über den Zeitverlauf zu verfolgender Kompetenzlandkarten ermöglicht das Kompetenz-Management ein inter-subjektives Bild auf die Kompetenzstruktur der Helsana und bietet somit ein Instrument, welches die *Qualität* ressourcenorientierter, *strategischer Führungsentscheidungen* signifikant *verbessern* kann.

- *Erhöhung der Kompetenz-Basis:* Die kontinuierliche „Förderung der Mitarbeiterinnen nach Leistung und Potenzial" ist eine eigenständige strategische Zielsetzung der Helsana. Die notwendigen Ausbildungen finden entweder im Rahmen der Ausführung von Geschäftsprozessen („Training on the Job", Ausbildung im Rahmen der Arbeit) oder als Teil des Human Resource Prozesses („Training off the Job", Ausbildung ausserhalb der Arbeit) statt. Die durch PBS aufgezeichneten Veränderungen der Kompetenzprofile von Mitarbeitenden ermöglichen die *Kontrolle der Effektivität von Ausbildungsmassnahmen. Fehlende* und aus Sicht des Unternehmens obsolete *Kompetenzen* werden *frühzeitig erkannt* und können durch HR-Massnahmen behoben werden. Der geringere Kommunikationsaufwand gegenüber Kandidaten durch Anreicherung von Stellenbeschreibungen mit abgestimmten Kompetenzinformationen *beschleunigt* zudem die *Rekrutierungsprozesse.*

11.4.2 Prozesse

Die Nutzungsprozesse des PBS lassen sich anhand des Organisationskonzepts in *Zuordnung, Suche, Reporting* und *Support* differenzieren. Sie setzen auf den Pflege- und Führungsprozessen auf.

Nach der Bereitstellung des Skill Management Systems und der Einverständniserklärung für den Datenschutz wählen die Mitarbeitenden im Rahmen des Nutzungsprozesses *Zuordnung* die zutreffenden Fachkompetenzen aus vordefinierten Ansichten aus, schätzen sich anhand der Bewertungsrasters selbst ein und geben ihr Ergebnis frei. In Verbindung mit dem jährlichen Mitarbeitergespräch wird eine Validierung der Mitarbeitereinschätzung der Fachkompetenzen durch den Vorgesetzten vorgenommen. Gleichzeitig erfolgt die Bewertung der Sozialkompetenzen durch den Linienvorgesetzten. Sollten Differenzen bei der Einschätzung auftauchen, die nicht bilateral gelöst werden können, besteht die Möglichkeit, den Skill Management Fachspezialisten als Schlichter einzusetzen. Dieser kann anhand von anderen Mitarbeiterprofilen einen Vergleichsmassstab bereitstellen. Darüber hinaus werden im Mitarbeitergespräch anhand des vorhandenen Kompetenzprofils in Kombination mit den vereinbarten Aufgabenstellungen, Zielen und Entwicklungspfaden die Weiterbildungsmassnahmen definiert.

Sobald das Skill Management System einen ausreichenden Abdeckungsgrad von Kompetenzen beinhaltet, wird es zur Suche und damit zur eigentlichen Nutzung bereitgestellt. Der Nutzungsprozess *Suche* deckt alle Aktivitäten von der Eingabe der Suchkriterien, dem Start der Suche über die Auswertung und Verfeinerung der Ergebnisse, bis zur Übermittlung von Kommunikationsdaten geeigneter Mitarbeitenden ab. Werden Kompetenzträger für Projekteinsätze benötigt, kann der Skill Management Fachspezialist zusätzlich für die Auswertung erforderliche Sozialkompetenzen und Angaben des Werdegangs einbeziehen. Der Projektmanager muss anschliessend die Verfügbarkeit in Frage kommender Projektmitglieder mit den Vorgesetzten besprechen. Erst nach der offiziellen Freigabe für einen Projekteinsatz ist die Kommunikation mit Kandidaten zulässig.

Der Nutzungsprozess *Reporting* dient dem Abruf von vordefinierten Kompetenzprofilen und -landkarten, beispielsweise für Auswertungen von Kompetenzentwicklungen bestimmter Organisationseinheiten im Zeitablauf oder dem Vergleich vorhandener und benötigter Kompetenzen zur Absicherung strategischer Massnahmen.

Der Nutzungsprozess *Support* unterstützt die anderen Nutzungsprozesse durch Lösungen fachlicher, bedienungsbedingter und technischer Probleme. Der zentrale Help Desk löst bedienungsbedingte Probleme. Fachliche Probleme werden vom Skill Management Fachspezialisten und technische Probleme vom IT-Dienstleister bearbeitet.

11.4.3 Systeme

Die im Rahmen des Projekts PIS eingeführte HR-Standardsoftware gehört zur „Classic.Line" des Schweizer Hersteller Soreco und wird dort unter dem Namen „Personal/400" geführt. Das Produkt dient in der Helsana vor allem zur Verwaltung von Personalinformationen und der Personalabrechnung. Die Server-Komponenten des Systems werden auf einer AS/400 der Firma IBM ausgeführt. Die Mitarbeitenden des HR verwenden die Applikationen mittels proprietärer Clients unter dem Betriebssystem Windows NT4 der Firma Microsoft. Mit dem Software-Modul „Potenzialbewirtschaftungssystem - PBS", der dem Projekt seinen ursprünglichen Namen gab, bietet Soreco eine in das Personal/400 integrierte und standardisierte Kompetenz-Management-Lösung an.

Während Aufbau und Pflege der Datenbasisstruktur über den leistungsfähigeren Client erfolgen, sind alle nutzerbezogenen Dienstleistungen über das Helsana Intranet „Emily" verfügbar. Die Verschlüsselung der Verbindungsdaten und die Sicherung der Identität des Servers mittels eines SSL-Zertifikats ist für den Produktivbetrieb vorgesehen (SSL = Secure Socket Layer). Die Erstellung von Berichten, z.B. Übersicht des eigenen Kompetenz-Profils oder die Kompetenz-Landkarte einer Organisationseinheit, erfolgt über die Berichtssoftware „Crystal Reports". Die Anbindung an die in der Helsana eingesetzte Groupware „Novell Groupwise" ermöglicht PBS zudem die Versendung von eMails im Rahmen von Workflow- und für Feedbackfunktionen.

Ein PBS-Nutzer erreicht die Startseite des Kompetenz-Management-Systems (s. Abb. 11-6) über einen Hyperlink im Helsana Intranet „Emily". Allen Benutzern stehen nach Aufruf des Prototypen die Expertensuche, Feedbackmöglichkeiten sowie allgemeine Informationen zu dem Themenbereichen Kompetenz-Management und Datenschutz zur Verfügung. Registrierte Benutzer können durch die Authentifizierung gegenüber der PBS-Benutzerverwaltung auf ihre persönlichen Daten und, gemäss ihrer Rechte, auf spezifische PBS-Dienstleistungen, zugreifen.

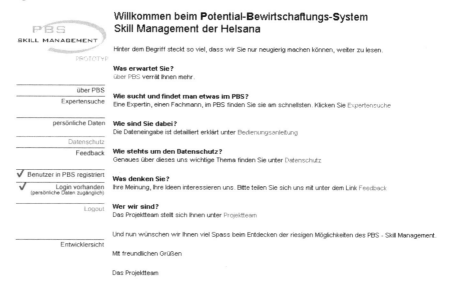

Abb. 11-6: Auszug aus der Einstiegsseite des Helsana PBS

Die Expertensuche bietet allen Mitarbeitenden eine einfache und schnelle Möglichkeit, im Tagesgeschäft Ansprechpartner für Probleme und Nachfragen zu finden. Das Layout der Suchmaske orientiert sich an Internet-Suchmaschinen und der Intranet-Suchfunktion (s. Abb. 11-7). Die Suche erfolgt im Gegensatz zu Volltextsuchen über eine Begriffsliste, die alle zur Suche freigegebenen Kompetenzen beinhaltet. Durch ein Freitextfeld im oberen Bereich kann der Nutzer die angezeigten Begriffe filtern. Die Auswahl einer Kompetenz aus der bereitgestellten Liste startet die Suchanfrage. Die Ergebnisliste umfasst alle Mitarbeitenden, welche die gewählte Kompetenz besitzen und zeigt neben dem Namen, dem Funktionscode und Kontaktinformationen auch deren Bewertung an (s. Abb. 11-7).

Expertensuche

| zurück |

Anzeige:	Eingrenzen Suchbegriffe:	italie		neue Suche
nur Suchbegriffe				einen Schritt zurück
nur Resultate				

Suchläufe: 1
Suchbegriffe: Personalcontrolling
Anzahl Treffer: 4

Suchresultate							
CROFT			PBS1	Personalcontrolling	Fachmann	1016976598000	1
HK227			IKHB	Personalcontrolling	Fachmann	1016976598000	1
HKD47			FDE	Personalcontrolling	Experte	1016976598000	1
HKFPS			GCA	Personalcontrolling	Mentor	1016976598000	1

Wer weiss etwas über:		
Skill:	**Bereich:**	
italienisch (mündlich)	Werdegang: Erfahrung und Sprachen	suchen
italienisch (schriftlich)	Werdegang: Erfahrung und Sprachen	suchen

Abb. 11-7: Auszug Expertensuche: Trefferliste des Helsana PBS

Die Expertensuche umfasst neben Fachkompetenzen auch Qualifikationen und Erfahrungen. Sozialkompetenzen sind von der öffentlich zugänglichen Suche ausgenommen. Die Betrachtung des vollständigen Profils eines identifizierten Kompetenz-Trägers ist ebenfalls unterbunden. Beide Einschränkungen können gegenüber Benutzern mit entsprechenden Berechtigungen aufgehoben werden.

Nach der Authentifizierung gegenüber dem PBS-Server kann ein Benutzer seine persönlichen Daten direkt über den Webbrowser pflegen (s. Abb. 11-8).

Ihre Angaben:

User-ID	HKD47
Name	
OKZ	FDE
OKZ-Bezeichnung	Personalförderung/Entwicklung

persönliche Daten anzeigen	Auswerten Datenbankspiegel	Beurteilungen vornehmen

Dies sind Ihre Vorgesetzten. Möchten Sie ihnen Einblick in Ihre Daten gewähren, respektive den Zugriff deaktivieren, klicken Sie bitte auf das entsprechende Symbol (rotes Kreuz= kein Zugriff, grüner Haken = Zugriff)

Vorgesetzte:

	OKZ	Bezeichnung	Name	User-ID
✓	F	Finanzen/Dienste		HKFFA
✓	FD	Personal/Logistik		HK49A

Abb. 11-8: Auszug persönliche Datenpflege PBS: Zugriffskontrolle

Auf dem ersten Bildschirm des persönlichen Datenbereichs können die Zugriffsrechte auf das eigene Kompetenzprofil konfiguriert werden. Diese werden vom System automatisch zur Laufzeit auf Basis der bestehenden Organisationsstruktur des Personalmanagements ermittelt. Ohne die automatische Ermittlung dieser Beziehungen könnten wesentliche Funktionen des Kompetenz-Managements nicht umgesetzt werden. Aus Datenschutzgründen kann ein Benutzer sein Kompetenz-Profil nur gegenüber Fach- und Linienvorgesetzten freigeben.

Die Erstellung des persönlichen Kompetenz-Profils erfolgt über den Helsana Skill Tree. Vorhandene Kompetenzen können aus einer Tabelle ausgewählt und bewertet werden. Um den Nutzern die Erstellung und Pflege von Kompetenzprofilen zu erleichtern, bietet das Helsana PBS unterstützende Funktionen:

- Häufige Kombinationen von Kompetenzen sind im PBS in Rollenvorlagen hinterlegt. Die Wahl einer Rolle schränkt die zur Auswahl stehenden Kompetenzen auf ein typisches Stellenprofil, z.B. den eines Vertriebsmitarbeitenden, ein. Der Nutzer kann jederzeit wieder in die umfassende Ansicht wechseln.

- Um die Kompetenzpflege zu vereinfachen, werden jeweils nur übergeordnete Kompetenzen bewertet. Diese Bewertung gilt für alle Detaillierungen der Kompetenz (sog. Spezialisierungen), die dem Kompetenzprofil zugeordnet werden (s. Abb. 11-9).

- Zur Veränderung einer Kompetenzzuordnung oder -bewertung ist lediglich das Aktivieren des entsprechenden Ankreuzfeldes/Pulldown-Menüs notwendig. Die Veränderung wird automatisch in die Datenbank von PBS übernommen und die Webseite wird aktualisiert.

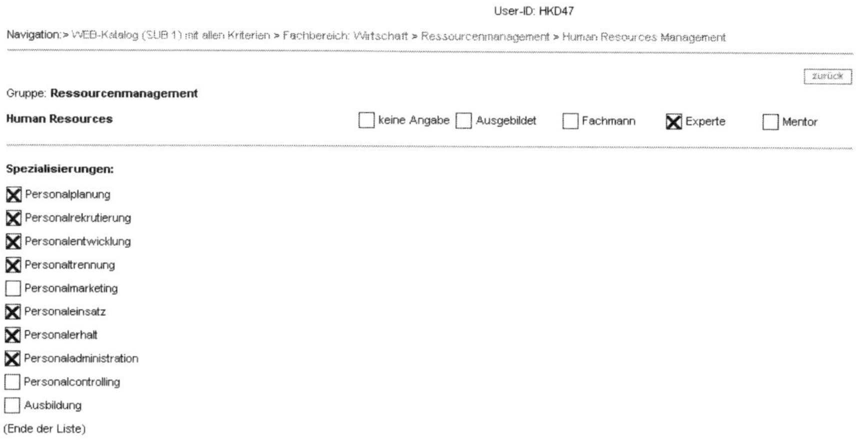

User-ID: HKD47

Navigation: > WEB-Katalog (SUB 1) mit allen Kriterien > Fachbereich: Wirtschaft > Ressourcenmanagement > Human Resources Management

zurück

Gruppe: **Ressourcenmanagement**

Human Resources   ☐ keine Angabe ☐ Ausgebildet ☐ Fachmann ☒ Experte ☐ Mentor

Spezialisierungen:

☒ Personalplanung
☒ Personalrekrutierung
☒ Personalentwicklung
☒ Personaltrennung
☐ Personalmarketing
☒ Personaleinsatz
☒ Personalerhalt
☒ Personaladministration
☐ Personalcontrolling
☐ Ausbildung
(Ende der Liste)

Abb. 11-9: Auszug Datenpflege PBS: Zuordnung & Bewertung von Kompetenzen

Nach Beendigung der Erstellung oder Anpassung des eigenen Kompetenzprofils kann der Benutzer eine Zertifizierung durch den Vorgesetzten ersuchen. Die automatisch generierte Anfrage wird per eMail versandt und kann vom Vorgesetzten per Knopfdruck angenommen oder abgelehnt werden. Bei Ablehnung ist der Vorgesetzte zu einer kurzen Stellungnahme im System verpflichtet.

Die Berichtsfunktionen sind im Prototypen auf eine Übersicht über das persönliche Kompetenzprofil begrenzt. Neben der tabellarischen Darstellung von Daten unterstützen die flexiblen Einstellungen von Crystal Reports die Erstellung unterschiedlicher grafischer Ansichten. Die Berichte werden i.d.R. nahezu in Echtzeit erstellt, dem Benutzer im Adobe PDF-Format angezeigt und auf Wunsch per eMail zugestellt.

Die bestehende Funktionalität dient als Beweis der technischen Realisierbarkeit der an das PBS-Projekt gestellten Anforderungen. Die ausstehenden Dienstleistungen im Bereich der Projekt- und Stellenbesetzungen lassen sich beispielsweise durch Anpassungen der bestehenden Suchfunktion realisieren. Die Erstellung von Kompetenzlandkarten kann direkt über das Berichtswerkzeug gesteuert werden.

11.4.4 Wirtschaftlichkeitsbetrachtung

Als strategisches Teilprojekt der HR-Reorganisation besass das Projekt PBS bis Ende 2001 eine festes Projektbudget. Für das Budget im Jahr 2002 erstellte das Projektteam eine Wirtschaftlichkeitsrechnung. Neben der detaillierten Kostenaufstellung wurden die Kompetenz-Management-Potenziale durch die Realisierung von Kostenpotenzialen bei der Beschleunigung unterstützter Prozesse nachgewiesen. Die Wirtschaftlichkeitsrechnung mit einem Gesamtkostenrahmen von CHF 1,5 Mio. und einer Amortisationszeit von weniger als 18 Monaten wurde im Rahmen des Projektcontrollings nachgeprüft und akzeptiert. Die Kosten entfielen jeweils zur Hälfte auf die Entwicklung des Prototypen und dem Aufbau der organisatorischen Rahmenbedingungen. Der Gesamtaufwand wurde auf 450 Personentage veranschlagt.

11.4.5 Geplante Weiterentwicklungen

Die nächste Phase des PBS-Projekts stellt der Übergang in den Produktivbetrieb dar. Gemäss Finalisierungsplanung können die benötigten Systemerweiterungen innerhalb eines Quartals durchgeführt werden. Parallel dazu müssen die Kompetenzen der fehlenden Organisationseinheiten analysiert und in den Skill Tree integriert werden. Um von Beginn an einen möglichst hohen Nutzen von Kompetenz-Management im operativen Bereich zu erzeugen, ist vor dem offiziellen Freischalten der Dienstleistungen eine Analysephase geplant. Mit Workshops in allen Organisationseinheiten möchte das PBS-Team eine möglichst grosse Akzeptanz aufbauen, um schon von Beginn an genügend Ansprechpartner für die einzelnen Kompetenzen zur Verfügung stellen zu können.

Die weitere Entwicklung sieht eine zunehmende Integration der PBS-Dienstleistungen in bestehende Helsana-Applikationen vor. So plant das Projektteam die Kopplung der Expertensuche mit der Suche im Intranet. Auf diese Weise können als Ergebnisse auf eine Anfrage nicht nur Dokumente sondern auch Personen angezeigt werden. Durch Kopplung des Kompetenz-Managements mit dem Ausbildungsmanagement können bestehende Kompetenzlücken direkt mit Kursangeboten verbunden werden.

11.5 Einordnung in den Kontext

Das Projekt Potenzialbewirtschaftungssystem – Skill Management dient in erster Linie der Erschliessung von Fachkompetenzen und damit des expliziten und impliziten Wissens der Mitarbeitenden. Kompetenz-Management nutzt dazu Instrumente und Ansätze des Knowledge Management. Es stützt sich dabei vor allem auf Instrumente zur Klassifizierung und Strukturierung von Wissen, insbesondere auf Erkenntnisse aus dem Terminologiemanagement.

Neben der KM-Komponente weist das Projekt PBS eine für ein HR-Projekt starke Ausrichtung an kundennahen Prozessen auf. Vor allem die Bereiche Angebotsmanagement und Servicemanagement der Helsana waren und sind wesentliche Treiber eines unternehmensweiten Kompetenz-Managements. Die steigenden Ansprüche der Kunden nach individualisierten Interaktionen und Dienstleistungen erhöhen die Prozesskomplexität in kundennahen Prozessen und erzwingen eine neue Flexibilität der Mitarbeitenden. Ein Resultat dieser Entwicklung sind steigende Anforderungen an das HR Management, die mit bestehenden Instrumenten und Abläufen nicht ausreichend erfüllt werden können. Der Aufbau eines Kompetenz-Management-Systems mit Customer Knowledge Management-Fokus kann diese Lücke schliessen [vgl. Koch 1997].

11.5.1 Erkenntnisse

Die Analyse des Kompetenz-Management-Projekts bei der Helsana zeigt eine Reihe interessanter Beobachtungen auf:

- *Strategische Ausrichtung frühzeitig festlegen:* Die Instrumente des Kompetenz-Management können die Flexibilität fast aller Geschäfts- und Unterstützungsprozesse erhöhen. Die Unterstützungsleistung besteht immer in der Sichtbarmachung bestehender und benötigter Kompetenzen. Die naheliegende Schlussfolgerung, die strategische Ausrichtung von Kompetenz-Management-Systemen kann jederzeit an beliebige Prozesse angepasst werden, trifft jedoch nicht zu. Obwohl das in Kapitel 11.3 beschriebene Vorgehen zum Aufbau von Kompetenz-Management grundsätzlich unabhängig vom Einsatzgebiet der resultierenden Lösung ist, wird *die strategische Ausrichtung der Lösung bereits bei der Definition der Datenbasis festgelegt* (vgl. [Homer 2001], [Nyhan 1998]). Die Unterstützung operativer Geschäftsprozesse durch Expertenverzeichnisse erfordert die Verwendung anderer Kompetenzen und Bewertungsraster als der Aufbau einer Lösung zur kompetenzbasierten Stellenbesetzung. Die unzureichende Festlegung oder plötzliche Veränderung der Zielsetzung eines Kompetenz-Management-Ansatzes führt häufig zu dessen Scheitern.

- *Integration der Architektur und der Bewirtschaftung:* Die hohe Akzeptanz des Helsana Kompetenz-Managements ist auf die Integration von Architektur und Bewirtschaftungsprozessen zurückzuführen. Die fundierte Ableitung der Kompetenzstruktur, der Zuordnungs-, Bewertungs- und Ausgabesystematiken schufen die konzeptionelle Basis. Durch die Übertragung dieser Strukturen in web-basierte Informationstechnik wurde daraus die benötigte operative Plattform geschaffen. Konzept und Instrument bilden die Architektur des Kompetenz-Managements. Parallel zur Architektur legte das Projektteam die Pflege und Bewirtschaftungsprozesse fest. Dabei war die Nutzerfreundlichkeit aller Strukturen von höchster Wichtigkeit. Die Struktur der Datenbasis vor allem im Bereich der Fachkompetenzen wurde in enger Zusammenarbeit mit den Mitarbeitenden aller Organisationseinheiten entwickelt. Die resultierende offene und aktive Kommunikation des Projektes PBS resultierte in hohem Interesse der Testgruppen. Nur wenn eine funktionierende operative Plattform auf eine hohe Beteiligung trifft, kann das Kompetenz-Management-System der Helsana sein volles Potenzial ausschöpfen.

- *Verwendung von Standardsoftware*: Die hohen konzeptionellen Anforderungen des Helsana Skill Management-Systems konnten mittels einiger Modifikationen in der bestehenden Applikation umgesetzt werden. Skill Management-Systeme besitzen aus IT-Sicht einen relativ geringen Funktionsumfang. In Kombination mit den hohen Integrationsanforderungen, vor allem hinsichtlich der Benutzerverwaltung, rechtfertigt dies keine Eigenentwicklungen. Je nach strategischer Ausrichtung kann Kompetenz-Management in bestehende HR-, ERP- (Enterprise Resource Management) oder Content Management-Applikationen integriert werden. Die neusten Entwicklungen auf dem Gebiet der Knowledge Discovery Systeme bieten zudem erste Ansätze, Kompetenzen im operativen Bereich automatisch zuzuordnen und zu bewerten.

11.5.2 Besonderheiten

Das Projekt PBS zeichnete sich durch folgende Besonderheiten aus:

- *Lange Projektdauer*: Als begrenztes Teilprojekt des Personalinformations-Systems (PIS) benötigte das Projekt PBS - Skill Management mehr als 18 Monate von der Planung bis zur Realisierung des PBS-Prototypen.

- *Bestehende zentrale Nutzerverwaltung:* Die Nutzerverwaltung der bestehenden HR-Softwarelösung bot die Grundlagen, um die komplexen Anforderungen des Potenzialbewirtschaftungssystems hinsichtlich Authentifizierung und Autorisierung schnell umzusetzen. Eine tiefere Auseinandersetzung mit dieser für das Kompetenz-Management sehr wichtigen Themenstellung konnte daher unterbleiben.

12 Content Management Systeme im Servicemanagement bei der Union Investment

Adrian Büren, Thomas Pitz, Sabine Vincze

Einordnung in die CKM-Rahmenarchitektur

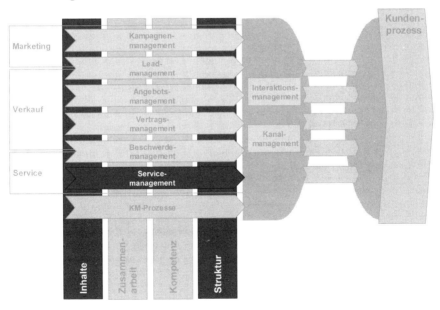

12.1 Unternehmen und Problemstellung

12.1.1 Union Investment

1956 gegründet, ist die Union Investment heute die drittgrösste deutsche Investmentgruppe mit einem Fondsvermögen von rund EUR 100 Mrd. per Ende Dezember 2002. Union Investment verwaltet Publikumsfonds und Spezialfonds. Die Publikumsfondspalette umfasst Aktien-, Renten-, Geldmarkt- und gemischte Wertpapier- und Immobilienfonds sowie offene Immobilienfonds (s. Abb. 12-2). Anleger erhalten diese Produkte in Deutschland bei allen Volksbanken, Raiffeisenbanken, Sparda-Banken und PSD-Banken.

Neben Investmentfonds bietet die Union Investment auch Depotdienstleistungen an, die über dreieinhalb Millionen Anleger europaweit nutzen. Sitz der Union Asset Management Holding AG ist Frankfurt am Main. Darüber hinaus befinden sich Tochtergesellschaften oder Niederlassungen in Hamburg sowie ausserhalb Deutschlands in Luxemburg, Zürich, Madrid, Mailand, Rom und Warschau. Der Vertrieb von Produkten und Dienstleistungen der Union Investment erfolgt überwiegend über die Partnerunternehmen des genossenschaftlichen FinanzVerbundes (s. Abb. 12-1).

Abb. 12-1: Partner der Union im FinanzVerbund

UNION INVESTMENT GRUPPE	
Gründung	1956
Firmensitz	Frankfurt am Main, Deutschland
Branche	Finanzdienstleistungsbranche, Kapitalanlagegesellschaften
Produkte und Dienstleistungen	Investmentfonds, Aktien-, Renten-, Geldmarkt- und gemischte Wertpapierfonds, Immobilienfonds, Depotdienstleistungen und Vermögensverwaltung
Firmenstruktur	**Union Investment Privatfonds GmbH** (bündelt das Geschäft mit Wertpapier-Publikumsfonds) **DIFA Deutsche Immobilienfonds AG** (Immobilienmanagement und Verwaltung der offenen Immobilienpublikumsfonds) **Union Investment Institutional GmbH** (Wertpapier-Spezialfondsgeschäft mit institutionellen Kunden) **Union PanAgora Asset Management GmbH** (Management von Portfolios mit quantitativen Methoden für institutionelle Kunden) **DEFO Deutsche Fonds für Immobilienvermögen GmbH** (betreut institutionelle Mandate im Immobilien-Spezialfondsgeschäft)
Homepage	www.union-investment.de
Fondsvermögen	12/2002: EUR 100 Mrd.
Marktanteil	Publikumsfonds: 16,8% Spezialfonds: 6,0%
Mitarbeiter	2002: 1900
Kunden	Endkundenvertrieb über Partner im FinanzVerbund: bspw. Volks- und Raiffeisenbanken, Sparda-Banken, PSD-Banken, R+V Versicherungen, Bausparkasse Schwäbisch Hall

Abb. 12-2: Kurzportrait der Union Investment Gruppe

12.1.2 Problemstellung

Die Union Investment Privatfonds GmbH ist die grösste Tochtergesellschaft innerhalb der Union Investment Gruppe. Das Unternehmen sieht seine Wertschöpfungspotenziale unter anderem in hochwertigem Kundenservice bei effizienter Leistungserbringung. Der Bereich KundenService ist folglich von kritischer Bedeutung für die Positionierung der Union Investment als qualitativ führender Finanzdienstleister (s. Abb. 12-3).

Eine wichtige Rolle im Rahmen des Bereichs KundenService spielt das Customer Communication Center (CCC). Diese Abteilung stellt für die Union Investment die Schnittstelle zu den Kunden dar. Das CCC deckt verschiedene Medien ab. Primär konzentriert sich die Kommunikation mit über 1 Millionen jährlichen Kontakten auf das Telefon, allerdings erreichen die Union Investment auch zunehmend Anfragen in schriftlicher Form als Fax, eMail oder Brief. Inhaltlich beziehen sich die Dienstleistungen des CCC auf den Bereich Service, Information und Transaktion. Es erfolgt kein direkter Endanlegervertrieb durch die Union Investment. Die Beratung erfolgt ausschliesslich über die Eingangs dargestellten Vertriebspartner.

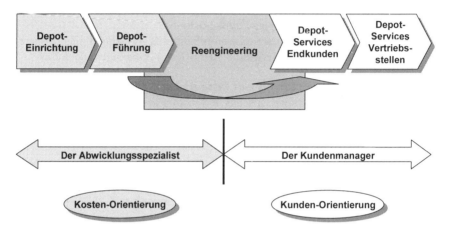

Abb. 12-3: Trennung von Abwicklungs- und Servicetätigkeiten

Abb. 12-4 erläutert die Rolle des CCC als Kommunikationsschnittstelle: Hierbei werden Anfragen von Kunden sowie Interessenten entweder von diesen persönlich ans CCC gestellt oder durch den Betreuer der Partnerbank vor Ort an die Union Investment weitergeleitet. Analog erhalten die Kunden direkt oder über die Kundenbetreuer eine Antwort. Es gibt keine spezialisierten Service Agents für die einzelnen Segmente, vielmehr werden die Anrufe je nach Komplexität und Themengebiet an die erste Ebene (1st Level Support) oder an die zweite Ebene des CCC (2nd Level Support) vermittelt.

Ergänzend zu ihrer hohen fachlichen Qualifikation brauchen die Servicemitarbeiter ein leistungsfähiges Informationssystem und organisatorische Unterstützung bei der Informationsversorgung. Nur so kann sichergestellt werden, dass Anfragen im Rahmen eines wissensorientierten Prozesses wie dem Servicemanagement, welcher sich durch hohe Wissensintensität und Prozesskomplexität auszeichnet [s. Eppler et al. 1999], effizient und zu höchster Kundenzufriedenheit beantwortet werden können. Zur Versorgung des CCC mit Fachinformationen wurde innerhalb der Abteilung die Organisationseinheit „Informationsmanagement" geschaffen.

Der Aufgabenbereich des Informationsmanagement umfasst im wesentlichen folgende Gebiete:

1. Versorgung des CCC mit Fachinformationen.

2. Beantwortung von speziellen Anfragen, die Informationen aus anderen Bereichen der Union Investment erfordern.

3. Bewertung und Aufbereitung von Wissen aus den Kundenprozessen zur Optimierung der Unternehmensleistung.

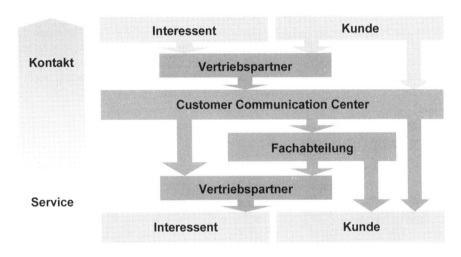

Abb. 12-4: Kommunikationswege zwischen Union Investment und Kunden

Ziel des in diesem Beitrag vorgestellten bilateralen Projekts mit Mitarbeitern des Kompetenzzentrums Customer Knowledge Management (CC CKM) des Instituts für Wirtschaftsinformatik der Universität St. Gallen (IWI-HSG) und dem Informationsmanagement des KundenService der Union-Investment war die Verbesserung der Versorgung mit Fachinformationen. Im Mittelpunkt stand dabei die webbasierte Wissensplattform des CCC, welche zentral auf Basis eines Standardsoftwareprodukts alle notwendigen Fachinformationen für das CCC bereitstellt.

12.2 Ausgangssituation

12.2.1 Strategie

Die Strategie des Bereichs KundenService sieht vor, durch hochwertigen Kundenservice die Wettbewerbsposition der Union Investment nachhaltig zu sichern (s. Abb. 12-5). Eine besondere Bedeutung kommt daher dem Customer Communication Center zu. Das CCC versucht, die Kundenzufriedenheit einerseits durch eine möglichste hohe abschliessende Antwortrate bei erstmaligen Anfragen zu erhöhen, sowie ggf. für eine schnelle Eskalation zu kompetenten Stellen zu sorgen, um Anfragen binnen kurzer Frist beantworten zu können. Dabei gewährleistet die Union Investment durch flexible Ausgestaltung der Kapazitäten (bspw. durch Outsourcing) ein konstantes Serviceniveau. Die hohe Qualifikation der einzelnen Mitarbeiter ermöglicht ausserdem eine schnelle Bearbeitung eines weiten Themenbereichs durch den angerufenen Ansprechpartner und damit eine Antwort aus erster Hand.

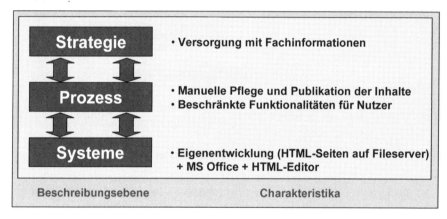

Abb. 12-5: Kurzcharakteristik vor dem Projekt

Ziel der Abteilung Informationsmanagement ist es, das CCC mit hochwertigen Informationen zu versorgen, welche die Kriterien Relevanz, Glaubwürdigkeit, Nützlichkeit, Aktualität und Innovation erfüllen [s. Tomson 2001, S. 15] und durch geeignete Informationssysteme effizient auffindbar sind. Eine zentrale Rolle nimmt dabei die webbasierte Wissensplattform zur Unterstützung der Kundenbetreuer ein (s. Abb. 12-6). Ziel des Projekts war es, die bestehende Strategie durch ein geeignetes Informationssystem noch besser realisieren zu können.

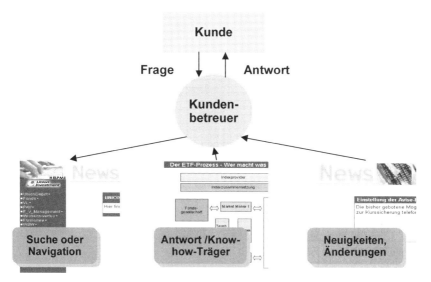

Abb. 12-6: Informationsangebot durch die Wissensplattform

12.2.2 Prozesse

Auf Prozessebene sind der Kundenprozess, die entsprechenden Geschäftsprozesse auf Unternehmensseite sowie deren Unterstützungsprozesse zu unterscheiden.

Der Kundenprozess besteht in der Geldanlage verschiedenster Arten. Typischerweise handelt es sich um Kunden mit eher langfristigem Anlagehorizont und unterschiedlichen Ausprägungen hinsichtlich der Erfahrung in Finanzmarktfragen. Diese Kunden erwarten daher neben einer breiten Bandbreite von Produkten und Dienstleistungen zur Befriedigung der verschiedenen Anlagemotive einen qualitativ hochwertigen Service seitens ihrer Bank wie auch der Union Investment als Anlagenspezialist.

Der Service-Anspruch der Kunden wird seitens der Union Investment durch den Bereich KundenService erfüllt. Dieser gliedert sich in den operativen Bereich Customer Communication Center, welcher den Serviceprozess vollständig abwickelt, und die unterstützenden Einheiten Servicemanagement und Informationsmanagement (s. Abb. 12-7). Das CCC I ist dabei mit ca. 80 Mitarbeitern für den Support auf erster Ebene (1st Level) zuständig, das CCC II stellt mit 40 Mitarbeitern den Support auf zweiter Ebene (2nd Level) sowie die Kapazitäten für die Bearbeitung von Briefen und eMails zur Verfügung.

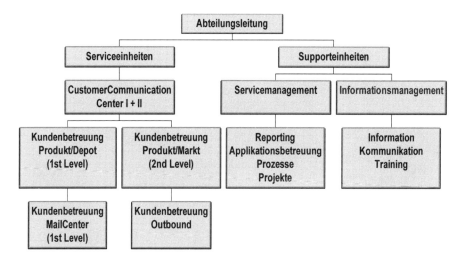

Abb. 12-7: Organisationsstruktur des Bereichs KundenService

Abb. 12-8 erläutert den Ablauf des Serviceprozesses und das Zusammenspiel zwischen dem CCC und dem Informationsmanagement. Stellt ein Kunde eine Anfrage an den Kundenbetreuer, gibt es verschiedene Möglichkeiten der Beantwortung:

- Hat der Kundenbetreuer die Antwort zur Verfügung, kann die Anfrage direkt abgeschlossen werden, es sind keine weiteren Informationen notwendig.

- Hat der Kundenbetreuer die Antwort nicht sofort zur Verfügung, besteht die Möglichkeit, diese in der webbasierten Wissensplattform oder im eigenen eMail-Verzeichnis zu finden oder die Anfrage an einen Experten im CCC weiterzuleiten. Dabei bietet die Wissensplattform einerseits direkte Antworten auf Standardabfragen, aber auch Recherchefälle und Problemlösungen, die der Kundenberater nach Abschluss eines Gesprächs im Selbststudium erschliessen kann. Durch die Mitarbeiter des Informationsmanagements ist ein fester Redaktionskreis für die Inhalte und die Gestaltung der Informationen in der Wissensplattform verantwortlich.

- Lässt sich die gesuchte Information nicht in den gebotenen Informationsquellen finden, hat der Kundenbetreuer die Möglichkeit, die Anfrage telefonisch oder per eMail direkt an einen Mitarbeiter des Informationsmanagements weiterzuleiten. Dieser erarbeitet die Lösung in Zusammenarbeit mit der betroffenen Fachabteilung und leitet sie entsprechend an das CCC zurück.

Insgesamt durchlaufen im Durchschnitt pro Monat ca. 90'000 telefonische Anfragen sowie eMail und Briefanfragen diesen Prozess, wobei gerade um den Jahreswechsel und zu anderen besonderen Terminen deutliche Belastungsspitzen anfallen.

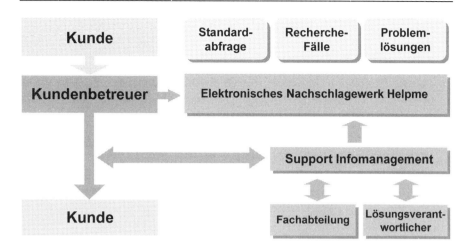

Abb. 12-8: Sollprozess Informationsmanagement aus Sicht des Nutzers

Das „Informationsmanagement" besteht aus sieben Mitarbeitern, die u.a. für die Erstellung bzw. Aufbereitung sowie Publikation sämtlicher Inhalte für das CCC verantwortlich sind. Die Informationen wurden vor dem Projekt parallel per eMail verteilt sowie in der webbasierten Wissensplattform publiziert. Bei dringenden Anfragen aus dem CCC beschafft das Informationsmanagement auftragsweise die benötigten Informationen. Solche Informationen wiederum werden entweder direkt an den anfragenden Mitarbeiter kommuniziert, oder mittels Gruppen-eMail und der Wissensplattform dem gesamten CCC zur Verfügung gestellt. Die für die Nutzer im CCC gelieferten Informationen dienen sowohl dem schnellen Zugriff in einer Gesprächssituation als auch dem Selbststudium in der anruffreien Zeit.

Um die Mitarbeiter des CCC, die Nutzer der Wissensplattform, mit den benötigten Informationen beliefern zu können, werden Unterstützungsprozesse in Form von Redaktions- und Administrationsprozessen notwendig. So bestand der Administrationsprozess im wesentlichen aus der manuellen Verwaltung der Struktur der Wissensplattform und der manuellen Pflege der Verknüpfungen zwischen Informationen. Eine eigene Benutzerverwaltung kam nicht zur Anwendung, da die erste Lösung auf dem Berechtigungskonzept des zugrunde liegenden Fileservers basierte.

Der Redaktionsprozess im Content Management besteht üblicherweise aus den Schritten Erstellung, Formatierung, Publikation, Modifikation und Archivierung von nutzeradäquaten Inhalten und stellt den Kern des Content Management [s. Bullinger et al. 2000, S. 9] dar. Diese Schritte wurden dabei folgendermassen gestaltet:

- *Content-Erstellung und -Formatierung:* Obwohl die meisten benötigten Inhalte bereits innerhalb der Organisation in schriftlicher, digitaler Form existieren, muss zunächst eine nutzergerechte Aufbereitung erfolgen. Diese wird grundsätzlich in Microsoft Office Produkten (Word, Excel, PowerPoint) vorgenommen, welche die gewohnte Arbeitsumgebung der Redakteure darstellen. In einem zweiten Schritt mussten dann sämtliche Inhalte in das HTML-Format umgewandelt werden, teilweise mittels automatischer Office-Funktionen, teilweise mittels des Einsatzes von speziellen HTML-Editoren.

- *Content-Publikation:* Publiziert wurden die Inhalte durch Bereitstellen auf einem Fileserver. Dabei mussten sämtliche neuen Inhalte manuell über ein Software-Werkzeug in die Navigation eingefügt werden.

- *Content-Modifikation:* Die Überarbeitung der Inhalte wird je nach Mass der Überarbeitung direkt in HTML oder wiederum in den Office-Applikationen vorgenommen.

- *Content-Archivierung:* Eine systematische Archivierung fand im Rahmen der alten Lösung nicht statt.

12.2.3 Systeme

Die wesentlichen Aufgaben der Applikationen zur Versorgung des CCC mit Fachinformationen liegen in drei Bereichen:

- *Suche und Navigation:* Ausschlaggebend für die Nutzbarkeit der Informationen ist der schnelle und effiziente Zugriff durch die CCC-Mitarbeiter.

- *Publikation und Verteilung:* Die Applikationen müssen geeignete Mechanismen bieten, um Informationen effizient verteilen zu können und den Weg zwischen Erstellung und Nutzung der Informationen zu minimieren.

- *Inhaltsmanagement und Redaktion:* Die Applikationen müssen dem Ersteller der Informationen eine effiziente Erstellung der Inhalte erlauben.

Die drei Aufgaben wurden durch eMail und die ursprüngliche Wissensplattform teilweise redundant erfüllt. Sämtliche Weisungen wurden vor der Publikation in der Wissensplattform aus Zeitgründen und um sicherzustellen, dass alle Mitarbeiter informiert sind, zunächst per eMail verschickt. Daher verwendeten die Mitarbeiter häufig die eMail-Datei als individuelle Wissensdatenbank, in der sie nach eigenen Präferenzen eine Ordnerstruktur aufbauen konnten. In einem zweiten Schritt wurden die Inhalte schliesslich zentral in der Wissensplattform abgelegt, wo die CCC-Mitarbeiter sie im Bedarfsfall abrufen konnten. Technische Grundlage für die Wissensplattform waren HTML-Seiten und Datei-Anhänge die in einer Ordnerstruktur auf einem File-Server strukturiert abgelegt wurden und per Webbrowser abrufbar waren. Um im Rahmen des Administrationsprozesses zu den HTML-Seiten eine Navigationsstruktur im Webbrowser zu erzeugen, kam ein auf Microsoft Access basierendes Software-Werkzeug zum Einsatz.

Neben der Wissensplattform und der eMail-Applikation kamen auf der Systemebene seitens des Informationsmanagements ausserdem die bereits unter *Prozesse* beschriebenen Applikationen aus dem Office-Bereich sowie der HTML-Editor Macromedia-Dreamweaver zum Einsatz. Der Nutzer verwendet lediglich einen

Webbrowser (Microsoft Internet Explorer) und einen eMail-Client (Microsoft Outlook).

Die ursprüngliche Lösung bei der Union Investment entsprach dem sog. organisatorischen Content Management. Organisatorisch bedeutet, dass die Applikationen die Content Management-Prozesse nur minimal unterstützen und daher die verschiedenen Schritte wie Erstellung, Konvertierung und Publikation manuell ausgeführt werden müssen. Auch die Sicherung der Qualität, der Aktualität und der Konsistenz der verwalteten Inhalte muss ohne automatisierte Unterstützung erfolgen. Eine wichtige Konsequenz ist die Tatsache, dass die notwendige Vermischung von fachlichen und technischen Tätigkeiten in diesem Zusammenhang sehr zeit- und kostenaufwändig ist und daher die fachliche von der technischen Rolle getrennt werden sollte, was ein modernes Content Management System (CMS) ermöglicht [s. Rothfuss/Ried 2000, S. 54ff].

12.2.4 Leidensdruck

Mit zunehmendem Wachstum der Wissensplattform und einem signifikantem Zuwachs auf Seiten der Mitarbeiter im CCC entstanden verschiedene Herausforderungen, die schliesslich zum hier beschriebenen Projekt führten. Hauptsächliche Faktoren waren:

- *Redundanz und komplexe Struktur:* Die Verwendung mehrerer Quellen erschwert die Suche nach Inhalten erheblich. Durch die Redundanz entwickelte sich der Kanal eMail als präferierte Lösung, da jeder Mitarbeiter die Inhalte nach eigenem Geschmack strukturieren konnte und ausserdem im Gegensatz zur Wissensplattform eine Volltextsuche zur Verfügung stand. Dabei stellt sich das Problem der Historie, d. h. neue Mitarbeiter fangen grundsätzlich bei Null an und müssen ihren Informationsbestand erst entwickeln. Es ist ausserdem davon auszugehen, dass die Fähigkeiten zur sinnvollen Strukturierung schwanken und damit nicht alle Mitarbeiter effizient mit dieser Lösung arbeiten können. Der Gebrauch von eMail erschwert ausserdem in erheblichem Masse die Akzeptanz für die zentrale Wissensplattform. Des weiteren war die Struktur der Wissensplattform organisch gewachsen und wies eine hohe Komplexität auf.

- *Aufwändiges Informationsmanagement:* Die bisherige Lösung erfordert einerseits einen hohen manuellen Aufwand und gleichzeitig tiefes technisches Verständnis (bspw. bezüglich HTML), welches die Fachabteilung Informationsmanagement erst aufbauen musste. Die Aufbereitung und Konvertierung erzeugte damit sehr hohe Aufwände, wie auch die Publikation von neuen Inhalten im Content Management System. Die Applikation unterstützt den Administrator nur rudimentär bei der Erstellung und Verwaltung der Navigationsstruktur, die zunehmend komplexer wurde. Ausserdem lies die Applikation keine dezidierte Benutzerverwaltung zu, weder auf Seiten der Nutzer, noch auf Seiten der Redakteure/Administratoren.

- *Integration und Entlastung der Informatik-Infrastruktur:* Augrund der Tatsache, dass die ursprüngliche Wissensplattform von einem einzelnen Mitarbeiter entwickelt wurde, der das Unternehmen zum Zeitpunkt des Projekts bereits verlassen hatte, war die Pflegbarkeit und Weiterentwicklung stark gefährdet. Es bestand keine Dokumentation zu der Applikation und aufgrund des Ursprungs im Fachbereich auch keine Unterstützung seitens der IT-Abteilung. Ausserdem belasteten die eMails, welche Dateianhänge in beträchtlicher Grösse enthielten und an jeden Mitarbeiter im CCC verschickt wurden, in hohem Masse die verfügbare Bandbreite des Computer-Netzwerks der Union Investment.

12.3 Projekt

12.3.1 Ziele

2001 startete die Abteilung Informationsmanagement ein bilaterales Projekt zusammen mit dem IWI-HSG im Rahmen des CC CKM. Dabei sollten die oben genannten Herausforderungen primär durch eine neue technische Plattform, basierend auf einem Standardsoftwareprodukt, aber auch durch eine Neukonzeption der Struktur der Wissensplattform bewältigt werden. Die Ziele für das Projekt waren im einzelnen:

- *Redundanz und komplexe Struktur:* Die Funktionalität und das Design der Wissensplattform sollten besser an den Bedürfnissen des Nutzerprozesses ausgerichtet werden. Neben der Konsolidierung der Informationen in einer Plattform sind die beiden wichtigsten Punkte die Integration einer Suchfunktion sowie die Anpassung der Struktur zur Erzeugung einer höheren Wissenstransparenz.

- *Aufwändiges Informationsmanagement:* Das Projekt sollte insbesondere die Konvertierung, Aufbereitung und Publikation von vorhandenen Inhalten vereinfachen und dadurch Redakteuren ohne HTML-Kenntnissen erlauben, das Content Management System zu verwenden. Neben dem Einsatz des Content Management Systems selbst spielt hier vor allem die Verwendung von Vorlagen (Templates) in Office-Applikationen für typische Dokumententypen der Wissensplattform eine wichtige Rolle.

- *Integration und Entlastung der Informatik-Infrastruktur:* Die Integration mit der allgemeinen IT-Infrastruktur der Union Investment wurde durch die Verwendung von Standardsoftware angestrebt, welche in der Union Investment bereits im Einsatz war und für die es entsprechenden Support gibt. Wichtige Ziele im Bereich des Administrationsprozess waren vor allem die Vereinfachung der Pflege der Navigationsstruktur, die Unterstützung der Kennzeichnung der Inhalte durch Metadaten und die Gewährleistung einer nahtlosen Integration mit anderen Informationssystemen bei der Union Investment. Durch die Konzentration auf eine zentrale Informationsplattform wird ausserdem das Netzwerk im Gegensatz zum eMail-Versand wesentlich entlastet.

Aufgrund des Projektumfangs lag die Durchführung des Projekts vollständig bei der Fachabteilung.

12.3.2 Messgrössen

Parallel zur technischen Umsetzung wurde zur Etablierung einer Erfolgsmessung für das Projekt ein System von Messgrössen entwickelt, das verschiedene Charakteristika für die Prozesse der Nutzer, Redakteure und Administratoren abdeckt und so der Prozessführung Informationen zur Steuerung und Verbesserung des Prozesses liefert [s. Österle 1995, S. 117ff]. Während die erste Messung kurz vor der Einführung der neuen Lösung vorgenommen wurde, liegt die zweite Messung zum Redaktionsschluss dieses Buchs noch nicht vor (geplanter Zeitraum der Erhebung: zweites Quartal 2003). Es wurden sowohl Veränderungen der Kenngrössen des Serviceprozesses betrachtet (bspw. die Quote der sofort beantworteten Anfragen) wie auch Kenngrössen der Informationsversorgung (bspw. Systemperformance, s. Abb. 12-9).

Messkriterium	Messgrösse	Relevanz	Messbarkeit
Erfolgsquote in der Verwendung	Anzahl der nutzbringenden Zugriffe pro Tag	Wichtig	Unkritisch zu erheben
Beeinflussung der Servicequalität	Anzahl der sofort abgeschlossenen Telefonate	Wichtig	Zahlen werden von der Applikation protokolliert
Status der Wissensplattform gegenüber anderen Informationsquellen (eMail, Kollegen)	Verhältnis der Informationssuche im CMS verglichen zu eMail und Kollegen	Wichtig	Unkritisch zu erheben

Abb. 12-9: Ausschnitt aus dem Dokument „Erfolgsmessung Wissensplattform"

12.3.3 Durchführung

In Zusammenarbeit mit dem IWI-HSG wurde von der Abteilung Informationsmanagement zu Beginn ein Projektplan erstellt, der das weitere Vorgehen festlegte. Wesentliche Schritte hierbei waren:

Analyse und Konzeptionsphase

1. *Prozessanalyse:* Zunächst erfolgte im Rahmen eines zweitägigen Workshops bei der Union Investment eine Prozessanalyse der Nutzer-, Redaktions- und Administrationsprozesse. Hierbei wurden auf der Basis von Interviews die Bedürfnisse an das Content Management und das Content Management System ermittelt (s. Abb. 12-10 für den Nutzerprozess).

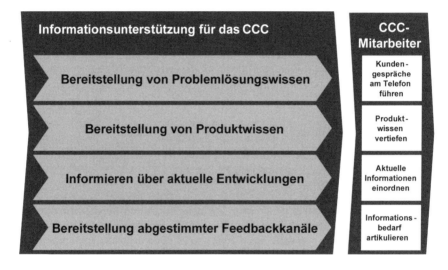

Abb. 12-10: Nutzerprozesse der Wissensplattform des CCC

2. *Anforderungsanalyse:* Aus den Prozessen abgeleitet, wurden die erforderlichen Anforderungen an eine neue technische Lösung strukturiert aufgenommen. Jede Anforderung wurde in einem ersten Schritt auf ihre Bedeutung hin mit den Kriterien „optional", „wichtig" oder „kritisch" gewichtet. Die Rahmenbedingungen begrenzten allerdings die in Frage kommenden Content Management Systeme prinzipiell auf die innerhalb der Union Investment bereits eingesetzten Applikationen. Im zweiten Schritt wurden die vorhandenen Applikationen auf die Erfüllung der Anforderungen überprüft. Für jede Anforderung erfolgte durch entwickelte Metriken der Nachweis, ob das jeweilige Produkt diese gar nicht, hinreichend, oder umfassend erfüllt. Im Rahmen der Nutzwertanalyse wurden die Produkte somit durch Gewichtung der Kriterien „optional (1

Punkt), „wichtig" (5 Punkte) und „kritisch" (10 Punkte) und deren Multiplikation mit den Bewertungen 1 bei „ausreichender Erfüllung" und 2 bei „umfassender Erfüllung" vergleichbar (s. Abb. 12-11).

Der Vergleich erfolgte dabei sowohl auf der Basis der standardmässig mitgelieferten Grundfunktionen einer Applikation („out-of-the-box"), wie auch auf der Basis von möglichen Anpassungen und Erweiterungen („Customizing"). Die Ausprägung der jeweiligen Anforderungen wurde einerseits durch Tests mit den Applikationen, andererseits durch Interviews und technische Dokumentation ermittelt.

Nr.	Anforderung	Gew.	CMS 1	CMS 2	CMS 3
Anforderungen aus dem Nutzerprozess					
1	Hohe Systemperformance	kritisch	10	10	20
2	Strukturierte Navigation	kritisch	10	20	10
3	Sitemap	wichtig	5	5	0
4	Leistungsfähige Suche	kritisch	0	10	0
5	Schnelle Identifikation von Änderungen	kritisch	0	0	0
6	Kompakte Darstellung wesentlicher Inhalte mit Möglichkeit zur Vertiefung	kritisch	10	10	10

Abb. 12-11: Ausschnitt aus der Nutzwertanalyse „Out-of-the-Box"

3. *Festlegung von kritischen Eigenschaften (K.O.-Kriterien):* Aufgrund der Tatsache, dass die im Vergleich betrachteten Applikationen bei der Nutzwertanalyse relativ ähnliche Ergebnisse erzielten, wurden zur Entscheidungsunterstützung kritische Eigenschaften festgelegt, deren Nichterfüllung die Eliminierung eines Produkts aus der Auswahl bedeutete. Kriterien dieser Art waren beispielsweise eine verlässliche Suchfunktion, keine Beschränkung der Datenmenge in Dokumenten oder die Sicherung der Integrität von Hyperlinks innerhalb des Content Management Systems.

4. *Softwareauswahl:* Auf der Basis der Anforderungsanalyse, der kritischen Eigenschaften und der organisatorischen sowie finanziellen Rahmenbedingungen fiel die Auswahl auf das Produkt DocMe der Firma Arago, welches bei der Union Investment auch im Bereich des Internet-Auftritts und des Extranet zum Einsatz kommt.

Vorbereitung des Produktionsbetriebs

5. *Entwicklung eines Pflichtenheftes:* Nach der Softwareauswahl erstellten die Union Investment und das IWI-HSG ein Pflichtenheft unter Berücksichtigung

der ausgewählten Software, welches zur Abstimmung mit dem Softwarelieferant verwendet wurde.

6. *Festlegung der Terminologie und Struktur der Navigation:* Parallel zum Softwareentscheid wurde auf Basis eines gemeinsamen Workshops eine konsistente Struktur mit einheitlichen Ordnungsprinzipien aufgebaut [s. hierzu Rosenfeld/Morville 1998], welche die Grundlage für die Navigation bildet.

7. *Zeitplan für die Migration auf die neue Plattform:* Die Migration musste nach Bereitstellung der technischen Lösung zügig durchgeführt werden. Neben einer Zuordnung der Inhalte aus der alten Struktur in die neue Struktur wurde diese Aufgabe vor allem durch die Verwendung von Vorlagen (Templates) in den einzelnen Office-Applikationen unterstützt. Diese gewährleisten ein konstantes Aussehen und entlasten die Redakteure weitgehend von der Aufgabe der Formatierung.

8. *Erstellung der Dokumentation:* Im Rahmen des Projektes war es notwendig, eine technische Dokumentation für die Weiterentwicklung und die Erläuterung der Customizing-Einstellungen zu erstellen. Darüber hinaus wurde eine spezifische Dokumentation für die Schulung der Redakteure benötigt.

9. *Schulung der Mitarbeiter.*

Umsetzung Produktionsbetrieb

10. *Datenmigration:* Erfolgte entsprechend der in Schritt 7 festgelegten Planung.

11. *Qualitätssicherung und erster Realbetrieb.*

Insgesamt betrug die Projektdauer mehrere Monate von der ersten Konzeption im Projektplan bis zur endgültigen Umsetzung der Applikation.

12.3.4 Kritische Erfolgsfaktoren

Wichtige Erfolgsfaktoren bezüglich der Projektdurchführung waren:

- Die *detaillierte Prozessanalyse* zu Beginn ermöglichte die Berücksichtigung der Bedürfnisse aller Benutzergruppen. Nur wenn die Applikation die verschiedenen Nutzergruppen adäquat unterstützt und einen entsprechenden Nutzen generiert, wird sie akzeptiert werden. Die Akzeptanz wiederum ist Grundvoraussetzung für einen effektiven Einsatz des Informationssystems in der Unterstützung der jeweiligen Geschäftsprozesse. Nur so kann ein Informationssystem das Unternehmensergebnis positiv beeinflussen.

- Es sollte eine *integrierte Sicht auf die Prozesse der Beteiligten* angewendet werden. So ist für die Mitarbeiter nicht nur die Ablösung der alten webbasierten Plattform von Bedeutung, sondern auch die Integration der bisher via eMail verteilten Information in die neue Applikation.

- *Bedürfnisse an Content Management Systeme* entstehen in der Fachabteilung, dort muss auch die Konzeption erfolgen.

- Der sehr *spezifische Einsatzzweck* erleichtert die Umsetzung und ermöglicht eine weitgehende Abdeckung der Bedürfnisse.

- Der *Vergleich von Content Management Systemen* ist aufgrund der hohen Anzahl von Anbietern und den sehr verschiedenartig ausgerichteten Applikationen, die als Content Management System vertrieben werden, eine besondere Herausforderung. Hier hat sich neben der Nutzwertanalyse vor allem die Anwendung von K.O.-Kriterien sowie das zweistufige Verfahren bewährt, welches die Stufen „Out-of-the-Box" und „Funktionalität mittels Customizing" differenziert.

12.4 Die neue Wissensplattform des CCC

12.4.1 Strategie

Die Strategie wurde durch das Projekt nicht verändert, das Ziel besteht nach wie vor in der qualitativ hochwertigen Betreuung der Kunden der Union Investment. Um dieses Ziel zu unterstützen, werden die Mitarbeiter des CCC über die neue Wissensplattform benutzergerecht mit Fachinformationen versorgt. Die Versorgung soll durch die neue Wissensplattform und die unterstützenden Applikationen wirtschaftlicher als bisher erfolgen (s. Abb. 12-12 sowie Abschnitt 12.2).

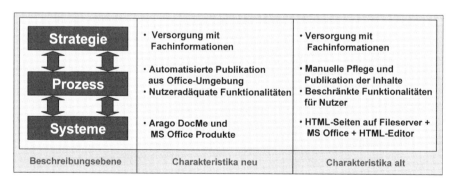

Abb. 12-12: Kurzcharakteristik nach dem Projekt

12.4.2 Prozesse

Durch die Einführung der neuen Standardsoftwarelösung Arago DocMe wurden im wesentlichen die einzelnen Prozessschritte besser unterstützt, zu einer Veränderung auf Geschäftsprozessebene kam es nicht.

So wird der *Nutzerprozess* der Customer Communication Center-Mitarbeiter, die Betreuung der Kunden und Vertriebspartner über verschiedene Kanäle, durch folgende Veränderungen besser unterstützt:

- Die überarbeitete Struktur und Navigation erleichtert die intuitive Verwendung der Applikation und verbessert die Nutzerakzeptanz. Das Ziel ist es, Informationen dort zu finden, wo man sie auch vermutet.

- Sollten Inhalte nicht dort sein, wo man sie vermutet, kann ein Auffinden über die integrierte Suchfunktion erfolgen. Diese erlaubt ausserdem den schnellen Zugriff auf eindeutige oder bekannte Inhalte, die aber in tieferen Navigationsebenen nicht in der gegebenen Zeit über die Navigation erreicht werden können (höchstens einige Sekunden bei Betreuung eines Kunden am Telefon).

- Der Informationsfluss konzentriert sich auf die webbasierte Plattform, Redundanzen zu eMail werden dadurch vermieden. Zwar verliert der einzelne CCC-Agent so die Möglichkeit, Inhalte nach eigenen Bedürfnissen zu strukturieren, es kann aber sichergestellt werden, dass jeder Mitarbeiter unabhängig von der Dauer der Betriebszugehörigkeit Zugriff auf alle relevanten Informationen erhält. Die Aktualität der Inhalte wird durch die ausschliessliche Publikation der jeweils aktuellen Version besser gesichert. Der Abbau von Redundanz zwischen der Wissensplattform und eMail verbessert ausserdem die Akzeptanz der neuen Plattform, da die Nutzer diese nun besser in den täglichen Arbeitsablauf integrieren. Auf der technischen Seite erfolgt durch die Vermeidung von eMails eine wesentliche Entlastung der Infrastruktur (insbesondere des Netzwerks), da der Versand von eMails mit multiplen Dateianhängen an alle Mitarbeiter des CCC vermieden werden kann und diese Informationen nur noch bei Bedarf abgerufen werden müssen.

Im Bereich des *Redaktions- und Administrationsprozess* wurden vor allem durch die verbesserte systemtechnische Unterstützung der Prozesse Verbesserungen und Effizienzgewinne erzielt:

- *Templates (Content-Erstellung):* Ein wesentlicher Bestandteil der Informationsbereitstellung ist die nutzeradäquate Aufbereitung von bereits in anderer Form vorliegenden Inhalten. Um diesen sehr aufwändigen Prozess zu unterstützen, wurden für die Wissensplattform die wichtigsten Dokumententypen identifiziert und für jeden Typ eine entsprechende Vorlage entwickelt. Diese Vorlagen kommen bereits in der Office-Applikation zum Einsatz und vermindern dadurch den Konvertierungsaufwand erheblich. Beispielsweise müssen so nicht bei jedem Dokument Layout oder Formate neu bestimmt werden, da diese durch die Konvertierungswerkzeuge standardisiert sind. Ausserdem dienen die

Templates als Visualisierungshilfe, um Inhalte möglichst so darzustellen, wie sie im Web Browser später aussehen werden.

- *Publikation:* Durch die direkte Publikation aus der Office-Applikation unterscheidet sich der Arbeitsschritt nicht von der gewöhnlichen Dokumentenerstellung. Die Konvertierung und Publikation des Dokuments auf dem Webserver wird durch das Content Management System automatisch vorgenommen. Auch die Überarbeitung von Inhalten erfolgt direkt aus der Office-Applikation oder durch Aufrufen der Inhalte aus dem proprietären Client des Content Management Systems, welcher die entsprechende Applikation mit dem Dokument automatisch öffnet.

- *Administration:* Durch Einführung der neuen Applikation wird die Rolle des Administrators wesentlich unterstützt. Der Administrator erhält einen eigenen Client, in dem er die Struktur der Navigation auf Basis von Dokumentenklassen festlegen kann. Ausserdem ist es möglich, Zusatzkomponenten wie bspw. Indizes (Link-Listen, die sich aus bestimmten Kriterien wie Klassenzugehörigkeit oder Metadaten dynamisch generieren) und Benutzerkonten seitens des Redaktionssystems zu administrieren.

12.4.3 Systeme

Der *Nutzer* greift auf die Wissensplattform direkt über den Webbrowser zu, ein eigener Client ist nicht notwendig. Das Nutzer-Front-End wird in Abb. 12-13 dargestellt. Es zeichnet sich durch eine Navigation über maximal drei Ebenen aus, deren erste Ebene immer sichtbar über dem Inhaltsbereich angezeigt wird. Weitere Ebenen sind über die linke Navigationsleiste kontextspezifisch zu erreichen. Ausserdem sind links unten und am oberen Rand noch diverse Funktionen verfügbar, bspw. die Volltextsuche, die Sitemap oder verschiedene eMail-Funktionen, welche durch Links in die eMail-Applikation realisiert wurden.

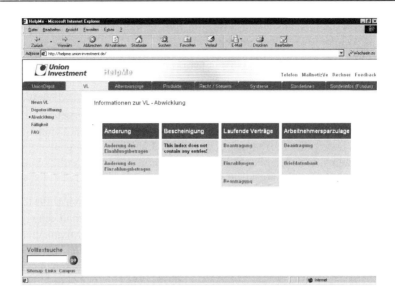

Abb. 12-13: Nutzeroberfläche der Wissensplattform des CCC

Durch die Verwendung von Arago DocMe veränderte sich die Systemarchitektur zu der in Abb. 12-14 gezeigten Form. Dabei kommen zwei getrennte Server zum Einsatz: Der Content Management System-Server verwaltet die von den *Redakteuren* eingepflegten Inhalte im Ursprungsformat in einer Datenbank. Der Redakteur sieht diese Inhalte als Bestandteil einer Ordneransicht, welche die primäre Navigationsstruktur abbildet. Der Redakteur verwendet weiterhin die gewohnten Office-Applikationen und exportiert nach Fertigstellung die Inhalte in das Content Management System, wo durch die Vergabe von Metadaten eine Beschreibung des Informationsobjekts erfolgt, welche die Suche und Navigation unterstützt.

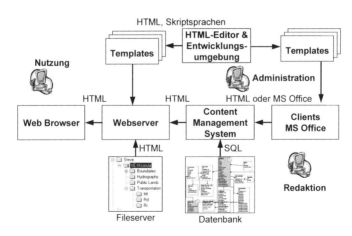

Abb. 12-14: Systemarchitektur Arago DocMe

Der *Administrator* legt auf dem CMS-Server die Struktur der Navigation fest und verwaltet die Zusatzkomponenten sowie Benutzerkonten von Redakteuren. Im weiteren Verlauf werden die Inhalte konvertiert und in HTML-Form auf einem Webserver abgelegt. Die Anwendung der durch den Administrator erstellten Layout-Templates stellt im Rahmen der Konvertierung ein konsistentes Aussehen der Inhalte sicher. Durch die Trennung in zwei Server kann jederzeit auf das Ursprungsformat zurückgegriffen werden. Ausserdem wird die Performance auf dem Webserver erhöht, da alle hier abgelegten Seiten statisch sind und daher bei Aufruf kein Zugriff auf die Datenbank benötigt wird. Werden Inhalte in der Datenbank verändert und freigegeben, erfolgt erneut eine Konvertierung und Ablage auf dem Webserver.

12.5 Einordnung in den Kontext

Das Beispiel der Union Investment illustriert, auf welche Weise die Bereiche Customer Relationship Management (CRM) und Knowledge Management (KM) in integrierter Weise umgesetzt werden können. Der CRM-Prozess „Servicemanagement", bzw. die ausführenden Mitarbeiter im Customer Communication Center, muss zur effizienten und kundenorientierten Durchführung mit dem benötigten Wissen versorgt werden. Dazu bedarf es einer entsprechenden Unterstützung durch das Wissensmanagement, welche in diesem Fall durch die Abteilung Informationsmanagement bereitgestellt wird. Wissensmanagement konzentriert sich in diesem Beispiel primär auf *Wissen für die Kunden,* welches in expliziter Form durch das Content Management bereitgestellt wird.

Eine Integration im Sinne der CKM-Rahmenarchitektur erfolgte primär zwischen den Säulen „Inhalte" und „Struktur". Die Säulen „Kompetenz" und „Zusammenarbeit" wurden im vorliegenden Projekt nicht betrachtet, bieten allerdings im Rahmen des Customer Communication Center Potenziale für eventuelle Erweiterungen im Sinne des CKM-Ansatzes. So könnte die Wissensplattform um eine Expertensuche ergänzt werden, welche auch den „Zugriff" auf implizite Wissensquellen erlaubt. Communities könnten andererseits sowohl in der Zusammenarbeit mit den anderen Mitarbeitern oder dem Informationsmanagement im CCC institutionalisiert werden, aber auch in der Zusammenarbeit mit Vertriebspartnern und Kunden zum Einsatz kommen.

12.5.1 Erkenntnisse

Wichtige Erkenntnisse, die aus der in diesem Fall umgesetzten Content Management Lösung resultieren, sind:

- *Emanzipation der Fachabteilung:* Im vorliegenden Projekt ging die Initiative wie auch die Durchführung des Projektes von der Fachabteilung Informationsmanagement aus. Dieses Vorgehen sichert einen starken Bezug der Lösung auf die Geschäftsprozesse. In der Regel kann die Fachabteilung das Nutzenpotenzial von IT-Lösungen am besten beurteilen. Nutzer und Redakteure werden eine Applikation nur akzeptieren, wenn diese in den täglichen Aufgaben eine Unterstützung bietet. Ergeben sich bspw. keine Effizienzvorteile für die Redakteure, können Qualitätsprobleme bei den Inhalten die Konsequenz sein, woraufhin die Nutzer nach anderen Informationsquellen suchen würden.

- *Modulare Softwarelösung:* Das Content Management System deckt eine Funktionalität ab, die bisher nicht unterstützt wurde, die Publikation und Strukturierung von Inhalten. Positiv auf die Nutzerakzeptanz wirkt sich dabei die Tatsache aus, dass man schon verwendete Applikationen zur Erstellung von Inhalten weiterhin nutzen kann. Ausserdem war die verwendete Standardsoftware bereits vorher im Einsatz in der Union Investment. Dies erleichtert die Integration in die Systemarchitektur des Unternehmens und vermeidet zusätzliche Komplexität. Des weiteren kann auf bereits aufgebautes Know-How bezüglich der Software zurückgegriffen werden.

- *Verbindung der Ebenen Informationssysteme und Geschäftsstrategie:* Von grosser Bedeutung erwies sich die vertikale Integration der drei Ebenen Strategie, Prozesse und Systeme. Während die Strategie die Ziele des Projekts klar definierte, war eine Analyse der bestehenden Prozesse auf Seiten der Nutzer und Redakteure notwendig, um die erforderlichen Eigenschaften und Funktionalitäten der neuen Lösung strukturiert zu erarbeiten, aber auch um den Gesamtzusammenhang zu erkennen und wichtige weitere Rahmenbedingungen zu identifizieren (bspw. die Verwendung des Mediums eMail). Erst diese Integration ermöglicht einen optimalen Bezug der Informationssysteme auf die Geschäftsprozesse.

12.5.2 Besonderheiten

Folgende Besonderheiten zeigten sich im hier beschriebenen Projekt:

- *Verschiebung des Projektauftrags:* Während der Projektlaufzeit kam es zu einer Verschiebung im organisatorischen Status des Projekts. Zunächst wurde das Projekt als formelles Projekt in der Union Investment eingestuft. Formelle Projekte sind bereichsübergreifend und werden nicht allein von der Fachabteilung getragen, sondern auch durch den IT-Bereich unterstützt. Im Laufe des Projekts erfolgte dann eine Änderung des Projektstatus, woraufhin das Projekt aus dem Tagesgeschäft heraus durchgeführt werden musste, ohne Unterstützung aus anderen Bereichen. Es gelang trotzdem, das Projekt unter diesen Rahmenbedingungen erfolgreich zum Abschluss zu bringen.

- *Komplexes Organisationsumfeld:* Das organisatorische Umfeld bildete neben den finanziellen Beschränkungen eine Reihe von Rahmenbedingungen, die wesentlichen Einfluss auf das Projekt hatten. So stand die Fachabteilung sowohl mit dem IT-Bereich (Union IT Services) als auch mit dem Softwarehersteller

Arago selbst in Kontakt. Wäre die Auswahl der Software auf ein anderes Produkt gefallen, hätte der IT-Outsourcer der Union, welcher den technischen Betrieb der Applikationen übernimmt, ebenfalls mit einbezogen werden müssen. Diese vielfältigen Schnittstellen erschwerten eine schnelle Projektabwicklung und schränkten die zur Auswahl stehenden Content Management Systeme erheblich ein.

• *Abteilungsbezogene Lösung:* Unternehmensweite Gesamtlösungen aus dem Stehgreif lassen sich nur unter grossen Risiken realisieren. In einer ersten Stufe ist die Implementierung einer begrenzten Lösung mit spezifischem Einsatzzweck und transparentem Nutzen eine geeignete Vorgehensweise, um Bewusstsein für eine unternehmensweite Anwendung von Customer Knowledge Management zu schaffen. Erweist sie sich als erfolgreich, können andere Bereiche von diesen Erfahrungen profitieren und die Lösung selbst umsetzen.

Teil III

Handlungsempfehlungen und Trends im Customer Knowledge Management

13 Grundelemente erfolgreichen Customer Knowledge Management

Lutz M. Kolbe

13.1 Customer Knowledge Management als Konzept im Business Engineering

Die Forschung im Rahmen des Customer Knowledge Management passt sich nahtlos in den am Institut für Wirtschaftsinformatik der Universität St. Gallen (IWI-HSG) entwickelten Business Engineering (BE) Ansatz an, welcher die betriebliche Realität in den drei Ebenen Strategie, Prozesse und Systeme abbildet (s. Kapitel 1). Die Strategieebene legt das Geschäftsmodell fest und gibt die durch die unteren Ebenen zu erfüllenden Ziele vor. Auf der Prozessebene wird die den Kundenanforderungen entsprechende Leistung erzeugt. Informationssysteme unterstützen dabei die Prozessebene bei der Erstellung der Leistung oder sind selbst Bestandteil der Leistungserbringung.

Der Einsatz von Instrumenten des Wissensmanagements in kundenorientierten Geschäftsprozessen war wesentliches Ziel des Kompetenzzentrums Customer Knowledge Management (CC CKM) am IWI-HSG.

Das vorliegende Buch zeigt auf, dass kundenorientierte Geschäftsprozesse in hohem Mass von einer effektiven Wissensunterstützung abhängig sind. Es wurde eine prozessorientierte Rahmenarchitektur vorgestellt, welche die drei Kernprozesse Marketing, Vertrieb und Service in Subprozesse segmentiert und eine Betrachtung der benötigten Wissensunterstützung ermöglicht (s. Kapitel 2). Darauf aufbauend erfolgte die Integration der vier Wissensmanagement-Säulen zu einer Customer Knowledge Management-Rahmenarchitektur. Diese vier Säulen strukturieren den Einsatz von Wissensmanagement-Instrumenten und erleichtern die Analyse von Potenzialen, die durch Wissensmanagement realisiert werden können.

Im Rahmen der Arbeit hat sich herausgestellt, dass erfolgreiche CKM-Projekte alle drei Ebenen des Business Engineering berühren und mit einer Definition der Strategie starten, auch wenn diese nur für einen dezentralen Bereich von Bedeutung ist. Zentral ist die Fokussierung auf die Prozessanalyse und -definition. Erst dann beginnt die Auswahl und Implementierung eines Informationssystems.

Dieser Beitrag stellt die wesentlichen Ergebnisse der Forschung für die Praxis und die Wirtschaftsinformatik zusammen. Ausgehend von den aktuellen Herausforderungen in Wirtschaft und Forschung wird gezeigt, wie die Elemente erfolgreicher CKM-Projekte zu gestalten sind. Auf den drei Ebenen des Business Engineering werden Grundelemente aus den Fallstudien hervorgehoben.

13.1.1 Herausforderungen in der Praxis

Aus den dargestellten Fällen lässt sich ableiten, welchen Herausforderungen die Praxis gegenwärtig gegenüber steht. Diese zeigen sich anhand gemeinsamer Charakteristika der Fälle. Der bewusste Umgang mit diesen folgenden Rahmenbedingungen und die Ableitung von Handlungsanweisungen bilden die Basis für erfolgreiches CKM in der Praxis:

- *Abwesenheit und Kurzlebigkeit klarer Strategien*: In vielen Fällen fehlen klar kommunizierte Strategien im CKM-Umfeld. Selbst bei Existenz solcher Strategien zwingen die kürzer werdenden Marktzyklen nahezu jedes Quartal zur Revidierung. Die Bezeichnung ‚Strategie' wird der Dauer der Gültigkeit heute vielfach nicht mehr gerecht. Die Existenz einer Strategie ist aber unzweifelhaft erforderlich. Hier sind zunehmend Entscheidungsträger in Bereichen oder Abteilungen gefragt, dezentral strategische Vorgaben aus der Unternehmensstrategie abzuleiten. Das führt zu zahlreich erkennbaren, kleineren CKM-Projekten auf Abteilungsebene nach dem Divide-and-Conquer-Prinzip.

- *Schnelle, messbare Erfolge*: Der Druck zu kurzfristigen, finanziell nachhaltig und nachweisbaren Projekten (quick wins) stellt besondere Anforderungen an Projekte im Knowledge Management (KM)- und CRM-Umfeld. In der Regel muss ein Erfolg in drei bis max. neun Monaten zu erreichen sein, um die Finanzmittel zu erhalten. Diese unterjährige Amortisation ist eine neue Herausforderung. Die Messung der Performance in kundenbezogenen Aktivitäten stellt trotz der Fortschritte im Controlling wie Prozesskostenrechnung noch immer ein Problem dar. Konzepte wie Kundendeckungsbeitrags- oder Kanalkostenrechnung befinden sich in den Anfängen oder leiden unter mangelnder Versorgung mit operativen, realtime Daten.

- *Dezentrale, aber integrierbare Lösungen*: Unternehmensweite Initiativen, gerade im KM-Umfeld, sind nahezu überall gescheitert. Dezentrale und überschaubare Lösungen, die in einzelnen Bereichen messbare Verbesserungen erzielen können, sind daher angeraten. Gerade die Fallstudie der Union Investment zeigt, dass mit begrenzten Mitteln Erfolge erzielt werden können.

- *Fokus bei KM auf Instrumente*: Die zahlreichen, nicht messbaren Mehrwerte erzielenden, strategischen KM-Initiativen haben zunächst zu einem Abrücken von diesen geführt. Gegenwärtig konzentriert sich die Praxis auf die konkrete, aber dosierte Verwendung von Instrumenten des Knowledge Management. Grundlage für den Einsatz ist weniger die Strategie, als vielmehr die Modellierung von Prozessen und deren Bedarf nach Versorgung mit Wissen.

- *CRM-Prozesse im Mittelpunkt*: Ausgangspunkt der aktuellen Projekte ist nicht das Wissensmanagement per se, sondern dessen zielgerichtete Verwendung zur Verbesserung betriebswirtschaftlicher Prozesse. Im Mittelpunkt steht also die Frage nach der Performance-Steigerung.

- *IT-Kompetenz der Geschäftsbereiche vs. Outsourcing*: Die Notwendigkeit dezentraler Lösungen erfordert zunehmend die IT-Kompetenz auch innerhalb der Geschäftsbereiche. Die Verfügbarkeit von Technologie-Kompetenz im Business ist überraschend. Anderseits führt die aktuelle Entwicklung, Betrieb und Entwicklung von IT-Systemen auszulagern, zu einer zunehmenden Diskrepanz zwischen der Anforderung nach dezentralen Quick Wins und gesamtunternehmerischer Strategie.

13.1.2 Verwendung von Action Research

Die vorstehenden Fallstudien haben unterschiedliche Projekte aus dem Bereich des Customer Knowledge Management dargestellt und in die CKM-Rahmenarchitektur eingeordnet. Dieser Abschnitt hat zum Ziel, grundsätzliche Ergebnisse und ‚Lessons Learned' für Praktiker und Wissenschaftler herauszustellen. Da diese praxisnahe Forschung nicht auf einer statistisch repräsentativen Grundgesamtheit beruht, sind keine Generalisierungen für alle Unternehmen möglich. Jedoch lassen sich nach den Grundsätzen des Action Research [vgl. Fleisch 2001] Einsichten aus den Fallstudien unter Darstellung der Restriktionen bzw. Besonderheiten des jeweiligen Falles extrahieren.

Diese Ergebnisse können entweder als Handlungsempfehlung der Verwendung in Projekten im Unternehmen oder als Beitrag zur Weiterentwicklung der Forschung und theoretischen Modellbildung dienen.

13.2 Ergebnisse der Forschung

Die Ergebnisse und Handlungsempfehlungen aus den jeweiligen Fallstudien finden sich jeweils in Abschnitt 5 des beschriebenen Falles. Diese Ausführungen werden hier nicht wiederholt, sondern im Überblick zusammenfassend aufgearbeitet.

13.2.1 Ergebnisse der Rahmenarchitektur für Wissenschaft und Praxis

Die CKM-Rahmenarchitektur (s. Kapitel 2) hat sich als gutes Instrument erwiesen, die wissensintensiven CRM-Prozesse zu analysieren und zu strukturieren. Ausgehend vom Kundenprozess zeigt diese auf, welche Prozesse das Unternehmen zur Unterstützung der Prozessschritte des Kunden aufbieten muss. Die Ausrichtung der Rahmenarchitektur auf den Kundenprozess ist ein Fundamentalprinzip der Geschäftsarchitektur für das Informationszeitalter (s. Kapitel 1).

Die Rahmenarchitektur zeigt, welche CRM-Prozesse und welche Instrumente Anwendung finden bzw. finden sollten und eignet sich damit auch zur Gap-

Analyse. Hervorzuheben ist die Bildung der sechs Sub-CRM-Prozesse Kampagnen-, Lead-, Angebots-, Vertrags-, Service- und Beschwerdemanagement. Diese haben sich in der Projekt-Praxis besser bewährt als die klassische, funktionale Sicht mit Marketing, Sales und Service.

Die Fallstudien weisen eine Schwerpunktbildung auf, die recht typisch für den gegenwärtigen Reifegrad in Unternehmen ist:

- *Prozess-Schwerpunkte*: In der Analyse der Fallstudien wird deutlich, dass gegenwärtig eine Fokussierung der Prozesse im Unternehmen auf die klassischen Prozesse Service- und Leadmanagement zu sehen ist. Darin spiegelt sich das gegenwärtige Bemühen um neue Kunden sowie die Anstrengungen zum Ausbau bestehender Beziehungen wider.

- *Instrument-Schwerpunkte*: Eine ähnliche Schwerpunktbildung ist beim Einsatz der Wissensmanagement-Instrumente zu finden. Der Schwerpunkt der gegenwärtigen Projekte liegt auf Inhalt und Struktur bei den klassischen Instrumenten Content Management, Portalen und Suchmaschinen, während Instrumente im Bereich der Kompetenz und Zusammenarbeit erst beginnen, in der Unternehmenspraxis relevant zu werden. Auf die allgegenwärtige Wichtigkeit der Struktur wird weiter unten eingegangen.

- *Wissensfluss-Schwerpunkte*: Den Fokus bilden die Wissensflüsse zum Kunden (Servicemanagement) und über den Kunden (Lead-, Interaktions- und Kanalmanagement). Prozesse, die proaktiv Wissen vom Kunden aufnehmen, wie z.B. das Beschwerdemanagement sind nahezu unbearbeitet. Hier zeichnet sich noch viel Potenzial für Forschung und Praxis ab.

13.2.2 Ergebnisse für die Wirtschaftsinformatik

Nur wenige Arbeiten haben sich bisher mit der Integration von Konzepten des KM und CRM und ihren wechselseitigen Verbindungen beschäftigt [vgl. Gebert et al. 2002]. Die Ergebnisse für die Wissenschaft aus der Verbindung der beiden Konzepte in der erarbeiteten CKM-Rahmenarchitektur sind:

- Durchgängigkeit auf den Ebenen Strategie, Prozess, Informationssystem mit einem klaren Prozess-Fokus.

- Anwendung von KM-Instrumenten auf kundennahe Prozesse.

- Durchgehende Prozessfokussierung mit Verankerung in der Strategie und Abbildung durch die IS-Ebene.

- Bereitstellung und Erarbeitung von Vorgehensmodellen für die erfolgreiche Einführung von Instrumenten, z.B. Content Management in CRM-Prozessen.

- Darstellung des State-of-the-art der KM-Instrumente, Aufzeigen von Integrations- und Einsatzpotenzialen.

- Aufarbeitung der CRM-Prozesse in einer verfeinerten, für die unternehmensinterne Anwendung geeigneten Granularität.

- Zusammenstellung einer Vielzahl von Fallstudien basierend auf Action Research oder Case Study Research.

13.3 Grundelemente erfolgreicher CKM-Projekte

Die Grundelemente erfolgreicher CKM-Projekte lassen sich unterteilen in Grundlagen allgemeinen Projektmanagements und CKM-spezifische Faktoren. Daneben gibt es eine Reihe von unternehmensspezifischen Erfolgsfaktoren wie z.B. die jeweilige Corporate Culture, Anreizsysteme [vgl. Döring-Katerkamp/Trojan 2002] oder Anforderungen bestimmter lokaler Märkte, auf die hier nicht näher eingegangen werden soll (s. Abb. 13-1).

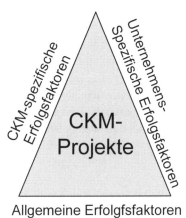

Abb. 13-1: Erfolgsfaktoren in CKM-Projekten

Allgemeine Erfolgsfaktoren

Auch in CKM-Projekten sind grundlegende Erfolgsfaktoren des Projektmanagement wichtig. Hierzu gehören insbesondere:

- Sponsor in der Unternehmensführung.

- Klare Projektorganisation mit Projektleiter.

- Existenz klarer Ziele, ausreichender Ressourcen und eines verabschiedeten Projektplans mit Meilensteinen.

- Klarer Business Case und Nachweisbarkeit des Mehrwertes.

Für die Vertiefung dieser allgemeinen Faktoren aus dem Projektmanagement verweisen wir auf die einschlägige Literatur [vgl. IMG 1997, Steinbuch 2000].

CKM-spezifische Erfolgsfaktoren

Ausgangspunkt ist die kritische Analyse der Kundenbedürfnisse und des Kundenprozesses. Auf ihr Ergebnis wird die Definition der zu entwickelnden Unternehmensprozesse ausgerichtet. Diesem Postulat muss sich auch der Einsatz der Instrumente unterordnen. Dieses einfache wie zentrale Prinzip stellt die Grundvoraussetzung für jedes erfolgreiche CKM-Projekt dar. Abb. 13-2 stellt die wesentlichen CKM-spezifischen Grundelemente zusammen.

Strategie	Prozess	Informationssystem
Definition einer CKM-Strategie als Teil der Unternehmensstrategie	Ausrichtung der Prozesse auf den Kundenprozess	Einfache Integration, Verwendung von offenen Standards
Verbindung von Strategie und Prozesszielen	Festlegung der Prozessziele und deren Messgrössen in Ableitung der Strategie	Betrachtung von Aufbau und Bewirtschaftung des Systems, d.h. Effizienz in Aufbau *und* Betrieb
Identifikation der KM-Handlungsfelder	Saubere Prozessanalyse	Abbildung der Prozesse durch das Informationssystem
Ausrichtung der Strategie auf die Kundenbedürfnisse		Fokus auf die grundlegende Säule ‚Struktur'

Abb. 13-2: CKM-spezifische Erfolgsfaktoren

13.3.1 Strategie

Wichtig ist eine klare Zieldefinition auf betriebswirtschaftlicher Ebene. Dieser Schritt ist erfahrungsgemäss einer der schwierigsten, insbesondere unter dem Eindruck dezentraler Aktivitäten, die eine gewisse Distanz zur gesamtunternehmerischen Perspektive haben.

Auf die Bedeutung der Ausrichtung auf den Kundenprozess wurde bereits oben hingewiesen.

Zentral ist die Identifikation der Handlungsfelder mit Hilfe der CKM-Rahmenarchitektur. Dabei steht die Frage, im Vordergrund, wo das Problem des Wissensflusses in dem jeweiligen CRM-Prozess liegt, z.B. ob es sich um Defizite in der Informationsversorgung handelt (Schwerpunkt: Säulen Struktur oder Inhalt) oder eher um organisationale Herausforderungen (Schwerpunkt: Zusammenarbeit und Kompetenz).

13.3.2 Prozess

Die zu erreichenden Ziele der Prozesse hinsichtlich Zeit, Qualität, Kosten oder Menge müssen klar definiert werden, um den Einsatz der KM-Instrumente steuern zu können.

Eine saubere Prozessaufnahme, Definition des Sollprozesses mit den Erfordernissen an die Wissensversorgung sowie Metriken zur Messung sind wichtige Grundlagen. Der Prozess bildet ein erfolgskritisches Bindeglied zwischen den strategischen Zielen und der konkreten Umsetzung durch ein Informationssystem. Im Rahmen der Arbeiten hat sich der Prozess als zentrale Ebene im CKM herauskristallisiert.

13.3.3 Informationssystem

Das Informationssystem muss die modellierten Prozesse möglichst exakt abbilden. Dies mündet z.B. in Prozess-Portale, deren Struktur einzelne Prozessschritte oder Aktivitäten abbildet (vgl. Fallstudie Winterthur Versicherung). Bei der Umsetzung kommt es allerdings nicht auf eine perfekte Lösung an. Vielmehr ist die kostengünstige Abbildung der wesentlichen Anforderungen gefordert. Dieses Herangehen unterstützt auch die Verwendung von im Unternehmen vorhandenen Lizenzen und Werkzeugen oder aber von Standardsoftware, z.B. für den Aufbau von Extranets oder Communities.

Im Rahmen des Einsatzes der KM-Instrumente ist es von grosser Bedeutung, nicht nur den kostengünstigen Aufbau der Systeme im Auge zu behalten, sondern auch das System im Betrieb, d.h. die Integration in bestehende Systeme, Ein- und Weitergabe von Daten, Pflege sowie Administration. Beispielsweise fallen im Rahmen des Content Management 47% der Gesamtkosten für eine Webseite bei Pflege und Verwaltung an [Stellent 2002].

Das besondere Augenmerk auf die Säule ‚Struktur' ist Grundvoraussetzung erfolgreicher CKM-Projekte. Aufbau von Terminologien oder Klassifikationsschemata sind elementare Voraussetzungen, um Inhalte strukturiert abzulegen und wiederzufinden, und stellen daher eine conditio sine qua non dar.

Grosse Bedeutung kommt auch der Integration erstellter Systeme in die bestehende Landschaft zu. Gerade in diesem Bereich liegen die grössten Herausforderungen: Verwendung von Standards und schon im Unternehmen eingesetzter Infrastruktur sowie klare Definition der Schnittstellen. Diese zeigen sich insbesondere im Zugriff von Portalen oder Suchmaschinen auf Datenbestände im Backend mit den zugehörigen Zugriffsrechten oder den Schwierigkeiten, Verkaufsdaten der Kunden in die CRM-Software z.B. zum Leadmanagement zu transferieren.

13.4 Zusammenfassung

Customer Knowledge Management verbindet aufbauend auf dem Business Engineering die Konzepte des Knowledge Management und Customer Relationship Management. Mit Fokus auf Prozessen und Informationssystemen spannt es mit einer Rahmenarchitektur die Handlungsfelder für kundenorientierte Prozesse und den Einsatz der Instrumente des Wissensmanagement in eben diesen Prozessen auf. Es ermöglicht damit die Analyse von Defiziten in Wissensflüssen in Prozessen und die spezifische Auswahl von adäquaten Lösungen.

Erfolgreichen Projekten im Rahmen des Kompetenzzentrum CC CKM ist die Anwendung der Rahmenarchitektur und ihrer Elemente gemein. Aus ihr lassen sich konkrete Erfolgsfaktoren für den betrieblichen Einsatz ableiten. Für die Forschung wird zum ersten Mal eine durchgängig integrative Perspektive auf die Verbindung von allen Kundenprozessen und vorhandenen Instrumenten angeboten. Diese Sicht wird strukturiert in einer Rahmenarchitektur aufbereitet.

Offene Fragestellungen und zukünftige Entwicklungsrichtungen, z.B. in den Bereichen Performance Messung, Integration, Kundenwert oder Realtime-Management werden im abschliessenden Kapitel behandelt.

14 Trends im Customer Knowledge Management

Malte Geib, Ragnar Schierholz, Lutz M. Kolbe

14.1 Langfristige Entwicklungen

Nach dem Abebben der Euphorie rund um den eBusiness Hype hat in der Wirtschaft eine Konsolidierungsphase eingesetzt. Unternehmen investieren nun wesentlich vorsichtiger und konservativer in neue Trends und Technologien. Vor einer Investition wird wieder als erstes nach einem Geschäftsmodell und der Wirtschaftlichkeit gefragt.

Trotzdem lassen sich einige Trends, die auch vor dem eBusiness Hype existierten (z.B. Integration), weiterhin ausmachen. Ebenso entstehen kontinuierlich neue Ideen und Technologien. Davon werden sich insbesondere diejenigen durchsetzen, die auch auf kurze Sicht die Leistung von Unternehmen steigern können.

Im Folgenden werden zunächst visionäre Ideen auf den drei Business Engineering-Ebenen Strategie, Prozess und System vorgestellt. Die Realisierung dieser Ideen ist erst innerhalb der nächsten 10 Jahre zu erwarten. Kapitel 14.2 beschreibt anschliessend mittelfristige Entwicklungsrichtungen und Grundströmungen. Zum Abschluss des Beitrages werden offene Forschungsfragen abgeleitet und ein Ausblick auf das nächste Kompetenzzentrum *Customer ▶ Knowledge ▶ Performance* (CC CKP) gegeben, das sich in den Jahren 2003 - 2004 mit einigen dieser Fragen beschäftigen wird.

14.1.1 Strategie

Die Entwicklung von der Produktorientierung hin zur Kundenorientierung und dem Account Management ist bei vielen Unternehmen schon vollzogen worden [vgl. Michalk/Dilling 1998]. Produktorientierte Unternehmen berücksichtigen bei der Ressourcenplanung hauptsächlich die Anforderungen hinsichtlich des eigenen Produktes (s. Abb. 14-1). Sie bieten standardisierte Produkte für alle Kunden an. Beim Account Management dagegen werden unterschiedliche Kundensegmente differenziert angesprochen. Die Notwendigkeit, betriebswirtschaftlich sinnvolle Kundensegmente zu schaffen, resultiert in einem erhöhten Bedarf an Wissen über die Kunden. Dieses Wissen muss beschafft, gespeichert, verteilt und wertschöpfend genutzt werden.

Praxisbeispiel

Die Royal Bank (of Canada) verfolgt eine CRM Strategie, mit der versucht wird, den Wert der Kundenbasis durch die strategische Nutzung von Informationen über Kunden zu erhöhen. Die Bank betreibt aggressives Data Mining in den Kundendaten, um ihren Kunden massgeschneiderte Produkt- und Dienstleistungsangebote machen zu können. Gleichzeitig soll eine „high-quality customer experience" gewährleistet werden.

Eine mögliche Weiterentwicklung des Account Management ist der Ansatz der *Total Customer Experience.* Hier findet eine noch individuellere Ansprache der Kunden statt. Dabei werden z.B. die gewünschte Beratungsintensität, präferierte Vertriebswege und die Preisreagibilität einzelner Kunden berücksichtigt. Konzepte der Individualisierung werden auch häufig unter dem Begriff *Segment-of-one* zusammengefasst [vgl. Peppers/Rogers 1993, Peppers/Rogers 2001]. Allerdings ist ein Segment-of-one nicht immer wirtschaftlich, da mit der Individualisierung auch erhebliche Kosten verbunden sein können. Mit der Verfügbarkeit von Standard-Informationssystemen, welche die Individualisierung unterstützen, ist jedoch zu erwarten, dass die Kosten für die Individualisierung sinken werden.

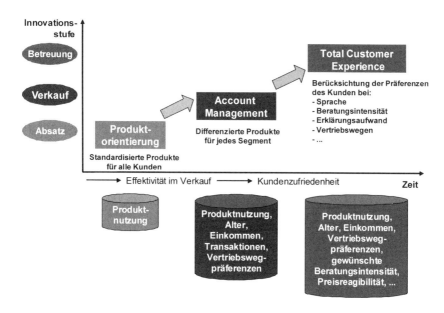

Abb. 14-1: Entwicklung in Richtung Total Customer Experience [s. Michalk/Dilling 1998]

14.1.2 Prozesse

Die Grenzen zwischen den kundenorientierten Funktionen Marketing, Verkauf und Service verschwimmen zusehends. Beispielsweise können Serviceaktivitäten auch dafür verwendet werden, dem Kunden neue oder ergänzende Produkte anzubieten. Gerade bei Vor-Ort Services können grosse Potenziale realisiert werden, da dort die notwendige Kundennähe und umfassendes Wissen über den Kunden und seine Produkte vorliegen. Dieses Phänomen ist auch im Online-Geschäft zu beobachten: Online-Kampagnen werden z.B. häufig parallel zu Verkaufs- und Serviceaktivitäten durchgeführt.

Aus dieser Entwicklung resultiert eine stärkere Integration der kundenorientierten Prozesse als bisher. Aus Verkaufs- und Serviceaktivitäten können durch bestimmte Ereignisse One-to-One Marketing-Aktivitäten angestossen werden, z.b. können bei Gewinnspielen gewonnene Adressen und damit verknüpfte Informationen für die direkte Ansprache eines Kunden verwendet werden. Die Schnittstellen zwischen den Prozessen werden somit zahlreicher. Dadurch steigt der Bedarf an Prozessintegration.

Gleichzeitig werden CRM-Prozesse individualisierter ablaufen. Je nach bestimmten Steuerungsgrössen (z.B. Kundengruppe, Präferenzen etc.) wird der Prozess auf die spezifischen Bedürfnisse des Kunden und die Ziele des Unternehmens angepasst. Die Evolution von Standard-Informationssystemen wird diese Entwicklung unterstützen, da ohne sie die Komplexität der Individualisierung nicht zu beherrschen ist.

Zur Steuerung der CRM-Prozesse werden vermehrt kundenbezogene Kennzahlen verwendet werden, z.B. der Kundenwert. Eine Herausforderung besteht darin, diese Kennzahlen so einzusetzen, dass sie die strategischen Ziele und die Prozess-Ziele des Unternehmens unterstützen.

Praxisbeispiel

Die Halifax Bank nutzt als einen wesentlichen Kanal für ihre Kunden ein Customer Contact Center (CCC), welches pro Jahr fast 30 Mio. eingehende Anrufe erhält. Die eingehenden Anrufe können in die Bereiche *Information*, *Transaktion* und *Service* eingeteilt werden. Um das Potenzial, das durch diese Anrufe entsteht, auszunutzen, betreibt die Halifax Bank eine CRM-Lösung, die in Echtzeit Kundendaten analysiert und den Mitarbeitern des Contact Center personalisierte Vorschläge für Cross-Selling Möglichkeiten anbietet. Dadurch konnte die Anzahl der Leads um 10-15% erhöht werden, während fast die Hälfte dieser Leads zu Abschlüssen führt.

14.1.3 Systeme

Die Integration von Funktionen bzw. Prozessen führt auch zur Integration von Informationssystemen, die diese Funktionen und Prozesse unterstützen. Die betriebswirtschaftlichen Informationssysteme müssen in Zukunft gleichzeitig den Mitarbeitern und den Kunden bzw. z.T. auch den potenziellen Kunden zur Verfügung stehen, wobei jeweils die Zugriffsrechte von den organisatorischen Strukturen (bspw. Prozesse, Hierarchie) abhängig sind. Dies ist effizient nur über eine Integration der Systeme in eine einheitliche Architektur zu erreichen, wie sie derzeit vielfach mit Portalen angestrebt wird (s. Fallstudie Winterthur Versicherungen in diesem Buch). Der wirtschaftlich sinnvolle Integrationsgrad muss jedoch weiterhin jeweils im Einzelfall geprüft werden.

Der Zugriff auf die Informationssysteme sollte zunehmend auch ortsunabhängig möglich sein. Beispielsweise können Mitarbeiter im Vor-Ort-Service nicht alle benötigten Informationen als Kopie mitnehmen, da das Datenvolumen häufig sehr gross ist und sich Daten während ihrer Abwesenheit vom lokalen Arbeitsplatz ändern können. Ein weiteres Beispiel ist die mobile Abwicklung von Schadensmeldungen an Versicherungen. In Zukunft wird es möglich sein, bei einem Autounfall mit der Hilfe von Digitalkamera und Smartphone die Schadensmeldung samt Foto direkt an die Versicherung abzusetzen und damit den Prozess der Schadensabwicklung zu beschleunigen. Daraus ergibt sich die Anforderung an Informationssysteme, in Zukunft auch mobile Endgeräte mit ihren Eigenheiten (vor allem bzgl. Display und Bedienung) zu unterstützen.

Die im vorigen Abschnitt erwähnten Kennzahlen zur Steuerung der Prozesse mit möglichst geringem zusätzlichen Aufwand, also möglichst automatisch, zu ermitteln und den richtigen Mitarbeitern zeitnah zur Verfügung zu stellen, wird eine weitere Herausforderungen der nächsten Generation von Informationssystemen sein.

Praxisbeispiele

- Die UBS (Union des Banques Suisses) bietet ihren Private Banking Kunden die Möglichkeit, einige ihrer Dienstleistungen mittels Internet Browser von einem beliebigen PC, mittels Mini-Browser von einem PDA (Personal Digital Assistant) oder mittels WAP-Browser von einem Mobiltelefon in Anspruch zu nehmen. Angebotene Dienstleistungen umfassen dabei sowohl Konto-Transaktionen als auch Depot-Transaktionen und Börseninformationen.

- Der LVM (Landwirtschaftlicher Versicherungsverein Münster) bietet den Aussendienstmitarbeitern seiner Agenturen mobilen Zugriff auf die zentralen Kundendaten und Funktionen. Dazu hat der Mitarbeiter einen Laptop-PC, der mittels eines GRPS-fähigen Mobiltelefones über ein VPN (Virtual Private Network) auf eine zentrale Anwendung im Unternehmensnetzwerk des LVM zugreift.

14.2 Mittelfristige Entwicklungen und Grundströmungen

Bei Entscheidungsträgern in Unternehmen hat sich aufgrund der negativen Erfahrungen mit Investitionen in innovative Technologien (z.B. im eBusiness) in letzter Zeit die Überzeugung durchgesetzt, dass bei Investitionen wieder stärker auf die tatsächliche Steigerung der unternehmerischen Leistungsfähigkeit geachtet werden muss. Diese Grundregel gilt auch für Investitionen in Customer Knowledge Management. Mittelfristig werden nur die Instrumente und Technologien überleben, die ihre Gewinnschwelle innerhalb relativ kurzer Zeit (1 bis 2 Jahre) erreichen.

Vorraussetzung für die Entscheidung, welche Investitionen wirtschaftlich sind, ist ein Performance Management-System in Unternehmen. Bestehende Instrumente konzentrieren sich jedoch häufig auf die strategische Ebene zur Unterstützung der obersten Entscheidungsträger, wie z.B. die Balanced Scorecard [vgl. Weber/Schäffer 1999]. Die Leistungsfähigkeit von Geschäftsprozessen wird selten gemessen und noch seltener aktiv gesteuert. Ähnliches gilt für die Informationssysteme. Mittelfristiges Ziel ist die Entwicklung von integrierten Methoden für das Performance Management, welche die drei Business Engineering-Ebenen Strategie, Prozess, System miteinander verbinden (Abb. 14-2).

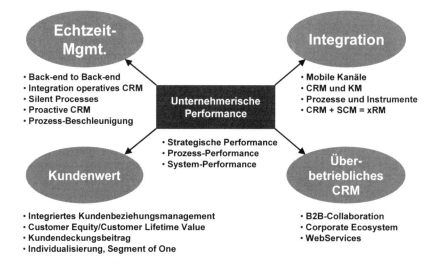

Abb. 14-2: Entwicklungsrichtungen im Customer Knowledge Management

Neben der grundlegenden Ausrichtung auf unternehmerische Leistungsfähigkeit haben wir in der Arbeit mit Partnerunternehmen und Forschungspartnern vier weitere Entwicklungsrichtungen festgestellt. Diese verfolgen alle das Ziel, die unternehmerische Leistungsfähigkeit zu steigern: Echtzeitmanagement, Integration, Kundenwert als Steuerungsgrösse und überbetriebliches Customer Relationship Management.

14.2.1 Echtzeitmanagement

Die durchgängige Unterstützung eines Kundenprozesses (s. Kapitel 1) erfordert, dass Unternehmen, die kooperieren, um eine Gesamtleistung zu erbringen, Informationen möglichst in Echtzeit austauschen.

Echtzeitmanagement bedeutet, dass jede Information bei Ihrer Entstehung am ‚Point-of-creation' sofort am Ort ihrer Verwendung (‚Point-of-action') verfügbar ist [s. Fleisch/Österle 2002, Österle 2002]. Dadurch können Entscheidungen auf Basis einer besseren Informationsgrundlage getroffen werden. Eine vollständigere Informationsgrundlage ist hierbei nicht immer die bessere. Ähnlich wie beim Integrationsgrad muss der wirtschaftlich sinnvolle Realisierungsgrad auch beim Echtzeitmanagement im Einzelfall geprüft werden.

An Informationssysteme werden aus Sicht des Echtzeitmanagement die Anforderungen gestellt, dass sämtliche Systeme integriert sind und keine „Informationspuffer" bestehen, d.h. Lager, in denen Informationen vor ihrer Weiterleitung an den Point-of-action zunächst abgelegt werden. Dem Entscheider wird dadurch eine einheitliche und immer aktuelle Informationsbasis geboten. Er muss sich einzelne Inhalte nicht mehr aus unterschiedlichen Systemen zusammensuchen und diese, z.B. bei Existenz unterschiedlicher Versionen, konsolidieren.

Auch hier spielt die bereits beschriebene Integration der Informationssysteme eine wichtige Rolle; ebenso der mobile Zugriff auf die Informationen bzw. die Systeme. Nur durch ortsunabhängigen Zugriff auf integrierte Informationssysteme kann gewährleistet werden, dass alle Informationen an beliebigen Entstehungsorten erfasst werden können und sofort an jedem Verwendungsort zur Verfügung stehen.

Einige Unternehmensprozesse sind bereits soweit automatisiert, dass der einzige verbliebene manuelle Schritt die Zusammenführung von Daten mit unterschiedlichen Entstehungsorten ist (beispielsweise die Synchronisation der Datenbestände eines Mobile Sales Force Agenten mit einem zentralen Informationssystem). Durch entsprechende Echtzeit-Systeme können diese Prozesse vollständig automatisiert werden und somit zu sogenannten „Silent Processes", d.h. durch Nutzer nicht mehr wahrgenommene Prozesse, konvertiert werden. Diese Prozesse laufen nahezu ohne Zeitverzögerung ab, da die reine Übertragungszeit von Informationen vernachlässigbar gering ist und Medienbrüche eliminiert wurden. Lediglich Prozessschritte, die Aktionen in der physischen Welt erfordern, nehmen noch signifikante Ausführungszeit in Anspruch. Der Softwarekauf im Internet kann beispielsweise als „Silent Process" umgesetzt werden. Nach der Initiierung des Prozesses durch das Absenden der Bestellung durch den Kunden werden sämtliche Schritte des Prozesses (Versenden eines Kaufbeleges/einer Rechnung, Auslieferung der Ware per Download sowie Abrechnung über Kreditkarte) vollautomatisch und ohne nennenswerte Zeitverzögerung erledigt.

Im Bereich des Customer Relationship Management werden durch Echtzeitmanagement pro-aktive Massnahmen wie beispielsweise die Nutzung von Service-Aktivitäten für den Verkauf neuer Produkte ermöglicht.

Praxisbeispiel

Der Degussa-Geschäftsbereich Röhm stellt Spezialkunststoffe her. Er betreibt für seinen Kunden BASF Coatings ein Konsignationslager (erweitertes *Vendor Managed Inventory*) für Spezialkunststoffe. Im Konsignationslager wird über telemetrische Sensoren die aktuelle Tankfüllung gemessen und in Echtzeit an Degussa weitergegeben. Ausserdem werden bei BASF automatisch Vorhersagen über den zu erwartenden Verbrauch an Kunststoffen sowie Qualitätsinformationen zu Chargen erstellt und an Degussa übermittelt. Aufgrund der übertragenen Informationen kann Degussa die Lagerhaltung für BASF optimieren. Der frühzeitige Zugriff auf planungsrelevante Daten und Prozessvereinfachungen kompensieren den Mehraufwand für die Lagerbewirtschaftung. Der Hauptnutzen wird in der stärkeren Verbindung mit dem Kunden und dessen Prozessen gesehen.

14.2.2 Integration

Werden wie im oben erwähnten Beispiel Aktivitäten im Vor-Ort Service genutzt, um neue Produkte zu verkaufen, so muss dementsprechend der Mitarbeiter im Vor-Ort Service die entsprechenden Informationen über neue Produkte verfügbar haben. Die erhöhte Flexibilisierung der Prozesse macht es dabei immer schwerer, exakt vorherzubestimmen, welche Informationen aus welchen Systemen von den Mitarbeitern benötigt werden. Daher müssen diese Systeme in eine einheitliche Architektur integriert werden, die den Mitarbeitern sämtliche Informationen zeitnah und ortsunabhängig zur Verfügung stellen kann. Diese Integration ist mit bisherigen Schnittstellen-Ansätzen nicht effizient zu bewerkstelligen. Neue Integrationsansätze wie Portale sind derzeit schon abzusehen, allerdings noch nicht so ausgereift, dass ihr Einsatz immer effizient ist. Daher muss nicht nur der Integrationsgrad, sondern auch die für die Integration gewählte Technologie nach wirtschaftlichen Gesichtspunkten getroffen werden [vgl. Scheer 1990]. Aufkommende Standards wie WebServices [s. Reichmayr 2003] und auf XML (Extensible Markup Language) basierende, standardisierte Datenformate lassen hoffen, dass sich dies in den nächsten Jahren ändern wird.

Die Öffnung der Informationssysteme für Integrationsplattformen macht dabei nicht an den Unternehmensgrenzen halt. Insbesondere Kundendaten beinhalten ein grosses, derzeit selten genutztes Potenzial, wenn sie über Unternehmensgrenzen hinweg genutzt werden können. Dies bringt wesentlich höhere Anforderungen hinsichtlich der Sicherheit der Informationssysteme mit sich. Auch hier beschäftigen sich die entsprechenden Forschungsgruppen der Standardisierungsgremien schon mit Lösungen (bspw. WebServices Security, XML Encryption und XML Signature).

Praxisbeispiel

Der Schuh-Handelsriese Nordstrom (www.nordstrom.com) verkauft Schuhe über drei Kanäle: ein Netz von Filialen, einen Katalog-Direktversand und einen Internet-Shop. Während der Web-Auftritt einschliesslich des Web-Shops auf Microsoft-Systemen basiert, ist im Back-office Bereich UNIX-basierte Software im Einsatz. Schuhfabrikanten sind ausserdem mittels EDI (Electronic Data Interchange) auf Basis von XML-Datenformaten angebunden. Mit Hilfe von Integrationslösungen, die auf WebServices basieren, konnten die Systeme erfolgreich gekoppelt werden. Das Ergebnis war eine schnellere und günstigere Integration als mit Middleware-Technologie sowie eine erhöhte Flexibilität aufgrund der WebServices Standards.

14.2.3 Kundenwert als Steuerungsgrösse

Zur Steuerung von Unternehmen werden heute insbesondere finanzielle Kennzahlen genutzt. Sie liefern einen guten Überblick über die Vergangenheit, sagen aber meist nichts über die zukünftige Entwicklung aus. Deswegen sind sie zur strategischen Steuerung ungeeignet. Kennzahlen, die Aussagen über strategische Ressourcen wie das Wissen der Mitarbeiter oder den Kundenstamm eines Unternehmens machen, sind dafür besser geeignet. Defizite herkömmlicher strategischer Steuerungssysteme können mit neueren Methoden wie der Balanced Scorecard (BSC) [vgl. Kaplan/Norton 1992] überwunden werden. Die BSC enthält dabei Kennzahlen unterschiedlicher, strategisch relevanter Handlungsfelder (Finanzen, Kunden, interne Leistungen, Wissen & Lernen).

Dem Kundenwert als Kennzahl zur strategischen Steuerung wurde im Rahmen des Customer Relationship Management verstärkt Bedeutung zugemessen. Ein erster Schritt hin zur Nutzung des Kundenwertes als Steuerungsgrösse ist die Nutzung von Kennzahlen wie Kundenprofitabilität oder Kundendeckungsbeitrag zur Segmentierung und Bewertung von Kunden (s. Praxisbeispiel). Diese Betrachtung ist jedoch häufig nur punktuell und basiert auf historischen Werten. Damit berücksichtigt sie nicht das zukünftige Potenzial eines Kunden im Rahmen seines Lebenszyklus. Es ist zu erwarten, dass eine Entwicklung hin zur Betrachtung des Kundenwertes über den gesamten Lebenszyklus stattfinden wird. Dazu wurden bisher unterschiedliche Konzepte entwickelt, unter anderem Customer Lifetime Value (CLTV) [vgl. Hofmann/Mertiens 2000] und Customer Equity (CE) [vgl. Blattberg et al. 2001]. Die praktische Einsetzbarkeit und Wirtschaftlichkeit dieser Konzepte konnte jedoch noch nicht ausreichend gezeigt werden. Nichtsdestotrotz ist zu erwarten, dass Kundenwertkonzepte mittelfristig verstärkt eingesetzt werden, um Unternehmen marktgerechter zu steuern und damit wettbewerbsfähiger zu sein.

Um den Kundenwert bestimmen zu können, ist integriertes CRM Grundvoraussetzung. Nur wenn Kosten und Erträge, die sich auf einen bestimmten Kunden oder ein bestimmtes Kundensegment zurückführen lassen, über alle Kundenkontaktpunkte und über alle Prozesse bestimmt werden können, ist eine Steuerung über den Kundenwert möglich. Diese Vorraussetzung eines integrierten CRM zu schaffen ist die grösste Herausforderung bei der Berechnung des Kundenwertes. Zu den Instrumenten und Methoden, die dabei eingesetzt werden können, zählen beispielsweise die Prozesskostenrechnung, Data-Warehousing und Data-Mining-Methoden.

Praxisbeispiel

Die Credit Suisse Financial Services (CSFS) führt eine Segmentierung ihrer Kunden nach Loyalität und Profitabilität durch. Auf der Basis von vier strategischen Segmenten werden gezielt Aktivitäten des Cross-Selling, Retention-Programme und One-to-One Marketing-Programme angestossen. Marketing- und Kommunikationsaktivitäten werden zusätzlich durch eine Mikrosegmentierung der Kunden unterstützt. Dabei kommen Data Mining Verfahren zum Einsatz, die Kunden auf der Basis ihrer Stamm-, Konto-, Transaktions- und Produktdaten für bestimmte Kampagnen selektieren.

14.2.4 Überbetriebliches Customer Relationship Management

Die Orientierung am Kundenprozess (s. Kapitel 1) bringt es mit sich, dass Unternehmen eine breite Palette von Leistungen anbieten müssen, um den Kundenprozess vollständig abzudecken. Dies geschieht immer häufiger dadurch, dass sich Unternehmen mit verschiedenen Kernkompetenzen und Leistungen in einem Unternehmensnetzwerk zusammenschliessen, um gemeinsam die vom Kunden gewünschte Gesamtleistung zu erbringen [s. Fleisch 2001].

Der Auftritt gegenüber dem Kunden ist dabei nicht immer einheitlich. Häufig hat der Kunde, z.B. bei einer Änderung seiner Adresse, mehrere Unternehmen zu benachrichtigen, anstatt seine neue Adresse nur einmal mitzuteilen. Unternehmensübergreifendes Kundenmanagement, insbesondere in Konzerngesellschaften mit mehreren Tochtergesellschaften, ist deshalb mittelfristig ein wichtiger Trend. Ebenso wird es immer wichtiger, Wissen über die Kunden und Wissen vom Kunden zwischen Partnerunternehmen in einem Unternehmensnetzwerk auszutauschen, um die gemeinsame Leistungserstellung zu verbessern und Kunden damit gezielter zu binden.

Die Unterstützung des Wissens- und Informationsaustausch durch Informationssysteme findet heute noch weitgehend über stark proprietäre und damit unflexible Schnittstellen statt. Standardisierungsbestrebungen wie die Entwicklung von Web Services können helfen, unternehmensübergreifenden Wissensaustausch flexibler zu gestalten. Ausserdem können die Kosten für die Entwicklung und Wartung der benötigten Infrastruktur verringert werden.

Praxisbeispiel

Die AutoLeasing D GmbH (ALD) vermittelt Kreditfinanzierung und Leasing für Privat- und Geschäftskunden, die einen Kraftfahrzeugkauf tätigen möchten. Dabei arbeitet die ALD eng mit den Autohäusern zusammen. Die Kundenansprache erfolgt ausschliesslich über die Händler. Der Erfolg der Zusammenarbeit hängt daher wesentlich vom schnellen Datenaustausch zwischen ALD und Autohändler ab, damit dieser seine Fahrzeugfinanzierung im Rahmen des Autokaufs schnell und einfach abschliessen kann. Ein kritischer Erfolgsfaktor ist ebenso die automatische Abfrage der Kreditwürdigkeit eines Kunden durch die ALD (Schufa-Abfrage), die durch einen Web Service realisiert wird (s. Kapitel 6 in diesem Buch).

14.3 Offene Forschungsfragen

Aus den beschriebenen Visionen und Trends für die Zukunft ergeben sich einige Fragestellungen, die Gegenstand von Forschungsarbeiten sein können.

Im Kompetenzzentrum Customer Knowledge Management (CC CKM) des Instituts für Wirtschaftsinformatik der Universität St. Gallen (IWI-HSG) wurden in zweijähriger Forschungsarbeit solche Fragestellungen bearbeitet. Nach dem Abschluss dieses Kompetenzzentrums sind jedoch noch einige Fragen offen, die weitere Forschungsarbeit erfordern. Ebenso haben sich während der Arbeit des Kompetenzzentrums zusätzliche Fragestellungen ergeben, die weitere Forschung rechtfertigen. Im Folgenden werden einige dieser offenen Forschungsfragen erläutert.

14.3.1 Integrierte Anwendung der Wissensmanagement-Instrumente

Im Rahmen des CC CKM wurde erarbeitet, wie Instrumente des Wissensmanagement (z.B. Content Management, Kompetenzmanagement, Portale) in Unternehmen eingesetzt werden können, um kundenorientierte CRM-Prozesse zu unterstützen und zu verbessern. Für die Anwendung einzelner Wissensmanagement-Instrumente wurden Vorgehensmodelle und Methoden entwickelt [vgl. Büren/Riempp 2002, Gebert/Kutsch 2003, Gronover 2003, Kremer et al. 2003]. Diese Methoden beschränken sich auf den Einsatz jeweils eines Instrumentes (z.B. Content Management, Skill-Management). Auch viele andere Forschungsarbeiten im Bereich des Wissensmanagement beschäftigen sich mit dem Einsatz einzelner Wissensmanagement-Instrumente in Unternehmen [vgl. Quintas et al. 1997, Grover/Davenport 2001, Caldwell/Harris 2002].

Die CKM-Rahmenarchitektur (s. Kapitel 2) bildet einen integrierten Rahmen für den Einsatz einzelner Wissensmanagement-Instrumente in CRM Prozessen. Sie

hilft dabei, auf strategischer Ebene Optimierungspotenziale festzustellen und auszunutzen. Während der Arbeit des CC CKM wurde jedoch festgestellt, dass vielfältige Interdependenzen zwischen den einzelnen Wissensmanagement-
Instrumenten existieren (s. auch Fallstudie Deutsche Telekom in diesem Buch).
Beispielsweise ist eine Verschmelzung von Content Management und Portal-
Technologien festzustellen [s. Latham 2001]. In ähnlicher Weise bestehen Abhängigkeiten zwischen Content Management, Community Management und Portalen
[s. Mack et al. 2001]. Der integrierte Einsatz verschiedener Wissensmanagement-
Instrumente kann also Synergiepotenziale freisetzen. Beispielsweise kann Community Management vom Kompetenzmanagement profitieren, indem Kompetenzen der Community-Mitglieder transparent gemacht werden.

In weiteren Forschungsarbeiten muss geklärt werden, wie verschiedene Wissensmanagement-Instrumente integriert eingesetzt werden können. Die Integration der
Instrumente sollte dabei sowohl auf der Prozess- als auch auf der Systemebene erfolgen.

14.3.2 Methode für Customer Knowledge Management

Neben der Integration einzelner Wissensmanagement-Instrumente besteht die
Herausforderung, zu ermitteln, wie diese Instrumente in einem integrierten Ansatz
eingesetzt werden können, um bestimmte Defizite in kundenorientierten Prozessen
zu mindern. Um diese Herausforderung anzugehen, kann eine Methode für das
Customer Knowledge Management entwickelt werden. Diese Methode sollte typische Problemstellungen und Prozess-Defizite beschreiben, bei denen Wissensmanagement-Instrumente angewendet werden können. Ausgehend von diesen Problemstellungen sollte beschrieben werden, welche Instrumente in Frage kommen
und wie diese Instrumente zur Lösung der Probleme beitragen können. Vor der
Entwicklung einer solchen Methode sollte feststehen, welche Interdependenzen
zwischen den einzelnen Instrumenten bestehen (s. Kap. 14.3.1).

Bisherige Arbeiten des geschäftsprozessorientierten Wissensmanagements [vgl.
Wiig 1995, Schüppel 1996, Demarest 1997, Probst et al. 1999, Abecker et al.
2002] sollten in die Forschung einbezogen werden.

14.3.3 Performance Management in CRM-Prozessen

Es ist zurzeit noch schwierig, den Beweis zu führen, dass der Einsatz von Wissensmanagement-Instrumenten zur Verbesserung der Leistungsfähigkeit von Prozessen geführt hat. Dies ist zum einen auf die mangelnde Verbreitung von pro-
zessorientiertem Performance Management in Unternehmen zurückzuführen, zum
anderen auf die mangelnde Verfügbarkeit integrierter Methoden für das Performance Management. Insbesondere für die Messung der Leistungsfähigkeit des
Customer Relationship Management muss eine integrierte Methode entwickelt
werden. Eine solche Methode sollte die Business Engineering-Ebenen Strategie,

Prozess und System umfassen (s. Kapitel 1), um eine umfassende Steuerung zu ermöglichen. Erst dann kann gezeigt werden, dass der Einsatz von Wissensmanagement-Instrumenten in CRM-Prozessen zu messbaren Verbesserungen der Leistungsfähigkeit führt.

14.3.4 Neue Technologien

Neue Technologien ermöglichen es, bestehende Instrumente des Wissensmanagement zu verbessern und deren Einsatzgebiet wesentlich zu erweitern. Ausserdem ermöglichen neue Technologien die Schaffung neuer Instrumente bzw. die effiziente Integration mehrerer bestehenden Instrumenten.

Die Integration unterschiedlicher Instrumente wird durch standardisierte Schnittstellen wie Web Services und die damit eng verbundenen XML Standards ermöglicht. Die Beschreibung von Einsatzmöglichkeiten solcher Technologien im konkreten Geschäftsumfeld und der Nachweis des Nutzenpotenzials stehen jedoch noch aus.

Auch auf dem Feld der mobilen Technologien sind seit der Einführung von GSM basierten Sprachnetzen und SMS als Datendienst viele Technologien entstanden, ohne sich jedoch wirklich durchsetzen zu können. Die Nutzung von SMS ist dazu im Wesentlichen auf den privaten Gebrauch reduziert. Die Frage nach den Einsatzmöglichkeiten der bestehenden sowie der neuen mobilen Technologien in kundenorientierten Geschäftsprozessen gilt es zu beantworten. Hierzu sind die entsprechenden Prozesse zu identifizieren sowie passende Geschäftsmodelle zu entwickeln und mit entsprechenden Kennzahlen für die Messung der Performance zu versehen.

14.4 Ausblick auf das neue Kompetenzzentrum

Die Forschungsarbeiten des CC CKM werden im Kompetenzzentrum Customer ▶ Knowledge ▶ Performance (CC CKP, vgl. http://ccckp.iwi.unisg.ch/) fortgeführt. Zusammen mit europäischen Partnerunternehmen wird das Institut für Wirtschaftsinformatik der Universität St. Gallen (IWI-HSG) im Rahmen dieses Kompetenzzentrums Methoden zur Verbesserung der Effektivität und Effizienz von kundenorientierten Prozessen auf Basis der Instrumente des Wissensmanagement entwickeln. Diese Methoden und Referenzlösungen ermöglichen die Entwicklung und Implementierung von Lösungen in kundennahen Prozessen, welche nachweisbar die Wertschöpfung steigern. Das CC CKP ist am 1. Januar 2003 mit einer Laufzeit von 2 Jahren gestartet und widmet sich der Fragestellung, wie Wissensmanagement-Instrumente in kundenorientierten Prozessen nachweisbar zur Leistungssteigerung eingesetzt werden können.

14.4.1 Forschungsziele

Die Forschungsziele des CC CKP sind im Einzelnen:

• Entwicklung einer Methode zur Messung von Steigerungen der Leistungsfähigkeit von kundenorientierten Prozessen (CRM-Prozessen).

• Validierung der Methode durch Anwendung auf Prozess- und ggf. auf System-Ebene.

• Anwendung von Methodenwissen für Prozessmodellierung und Performance Management.

• Entwicklung eines Vorgehensmodells zur Anwendung von (integrierten) Wissensmanagement-Instrumenten bei bestimmten Wissens-Defiziten in CRM-Prozessen.

• Analyse der Leistungs-Steigerungen in CRM-Prozessen, die durch den Einsatz von Wissensmanagement-Instrumenten erreicht werden können.

14.4.2 Vorgehen

Auf der Basis einer Ist-Analyse werden konkrete Geschäftsprozesse aus jedem Partnerunternehmen unter Anwendung der Instrumente des Wissensmanagements (Inhalt, Struktur, Kompetenz, Zusammenarbeit) und des CRM optimiert. Es ist zu erwarten, dass mehrere Partnerunternehmen ähnliche Geschäftsprozesse bestimmen werden, so dass Synergien direkt genutzt werden können.

Verbesserte Informationsversorgung der Mitarbeiter eines Call Centers bewirkt z.B. die Erhöhung der ‚first time fix rate' und führt dadurch zu Kostensenkungen und Kundenzufriedenheit. Über mehrere Messpunkte im Prozess hinweg wird über geeignete, operationalisierte Messgrössen der Einfluss der Instrumente festgehalten und ausgewiesen. Als wesentliches Ergebnis liegt der optimierte Geschäftsprozess vor, der von den beteiligten Partnerunternehmen mit Unterstützung des IWI-HSG umgesetzt werden kann, um eine messbare Verbesserung der Leistungsfähigkeit zu erzielen. Dies soll in den Aufbau einer Methode münden, die den Unternehmen zur Verfügung gestellt wird (s. Abb. 14-3).

Über den gesamten Lebenszyklus des CC CKP werden Aspekte der Integration und der Innovation beachtet, jeweils auf den Ebenen Prozess und System (z.B. Anwendung neuer mobiler Technologien in der Distribution).

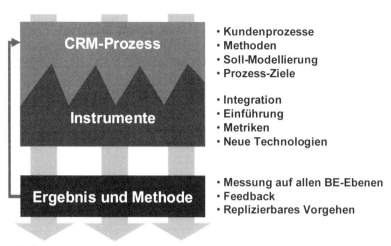

- Kundenprozesse
- Methoden
- Soll-Modellierung
- Prozess-Ziele

- Integration
- Einführung
- Metriken
- Neue Technologien

- Messung auf allen BE-Ebenen
- Feedback
- Replizierbares Vorgehen

Performance Integration Innovation

Abb. 14-3: Vorgehen im Kompetenzzentrum
Customer ▸ Knowledge ▸ Performance (CC CKP)

Das abgestimmte Vorgehen und die enge Zusammenarbeit mit Partnerunternehmen und weiteren Forschungspartnern versprechen nachhaltige Erfolge. Sie stellen sicher, dass die angestrebten Ziele innerhalb der geplanten Zeit erreicht werden können.

Literaturverzeichnis

[Abecker et al. 2002]
  Abecker, A., Hinkelmann, K., Maus, H., Müller, H.J., Geschäftsprozessorientiertes Wissensmanagement: Effektive Wissensnutzung bei der Planung und Umsetzung von Geschäftsprozessen, Springer, Berlin, 2002

[Allweyer 1998]
  Allweyer, T., Modellbasiertes Wissensmanagement, in: Information Management, 13. Jg. (1998) Nr. 1, S. 37-45

[Bakos/Treacy 1986]
  Bakos, J.Y., Treacy, M.E., Information Technology and Corporate Strategy: A Research Perspective, in: MIS Quarterly, Issue 10, Jg. (1986) Nr. 2, S. 106-120

[Blattberg et al. 2001]
  Blattberg, R., Getz, G., Thomas, J., Customer Equity - Building and Managing Relationships as Valuable Assets, Harvard Business School Press, Boston, 2001

[Bullinger et al. 2000]
  Bullinger, H.-J., Schuster, E., Wilhelm, S., Content Management Systeme, Frauenhofer-Institut für Arbeitswirtschaft und Organisation, Verlagsgruppe Handelsblatt GmbH, Düsseldorf, 2000

[Büren/Riempp 2002]
  Büren, A., Riempp, G., State-of-the-Art des Content Managements im deutschsprachigen Raum, in: Information Management & Consulting, 17. Jg. (2002) Nr. 2, S. 81-88

[Caldwell/Harris 2002]
  Caldwell, F., Harris, K., Management Update: The 2002 Knowledge Management Hype Cycle, in: InSide Gartner, Jg. (2002) 23.01.2002

[Cespedes 1988]
  Cespedes, F.V., Channel management is general management, in: California Management, 31. Jg. (1988) Nr. 1, S. 98-119

[Checkland/Holwell 1998]
  Checkland, P., Holwell, S., Action Research: Its Nature and Validity, in: Systemic Practice and Action Research, 11. Jg. (1998) Nr. 1, S. 9-21

[Coughlan et al. 2001]
  Coughlan, A., Anderson, E., Stern, L.W., El Ansary, A., Marketing Channels, Prentice Hall, New Jersey, 2001

[Demarest 1997]
Demarest, M., Knowledge Management: An Introduction, in: (Hrsg.), 1997

[Dienes/Perner 1999]
Dienes, Z., Perner, J., A Theory of Implicit and Explicit Knowledge, in: Behavioral and Brain Sciences, 22. Jg. (1999) Nr. 5

[Döring-Katerkamp/Trojan 2002]
Döring-Katerkamp, U., Trojan, J., Motivation und Wissensmanagement - eine praktische Perspektive, in: Franken, Gadatsch (Hrsg.), Praxis des Knowledge-Management. Konzepte, Methoden, Instrumente und Fallbeispiele, 2002

[Eisenhardt/Sull 2001]
Eisenhardt, K.M., Sull, D.N., Strategy as Simple Rules, in: Havard Business Review, 79. Jg. (2001) January, S. 107-116

[Eppler et al. 1999]
Eppler, M., Seifried, P., Röpnack, A., Improving Knowledge Intensive Processes through an Enterprise Knowledge Medium, The 1999 ACM SIGCPR Conference on Computer Personnel Research, New Orleans, 1999

[Ernst&Young 1999]
Ernst&Young, E-commerce / Customer Relationship Management, Ernst&Young, http://www.ey.com/publicate/fsi/default.asp

[Essayan/Rutstein 2002]
Essayan, M., Rutstein, C.e.a., Activate and integrate: Otimizing the value of online banking, The Boston Consulting Group, 2002

[Ferstl/Sinz 1996]
Ferstl, O.K., Sinz, E.J., Geschäftsprozessmodellierung im Rahmen des Semantischen Objektmodells, in: Vossen, G., Becker, J. (Hrsg.), Geschäftsprozessmodellierung und Workflow-Management - Modelle, Methoden, Werkzeuge, International Thomson Publishing, Bonn et al., 1996, S. 47-61

[Fleisch 2001]
Fleisch, E., Das Netzwerkunternehmen. Strategien und Prozesse zur Steigerung der Wettbewerbsfähigkeit in der "Networked Economy", Springer, Berlin et al., 2001

[Fleisch/Österle 2002]
Fleisch, E., Österle, H., Echtzeitmanagement, Working Paper BE HSG / CC BN / Nr. 11, Institut für Wirtschaftsinformatik, Universität St. Gallen, St. Gallen, 2002

[Galvin 2001]
Galvin, J., Sales Processes — Foundation for Success, Gartner, 2001

[Gebert et al. 2002]
Gebert, H., Geib, M., Kolbe, L.M., Riempp, G., Towards Customer Knowledge Management - Integrating Customer Relationship Management and Knowledge Management concepts, ICEB 2002 conference proceedings, 2002

[Gebert/Kutsch 2003]
Gebert, H., Kutsch, O., Potenziale des Skill-Managements, in: Wirtschaftsinformatik, 43. Jg. (2003) Nr. 2

[Geib/Riempp 2002]
Geib, M., Riempp, G., Customer Knowledge Management - Wissen an der Schnittstelle zum Kunden effizient handhaben, in: Abecker, A., Hinkelmann, K., Maus, H., Müller, H.-J. (Hrsg.), Geschäftsprozessorientiertes Wissensmanagement - Effektive Wissensnutzung bei der Planung und Umsetzung von Geschäftsprozessen, Springer, Berlin et al., 2002, S. 393-417

[Gilbert 1978]
Gilbert, T.F., Human Competence: Engineering Worthy Performance, McGraw-Hill, Caledonia, 1978

[Goesmann 2001]
Goesmann, T., Kontext Navigator: Ein Organizational Memory zur Workflow-Unterstützung wissensintensiver Prozesse, Informatik 2001. Wirtschaft und Wissenschaft in der Network Economy - Visionen und Wirklichkeit, Wien, 2001

[Gormley 1999]
Gormley, J.T., The Demise of CRM, in: Forrester, Jg. (1999) Nr. 7

[Green 1999]
Green, P.C., Building Robust Competencies: Linking Human Resource Systems to Organizational Strategies, Jossey-Bass, San Francisco, 1999

[Griggs 1997]
Griggs, R., Give us Leads! Give us Leads!, in: Sales & Marketing Management, 149. Jg. (1997) Nr. 7, S. 66

[Gronover 2003]
Gronover, S., Multi-Channel-Management - Konzepte, Techniken und Fallbeispiele aus dem Retailbereich der Finanzdienstleistungsbranche, Universität St. Gallen, Dissertation, St. Gallen, 2003

[Gronover/Kobler 2001]
Gronover, S., Kobler, D., Studie zum Multi-Kanal-Management bei Schweizer Versicherungen udn Krankenkassen, Institut für Wirtschaftsinformatik der Universität St. Gallen Information Management Group, St. Gallen, 2001

[Gross 2000]
   Gross, B., Best of Europe's net banking, Forrester Research Inc., 2000

[Grover/Davenport 2001]
   Grover, V., Davenport, T.H., General perspectives on knowledge management:
   Fostering a research agenda, in: Journal of Management Information Systems,
   18. Jg. (2001) Nr. 1, S. 5-21

[Hamel/Dufour 1993]
   Hamel, J., Dufour, S., Case study methods, Sage, Newbury Park, London, New
   Delhi, 1993

[Herrmann/Füllgraf 2001]
   Herrmann, U., Füllgraf, N., Digging for Gold: Datengrundlage für Customer
   Relationship Management, in: Moormann, J., Peter, R.b. (Hrsg.), Customer Relationship Management in Banken, Bankakademie-Verlag, Frankfurt/Main,
   2001

[Hobmeier 2001]
   Hobmeier, M., Professional multichannel management, 2001

[Hofmann/Mertiens 2000]
   Hofmann, M., Mertiens, M., Customer-Lifetime-Value-Management, Gabler,
   Wiesbaden, 2000

[Homer 2001]
   Homer, M., Skills and competency management, in: Industrial and Commercial
   Training, 33. Jg. (2001) Nr. 2, S. 59-62

[Houtzagers 1999]
   Houtzagers, G., Empowerment, using skills and competence management, in:
   Participation & Empowerment: An International Journal, 7. Jg. (1999) Nr. 2, S.
   27-32

[IMG 1997]
   IMG, PROMET BPR, Methodenhandbuch für den Entwurf von Geschäftsprozessen, Version 2.0, Information Management Group/Institut für Wirtschaftsinformatik Universität St. Gallen, St. Gallen, 1997

[Jablonski/Meiler 2002]
   Jablonski, S., Meiler, C., Web-Content-Managementsysteme, in: Informatik
   Spektrum, 25. Jg. (2002) Nr. 2, S. 101-120

[Jaspers 1988]
   Jaspers, K., Die großen Philosophen, Band 1, Piper, München, 1988

[Kaplan/Norton 1992]
   Kaplan, R.S., Norton, D.P., The Balanced Scorecard: Measures that Drive Performance, in: Harvard Business Review, Jg. (1992) January-February, S. 71-79

[Klosa 2001]

Klosa, O., Wissensmanagementsysteme in Unternehmen - State-of-the-Art des Einsatzes, Deutscher Universitäts-Verlag, Wiesbaden, 2001

[Koch 1997]

Koch, A.J., Definition and evaluation of competence, capability and skill gaps in international business, in: Journal of Marketing Practice: Applied Marketing Science, 3. Jg. (1997) Nr. 2, S. 119-151

[Kotler/Bliemel 1999]

Kotler, P., Bliemel, F.W., Marketing-Management: Analyse, Planung Umsetzung und Steuerung, Schäffer-Poeschel Verlag, Stuttgart, 1999

[Kremer et al. 2003]

Kremer, S., Kolbe, L.M., Brenner, W., Do you know your terms? - A procedure model for Terminology Management, accepted for Proceedings of European Conference of Information Systems (ECIS), 2003

[Latham 2001]

Latham, L., Web Content Management and Portals: Who's Doing What?, Research Note SPA-13-9670, GartnerGroup, Stamford, 2001

[Mack et al. 2001]

Mack, R., Ravin, Y., Byrd, R.J., Knowledge portals and the emerging digital knowledge workplace, in: IBM Systems Journal, 40. Jg. (2001) Nr. 4, S. 925-955

[Maier 2002]

Maier, R., Knowledge Management Systems - Information and Communication Technologies for Knowledge Management, Springer, Berlin etc., 2002

[Maturana/Varela 1987]

Maturana, H., Varela, F., Der Baum der Erkenntnis: Die biologischen Wurzeln des menschlichen Erkennens, Scherz, Bern etc., 1987

[McDermott 2002]

McDermott, R., Measuring the impact of communities, in: Knowledge Management Review, 5. Jg. (2002) Nr. 2, S. 26-29

[Michalk/Dilling 1998]

Michalk, C., Dilling, H., Wettbewerber im Informationszeitalter, in: Betsch, O., van Hooven, E., Krupp, G. (Hrsg.), Handbuch Privatkundengeschäft, Frankfurt am Main, 1998, S. 79-90

[Mogicato 1999]

Mogicato, R., Customer Relationship Management zur Kundenorientierung mit modernster IT, Swiss Banking School, 1999

[Nägele/Schreiner 2002]
Nägele, R., Schreiner, P., Potenziale und Grenzen von Business Process Management Tools für geschäftsprozessorientiertes Wissensmanagement, in: Abdecker, A., Hinkelmann, K., Maus, H., Müller, H.-J. (Hrsg.), Geschäftsorientiertes Wissensmanagement, Springer, Berlin et al., 2002, S. 25-46

[Newman/Conrad 2000]
Newman, B.D., Conrad, K.W., A framework for characterizing knowledge management, Basel, 2000

[Niessen et al. 2000]
Niessen, M., Kamel, M., Sengupta, K., Integrated analysis and design of knowledge systems and processes, in: Malhotra, Y. (Hrsg.), Knowledge management and virtual organizations, Idea Group, London, 2000, S. 214-244

[Nonaka/Konno 1998]
Nonaka, I., Konno, N., The concept of "Ba": Building a Foundation for Knowledge Creation, in: Califormia Management Review, 40. Jg. (1998) Nr. 3, S. 40-55

[Nonaka/Takeuchi 1995]
Nonaka, I., Takeuchi, H., The Knowledge-Creating Company - How Japenese Companies Create the Dynamics of Innovation, Oxford University Press, New York, New York, 1995

[North 1999]
North, K., Wissensorientierte Unternehmensführung - Wertschöpfung durch Wissen, Gabler, Wiesbaden, 1999

[Nyhan 1998]
Nyhan, B., Competence development as a key organisational strategy – experiences of European companies, in: Industrial and Commercial Training, 30. Jg. (1998) Nr. 7, S. 267-273

[o.V. 2001]
o.V., Geschäftsbericht 2001, Deutsche Post World Net, http://geschaeftsbericht2001.dpwn.com/dp2001de/services/, (4.10.2002)

[o.V. 2002]
o.V., Unternehmensportrait Deutsche Post World Net, http://investorrelations.dpwn.de/deutsch/fakten/portrait/index.jsp/NSID-investorrelations.dpwn.de-f42%3A3d9d3cd0%3A9dda9998232f722f, (4.10.2002)

[Österle 1995]
Österle, H., Business Engineering: Prozess- und Systementwicklung, Band 1: Entwurfstechniken, Springer, Berlin et al., 1995

[Österle 2002]
Österle, H., Echtzeitmanagement - ein neuer Hype?, in: CHEManager, Jg. (2002) Nr. 22, S. 120-122

[Österle et al. 1995]
Österle, H., Brenner, C., Gassner, C., Gutzwiller, T., Hess, T., Business Engineering: Prozess- und Systementwicklung, 2, Springer, Berlin et al., 1995

[Österle/Gutzwiller 1992]
Österle, H., Gutzwiller, T., Ein Beispiel für die Analyse und das System-Design, 2, AIT Angewandte Informations Technik, Hallbergmoos, 1992

[Österle/Fleisch/Alt 2000]
Österle, H., Fleisch, E., Alt, R., Business Networking in der Praxis. Beispiele und Strategien zur Vernetzung mit Kunden und Lieferanten, Springer, Berlin et al., 2000

[Österle/Winter 2000]
Österle, H., Winter, R., Business Engineering: Auf dem Weg zum Unternehmen des Informationszeitalters, Springer, Berlin et al., 2000

[Peppers/Rogers 1993]
Peppers, D., Rogers, M., The one to one future - Building relationships one customer at one time, Currency Doubleday, New York, 1993

[Peppers/Rogers 2001]
Peppers, D., Rogers, M., One to One B2B : Customer Relationship Management Strategies for the Real Economy, Doubleday, New York, 2001

[Piaget 1981]
Piaget, J., Einführung in die genetische Erkenntnis-Theorie, Suhrkamp, Frankfurt am Main, 1981

[Picot/Franck 1995]
Picot, A., Franck, E., Prozessorganisation: Eine Bewertung der neuen Ansätze aus Sicht der Organisationslehre, in: Nippa, M., Picot, A. (Hrsg.), Prozessmanagement und Reengineering, campus, Frankfurt und New York, 1995, S. 13-39

[Popper 1972]
Popper, K.R., Conjectures and Refutations - The Growth of Scientific Knowledge, Routledge and Kegan Paul, London, 1972

[Probst et al. 1999]
Probst, G.J.B., Raub, S., Romhardt, K., Wissen managen - Wie Unternehmen ihre wertvollste Ressource optimal nutzen, 3. Auflage, Gabler, Wiesbaden, 1999

[Probst et al. 2000]
Probst, G.J.B., Deussen, A., Eppler, M.J., Kompetenz Management. Wie Individuen und Organisationen Kompetenz entwickeln., Gabler, Wiesbaden, 2000

[PWC-Consulting 2001]
PWC-Consulting, Multi-channel value quantification, 2001

[Quintas et al. 1997]
Quintas, P., Lefrere, P., Jones, G., Knowledge Management: A Strategic Agenda, in: Long Range Planning, 30. Jg. (1997) Nr. 3, S. 385 - 391

[Reichmayr 2003]
Reichmayr, C., Collaboration und WebServices, Springer, Berlin et al., 2003

[Reinhardt 2002]
Reinhardt, R., Wissen als Ressource - Theoretische Grundlagen, Methoden und Instrumente zur Erfassung von Wissen, Peter Lang, Frankfurt etc., 2002

[Richter/Vettel 1995]
Richter, F.-J., Vettel, K., Successful joint ventures in Japan: Transferring knowledge through organizational learning, in: Long Range Planning, 28. Jg. (1995) Nr. 3, S. 37-46

[Riempp 2003]
Riempp, G., Integrierte Wissensmanagement-Systeme in dienstleistungsorientierten Organisationen, Universität St. Gallen, Habilitationsschrift, St. Gallen, 2003

[Riempp/Gronover 2002]
Riempp, G., Gronover, S., Customer Knowledge and Relationship Management, in: Schögel, M., Tomczak, T., Belz, C. (Hrsg.), Roadm@p to E-Business, Thexis, St. Gallen, 2002, S. 762-783

[Rosenfeld/Morville 1998]
Rosenfeld, L., Morville, P., Information Architecture for the World Wide Web, O'Reilly, Sebastopol (CA), 1998

[Rothfuss/Ried 2000]
Rothfuss, G., Ried, C., Content Management mit XML - Grundlagen und Anwendungen, Springer-Verlag, Berlin et al., 2000

[Rudolph 1998]
Rudolph, B., Zielkostenmanagement bei Kreditinstituten, Deutscher Sparkassenverlag, Stuttgart, 1998

[Scheer 1990]
Scheer, A.-W., EDV-orientierte Betriebswirtschaftslehre. Grundlagen für ein effizientes Informationsmanagement, Springer, Berlin, 1990

[Scheer 1998]
Scheer, A.-W., ARIS - Vom Geschäftsprozess zum Anwendungssystem, Springer, Berlin, 1998

[Schindler 2000]
Schindler, M., Wissensmanagement in der Projektabwicklung: Grundlagen, Determinanten und Gestaltungskonzepte eines ganzheitlichen Projektwissensmanagements, Band 32, Eul, Köln, 2000

[Schmid 2001]
Schmid, R.E., Eine Architektur für Customer Relationship Management und Prozessportale bei Banken, Universität St. Gallen, Dissertation, St. Gallen, 2001

[Schmid et al. 2000]
Schmid, R.E., Messner, W., Palm, C., Bach, V., Studie zum Customer Management und Multi-Channel bei Banken, Institut für Wirtschaftsinformatik der Universität St. Gallen; IMG AG, St. Gallen, 2000

[Schulz von Thun 1981]
Schulz von Thun, F., Miteinander reden - Störungen und Klärungen, Bd. 1 (von 3), Rowohlt, Reinbek, 1981

[Schulze 2000]
Schulze, J., Prozessorientierte Einführungsmethode für das Customer Relationship Management, Universität St. Gallen, Dissertation, St. Gallen, 2000

[Schüppel 1996]
Schüppel, J., Wissensmanagement. Organisatorisches Lernen im Spannungsfeld von Wissens- und Lernbarrieren., Deutscher Universitäts Verlag, Wiesbaden, 1996

[Schwede/Spies 2001]
Schwede, S., Spies, R., Customer Relationship Management: Rettende Oase oder Fata Morgana in der Servicewüste? - Eine internationale Betrachtung durch die META Group, in: Moormann, J., Roßbach, P. (Hrsg.), Customer Relationship Management in Banken, Bankakademie Verlag, Frankfurt/Main, 2001, S. 21-42

[Senger/Österle 2002]
Senger, E., Österle, H., PROMET BECS - A Project Method for Business Engineering Cases Studies, Institut für Wirtschaftsinformatik, Universität St. Gallen, St. Gallen, 2002

[Stake 1995]
Stake, R.E., The Art of Case Study Research, Sage Publications, London, 1995

[Steinbuch 2000]
  Steinbuch, P., Projektorganisation und Projektmanagement, Kiehl, Ludwigshafen, 2000

[Stellent 2002]
  Stellent, Business Content Management, Stellent, 2002

[Stender/Schulze-Klein 1998]
  Stender, M., Schulze-Klein, E., Internetbasierte Vertriebsinformationssysteme, Frauenhofer IRB, Stuttgart, 1998

[Tavakolian 1989]
  Tavakolian, H., Linking the Information Technology Structure With Organizational Competitive Strategy: A Survey., in: MIS Quarterly, 13. Jg. (1989) Nr. 3, S. 308-318

[Thiesse 2001]
  Thiesse, F., Prozessorientiertes Wissensmanagement - Konzepte, Methode, Fallbeispiele, Universität St. Gallen, Dissertation, St. Gallen, 2001

[Tomson 2001]
  Tomson, M.-L., Killer Content, Addison-Wesley, München, 2001

[Vara 1995]
  Vara, T.G., Aftermarketing: How to keep customers for life through relationship marketing, Irwin, Chicago etc., 1995

[von Krogh et al. 2000]
  von Krogh, G., Ichijo, K., Nonaka, I., Enabling Knowledge Creation: How to Unlock the Mystery of Tacit Knowledge and Release the Power of Innovation, Oxford University Press, New York, 2000

[von Krogh/Köhne 1998]
  von Krogh, G., Köhne, M., Der Wissenstransfer in Unternehmen - Phasen des Wissenstransfers und wichtige Einflussfaktoren, in: Die Unternehmung, 52. Jg. (1998) S. 235-252

[Watzlawik et al. 1967]
  Watzlawik, P., Beavin, J.H., Jackson, D.D., Pragmatics of Human Communication: A Study of Interactional Patterns, Pathologies, and Paradoxes, W. W. Norton & Company, New York, London, 1967

[Weber/Schäffer 1999]
  Weber, J., Schäffer, U., Balanced Scorecard & Controlling, Gabler, Wiesbaden, 1999

[Wenger 1997]
  Wenger, E., Communities of Practice: Learning, Meaning, and Identity, Cambridge University Press, Cambridge, 1997

[Wiig 1995]

   Wiig, K.M., Knowledge Management A Trilogy - Volume 3, Knowledge Management Methods: Practical Approaches to Managing Knowledge, Schema Press, Arlington, 1995

[Willke 1998]

   Willke, H., Systemisches Wissensmanagement, Lucius & Lucius, Stuttgart, 1998

[Yin 1994]

   Yin, R.K., Case study research - design and methods, Sage, Thousand Oaks, 1994

Autorenverzeichnis

Christian Balzer, IBM Business Consulting Services, Düsseldorf, Projektmanager im Public Sector, Bereich ITS/e-Business Integration

Dr. Marc Bider, Credit Suisse, Zürich, Technology & Operations, Teamleiter Customer Relationship Management/KFK

Prof. Dr. Walter Brenner, Universität St. Gallen, Institut für Wirtschaftsinformatik, St. Gallen, Geschäftsführender Direktor und Inhaber des Lehrstuhls IWI 4 am Institut für Wirtschaftsinformatik

Adrian Büren, Universität St. Gallen, Institut für Wirtschaftsinformatik, St. Gallen, Wissenschaftlicher Mitarbeiter im Competence Center Customer Knowledge Performance (CC CKP)

Werner Dix, Deutsche Post AG, Zentrale Bonn, Abt. Operations Filialen, Referent für Informationslogistik

Paul Eggenschwiler, St. Galler Kantonalbank, St. Gallen, Leiter Multi-Channel & Mitglied der Geschäftsleitung, im Projekt: Projektleiter

Henning Gebert, Universität St. Gallen, Institut für Wirtschaftsinformatik, St. Gallen, Wissenschaftlicher Mitarbeiter im Competence Center Customer Knowledge Management (CC CKM)

Malte Geib, Universität St. Gallen, Institut für Wirtschaftsinformatik, St. Gallen, Wissenschaftlicher Mitarbeiter im Competence Center Customer Knowledge Performance (CC CKP)

Sandra Gronover, Universität St. Gallen, Institut für Wirtschaftsinformatik, St. Gallen, Wissenschaftliche Mitarbeiterin im Competence Center Customer Knowledge Management (CC CKM)

Hans-Rudolf Häni, Credit Suisse, Zürich, Technology & Operations, Leiter Customer Relationship Management/KFK

Pia Jaggi, Helsana Versicherungen AG, Zürich, Strategisches Human Resource Management, Leiterin Personalförderung und Entwicklung

Dr. Lutz M. Kolbe, Universität St. Gallen, Institut für Wirtschaftsinformatik, St. Gallen, Projektleiter des Competence Center Customer Knowledge Management (CC CKM) sowie des Competence Center Customer Knowledge Performance (CC CKP)

Stefan Kremer, Universität St. Gallen, Institut für Wirtschaftsinformatik, St. Gallen, Wissenschaftlicher Mitarbeiter im Competence Center Customer Knowledge Performance (CC CKP)

Fredi Kuster, Helsana Versicherungen AG, Zürich, Leiter Vertriebssupport, im Projekt: Projektleiter

Oliver Kutsch, The Information Management Group (IMG AG), St. Gallen, Senior Consultant, Business Consulting, Bereich Banking

Prof. Dr. Hubert Österle, Universität St. Gallen, Institut für Wirtschaftsinformatik, St. Gallen, Direktor und Inhaber des Lehrstuhls IWI 2 am Institut für Wirtschaftsinformatik, zugleich Chief Technology Officer (CTO) der IMG AG

Thomas Pitz, Union Investment Service Bank AG, Frankfurt/Main Gruppenleiter KundenService/Informationsmanagement

Liesel Pusacker, Deutsche Telekom AG, Bonn, Telekom Business Academy, Expertin Corporate Knowledge

Annette Reichold, Universität St. Gallen, Institut für Wirtschaftsinformatik, St. Gallen, Wissenschaftliche Mitarbeiterin im Competence Center Customer Knowledge Performance (CC CKP)

Prof. Dr. Gerold Riempp, Professor for Information Systems, Schiller International University, Tampa, Florida. Vormals Universität St. Gallen, Institut für Wirtschaftsinformatik, Projektleiter Competence Center Customer Knowledge Management (CC CKM)

Enrico Senger, Universität St. Gallen, Institut für Wirtschaftsinformatik, St. Gallen, Wissenschaftlicher Mitarbeiter im Competence Center Customer Knowledge Performance (CC CKP)

Ragnar Schierholz, Universität St. Gallen, Institut für Wirtschaftsinformatik, St. Gallen, Wissenschaftlicher Mitarbeiter im Competence Center Customer Knowledge Performance (CC CKP)

Sabine Vincze, Union Investment Service Bank AG, Frankfurt/Main Informationsmanagerin KundenService

Druck: Strauss Offsetdruck, Mörlenbach
Verarbeitung: Schäffer, Grünstadt